当代中小学教师研修教材

生物新课程教学与教师成长

胡玉华 主编

中国人民大学出版社
·北京·

当代中小学教师研修教材编委会

总序

建设人力资源强国是我们今后一段时间的重要任务，作为工作母机的教师教育，包括职前培养和职后培训，越来越发挥着关键作用。温家宝总理提出，与国家民族振兴相联系的师范教育才是真正的师范教育。我们今天的教师培训要从培养现代化建设人才的需要出发，从改革不适应社会发展需要的教育内容和方法手段出发，使教师牢固树立素质教育的理念，提高自身师德与专业素养，提高实施素质教育的能力和水平，总之，要有魂，要有力，要有效，要见诸儿童青少年的全面健康可持续的成长，这样的培训才是真正的培训。

人才强教是首都教育现代化的战略，也是北京教育学院的职责。作为首都重要的教师培训机构，北京教育学院坚定办学方向，坚持内涵发展，为成为首都人才强教的高地而不懈努力。2004 年北京教育大会以来，我们根据"面向全体，突出骨干，倾斜农村，服务急需"的培训方针，开展了以"绿色耕耘"为品牌的农村教师培训、以"春风化雨"为品牌的城区中小学教师培训、以市级学科带头人和骨干教师为主要对象的培训等大规模的培训，涉及 10 多个项目，每年培训万余人次。在培训过程中，我们又在充分发挥自身优势的前提下，秉持整合资源、开放创新的理念，充分发挥首都优质培训资源的作用，聘请了中国科学院、北京大学、清华大学、北京师范大学、首都师范大学、北京教育科学研究院等机构教授专家和一线中小学特级教师、中小学名校长为培训项目授课，从而积累了丰富的培训课程资源。为了使这些资源发挥更大的作用，既为后面我们的各类培训提供学习教材，又为其他地区的教师培训提供参考，我们决定筛选优秀的课程内容，把教学讲义整理出来，按学科编成相对系统的培训教材。

我们认识到，学校的发展必须是内涵发展。基于此，我们提出了学科建设、科研建设、信息化建设、人才队伍建设、制度建设五项攻关。而培训课程是五项攻关的核心内容，是五项攻关的汇聚点、着力点。学科建设的核心是在知识创新的基础上转化形成一批品牌课程；科研是培训课程建设的基础和基本手段；信息化是培训课程实现新载体形式、新传输形式的途径；人才建设也要以课程为平台，好的课程往往能培养出优秀人才；制度建设则是课程开发与运用的保障。我们的主业是干部教师培训，而培训的核心竞争力是课程。

开发和建设培训课程不是简单的事情。通常要经过实际需求分析、案例及素材采集、理论研究、实践应用，最后转化为课程，它实际上是一系列理论研究和实践应用后的结果，是培训者的一种再创造。正是由于培训课程开发的特殊性、复杂性，才使我们的教师较好地把理论和实际结合起来，也才使我们的教师朝着"顶天立地"型发展。

本套教师研修教材共计14本，涉及中小学主要学科。既是一套反映新课程理念、新课程改革实践的教材，又是一套针对课程与教学改革中的重点难点问题而深入探讨、给人启发的教材，还是一套前沿理论与丰富案例较好结合的教材，相信它能够为教师的专业发展带来积极的帮助。

在本套教材编写出版的过程中，我们得到了院外许多专家教授、一线名校长名教师的大力支持，在此对他们的辛勤耕耘表示敬意和感谢！

李方

2009年5月

目 录

第一编 新课程理念下的生物学教学

第二编 新课程理念下的初中生物学教学策略

第三编 初中生物学教学设计的理论与实践

第四编 初中生物学教与学的评价

第五编　生物教师专业发展

第一编

新课程理念下的生物学教学

新课程的实施，要求教师的教育教学理念发生多方面、全方位的转变，其中包括学生观、课程观、教学观等方面的理念转变。这些转变的实现离不开先进的教育教学理论的指导，因此，本编从介绍国内外先进的教学理念和方法入手，帮助广大一线生物教师在高起点上实现新的跨越。

本编首先介绍了当前国际上流行的几种适合自然科学领域教育教学的模式，然后针对中学生物学科的教育教学特点，提出了实施以观念建构为本的生物教学理念。

第一讲
国际视野中的教育教学理论与实践

北京教育学院　许　琼

在迅速变化的时代背景下，教育改革已成为人们应对这种变化的重要手段之一。在已经过去的20多年中，我国教育经历了多次改革。教师们不仅开始理解和认识教育和课程改革思想的发展和变化，而且逐渐接受和使用了一些探索性的教学方法来改变和影响学生的学习和思考方式。尽管这种努力带来的影响和变化是缓慢的，但是它是我国教育应对时代变化的一个重要阶段。多了解一些国内外处于实验阶段或探索阶段的教学方法和理念，有助于教师理智对待并正确选择适合中国国情的生物教学手段。

研究者在进行资料收集后，归纳了当前国际上流行的几种适合自然科学领域教育教学的模式：（1）框架下的发现学习；（2）以兴趣为导向的探究性学习；（3）以问题解决为导向的学习；（4）项目研究模式的学习；（5）小组合作学习；（6）开放课堂学习；（7）角色扮演模式的学习；（8）研讨课模式的学习；（9）服务学习。本讲重点对前五种模式进行讨论。

一、框架下的发现学习

所谓“发现学习”，是与“接受学习”相比较而言的，美国学者布鲁纳是发现学习的提出者及倡导者。发现学习强调学习者在学习时的主动性、好奇心、自主精神，以及能够综合运用知识解决生活中实际问题的能力。发现学习，就是不把学习内容直接呈现给学习者，而是由他们通过一系列发现行为（转换、组合、领悟等）发现并获得学习内容的过程。这种学习具有以下基本特征：第一，注重学习过程的探究；第二，注重直觉思维；第三，注重内部动机；第四，注重灵活提取信息。

然而，随着这种学习模式在不同国家和地区的传播和使用，教育工作者发现，所学习的科目不同、学习者的年龄不同、学习风格和习惯各异，以及文化背景不同等客观因素制约了发现学习的广泛使用。一些修补的方法、限定的方法应运而生，例如：在法国，“发现之旅”是在初中阶段实施“框架下的发现学习”的行之有效的模式，而“动手做”则是在小学阶段被教育工作者认同的“框架下的发现学习”的模式。

（一）“框架下的发现学习”的释义

1. 关于“发现学习”的释义

“discovery learning”是发现学习的解释，而“learning by discovery”（通过发现进行学习）也是发现学习的释义。

何谓“发现”？《现代汉语词典（第5版）》的解释是：“经过研究、探索等，看到或找到前人没有看到的事物或规律。”何谓“发现某一事物”？即让某一事物为人所知，而这一事物曾经不为人知，是隐藏的、晦涩的东西。

2. 关于“框架性”的释义

“框架性”在这里主要是围绕“国家需要什么样的人才”来考虑。因此学校要有选择地组织教学内容和采纳适当的教学方法。

教育工作者意识到，在学习中，“发现”就是学生认识自己以前不知道的事情，这些“发现”相对于整个人类知识体系而言，可能是微不足道的，但是对于学生个体而言，此时学习发生了。

图1—1是大家熟悉的“教学三角论”的图形：

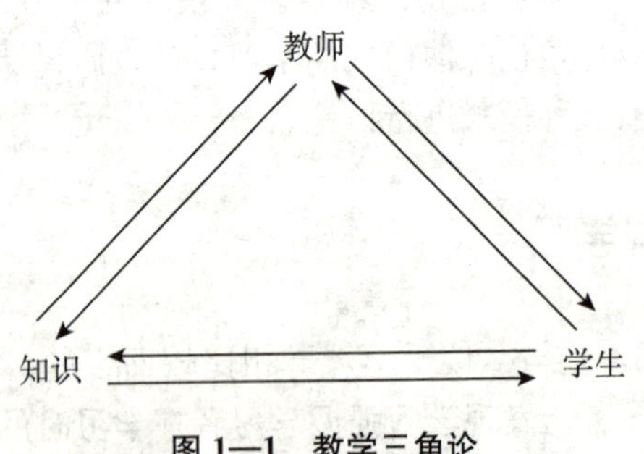

图1—1　教学三角论

教师和学生以及知识是课堂上的三个顶点，三角形的稳定需要三方互动起来，而且是双向互动。

许多研究者认为，个体在活动中获取的知识和经验，只有在与外界互动时，才显得有意义。因为人所特有的新的心理结构最初必须在人的外部活动中形成。活动激发了对话的产生，在对话中，思想发生变化，发展由此出现。很多持有发现学习观的教育家认为：发现学习符合人的心理本能。我国新课程实施时也非常注重教师与学生的互动。不难看出，学生与教师互动的结果是，学生得到的是教师认为重要的知识、能力和价值观，学生自己并没有形成自己的知识、能力和价值观，如果教师的知识、能力、价值观出现偏差，学生也会跟着教师走偏。为了改变这种现状，有人提出可以使用一些有效的方法，避免教师牵着学生往前走，把学生被动的学习引向主动的参与。

问答法是发现学习的模式之一，它通过向学生提问并进行反驳，启发引导他们发现存在于心灵中的真理性的知识以及概念。

法国现代教育家德·拉·加朗德里把“教学对话”视为引导和诊断学生认识自我认知风格与能力倾向的重要手段。他更多采用询问和解释说明的语言引导学生发现自我。他提出“心理经营理论”，认为：人的心理活动都有一套动作程序，就像生产的流程。

实验探索法。通常现代的人们以为本能是与生俱来、不用学习的（生物学和心理学都如此定义），其实本能是人类无数次探索自然所取得的成功经验的痕迹反映，这意味着最初这些经验的获得也是在失败和反复的尝试中获得的。而环境的多变又迫使个体必须通过新的经验来改变这些痕迹（这是法国教育学家弗雷尔的观点），否则生存就会出现危机。适应不仅是进化论的生物学规律，也是生存的规律、生活的规律。用“新经验来改变这些痕迹”而产生的“适应”，便是教育的本质。实验探索法正是这一教育本质的体现，符合人类的认知规律。

总之，作为一种教学观念，发现学习具有宽泛的包容性，正如布鲁纳所言：“发现包括用自己的头脑亲自获取知识的一切形式。”

3. 发现（学习）的结果

在法国，人们把知识分为“宣告性知识”——是怎样的（What），“程序性知识”——如何做（How），“条件性知识”——做什么的理由和什么时候做（Why & When）。

发现学习的结果可能就会包含：学科知识——解决新出现问题的前提性知识，自我管理——个人工作计划，社会生活准则——群体活动和交流。它使“宣告性知识”、“程序性知识”、“条件性知识”在课堂上得到同样的重视。

（二）“框架下的发现学习”的组织与实施

在法国，初中阶段的发现学习在实施时叫作“发现之旅”，目的是培养学生的自主精神、责任感，培养学生的资料查询能力、沟通能力、批判能力。注重打破学科划分单一的倾向，使该项活动成为多种知识和能力的汇集点。

“发现之旅”的基本过程包括：确定研究主题——寻找和处理信息——学习和深化——实现——受到评估。

主题是向学生提出的“问题”或学生自己定出的问题，学生独立或以小组的形式研究这些问题。主题其实是次级课题。在法国的国家研究领域中，科学主题包括：自然和技术的危险、增长、图像、科学和食物、断裂和持续性、交流。我们从以上主题中可以看出，东西方归类或分类的思路有所不同。“科学”的主题还包括如下内容（见表1—1）。

表1—1　“科学”的主题

生命世界	物质世界	人体	环境
动物	空气	消化	生态系统
植物	水	生长	生活环境
五官	形态变化	呼吸	天气
卫生健康	混合	衰老	
生物分类	溶解	繁殖	
	材料		

“发现之旅”的原则有助于从学科间的角度来呈现教学大纲的某些部分的内容，展现它们的共同点，从中揭示知识的和谐和意义；通过完成个人作品和小组作品，注重训练学生的自主研究能力；在评估中获得知识和能力；促进师生共同参与。

“发现之旅”中教师的角色是：

（1）找到一个思路。从哪里找到一个好的思路？建议：从教学大纲入手；从学生的兴趣和爱好、愿望和建议入手；跟随某一同事的计划，从中发现与其他学科的联系；在图书馆、活动中心、博物馆中进行选择；从偶然的事件或灵感中获得。

（2）进行物质准备。

（3）进行教学设计。

（4）对手段进行分析判断。

（5）计划介绍。

（6）计划跟随。

（7）总结。

这个过程显然更接近一个科研过程，但是课堂教学本来就不应该与科研对立起来。倡导“以发现学习为本质”的学习，就是针对现状——把学生当成被动的接受者而言的。

许多教师早已认同，教育的最高目的是学习者对知识进行整合，而不是积累一些概念和能力。整合的方法应该更多地以学习者为主轴，而非以学科为主轴。因为本来世界就是整个地呈现在个体面前的，由于学校教育的需求，开设的课程分门别类，有越分越细的趋势，而现代教育不仅要帮助学生掌握学科知识，更重要的是让他们认识自身和自身与周围环境的联系。在学科分裂的体制中，学生经常遇到长长的概念清单和能力清单，概念和能力有时经常彼此孤立，缺少与现实生活联系的情境，导致学生陷入混乱的学习活动，又无法理解为什么要学习这些东西。

就“整合”而言，其实也有两种形态：内在的——学生根据自己已有的经验对知识进行统合、联系，即同化和顺应；外在的——教育者对教学环境进行调整，以促进学生内在整合的发生。作为教育者，工作重点既要放在“学科内容”上，又要放在“学习过程”上。发现学习显然更有利于进行知识内在与外在的整合。

（三）“框架下的发现学习”成功的关键

“框架下的发现学习”对教师的专业素质提出更高要求：需要教师具备良好的教学自治能力和应对能力；教师的职责由平面的变为立体的；教师的职业行为并不受到约束，相反本模式的实施更需要教师创造性的发挥；教师是设计者、实施者，习惯的“照本宣科”变为无“本”可宣了。

在此有必要专门强调一下关于“教师的知识”和“做教师的知识”：前者是教师本人构筑的或他认为自己拥有的知识，可以分为理论和实践两类；后者是由其他机构在其他背景中编制的，必须经过多次改变才可以被教师在具体的教学情境中运用。我们在生活中会有“茶壶里煮饺子”之谈，会有“有知识没文化”的调侃，这也从侧面说明教师本人头脑中的知识和做教师的知识是不同的。

二、以兴趣为导向的探究性学习

“探究是人类的天性，兴趣是最好的老师。”这种说法早已深入人心。许多教育工作者都承认，有用知识的产生与获取需要由探究学习来支持。

（一）探究的含义

新课程理念推崇“传递”知识应让位于“建构”知识，课堂“灌输”应让位于课堂“探究”。人类的探究其实一直在寻找以下四个问题的答案：世界是怎样构成的？自然世界与社会环境是怎样变化的？它们之间有哪些内在联系？我们如何与之交流？

1. 探究的定义

美国“全国科学教育标准”是这样定义探究的：“探究是多层面的活动，包括观察；提出问题；通过浏览书籍或其他信息资源发现什么是已经知道的结论；制订计划；根据证据对已有结论作出评价；运用工具，收集、分析和解释数据；提出解释、解答、预测以及交流结果；进行批判的和逻辑的思考，并考虑其他可以替代的解释。”

探究即探寻真理、信息或知识，并通过质疑来获得信息。探究可以通过视觉、听觉、触觉、味觉、动作表情等获得信息。人自出生之日起终身都在探究，但是自己常常并没有意识到或进行反省、反思。如果见过在摇篮里的婴儿把周围的物件放在嘴里尝尝的景象，就会明白其实这就是我们常常忽略的“探究”。

就其本义而言，探究是“探讨”和“研究”。探讨就是探求学问，探求真理，探本求源；研究就是研讨问题，追根寻源，解决疑问。

2. 探究性学习的要素

提到“探究性学习”时，实施者总会不由自主地走向实验和动手操作，探究性学习的确经常会利用“实验和动手操作”，但是如果没有“实验和动手操作”，探究性学习照样可以进行。美国“全国科学教育标准”对于探究性学习的基本要素归纳了以下几点：记忆与想象；分类与归纳；比较与评价；分析与综合；演绎与推断。这些头脑中的思维活动也是探究性学习的实施方法。

（二）探究的分类

美国“全国科学教育标准”将探究分为三类：通过研究提出解释的多样化方式，探究性教学，以探究为本的学习。2001年中国学者陈昂提出，“探究”可划分为新奇、挑战、注意需要、探索意图、即时愉悦等要素，找到可以实现这些要素的措施，可以使探究开展得更顺利。教师们不妨在工作中尝试以下三种形式：

1. 模拟驱动的探究

将某件事情或某一人物作为榜样进行模仿。英国教育学家施瓦布这样阐述：“教师应该用探究的方式展现科学知识，学生应该用探究的方式学习科学内容。”

模拟驱动的探究有比较明显的五个步骤：进入科学情境；移用专家或科学家的探索过程；搜集证据；用初步获得的数据进行解释；评价和检验结果。

模拟驱动的探究在使用时经常遇到的难以克服的问题是：由于是移用或模仿专家的探索过程，因此专家有着相关领域的深厚知识，我们没有；专家解决问题的模式对他人并不一定透明，因为一些缄默知识往往难以用语言文字表述；专家的知识并非简单堆砌，而是可以灵活运用于不同情境，而我们往往不清楚可以用哪些已具备的知识来解决面临的问题；此外，专家更能接受和判断哪些是新的、有用的信息。

2. 直接兴趣驱动的探究

直接兴趣又叫场景兴趣，它是由学习者不断地从自己所接触的活动或任务中发现其所特有的吸引人的地方。直接兴趣可以分为：新奇；积极的情感。直接兴趣可以源于：活动；智力倾向；经验。很多教师一提起要用探究学习的形式进行教学，在教学设计时，就会设计大量课堂活动。然而，直接兴趣会随着问题不断被揭示而下降；或由于问题太难而失去探究兴趣。这是因为这类探究学习带有很大的情境性，学习进程的驱动力会随场景的变化而改变。

3. 问题驱动的探究

问题驱动的探究与问题学习（problem-based learning）有相似性。丹尼·沃尔夫（Dennie Wolf）在《提问的艺术》一书中曾这样区分问题的性质：参考性问题、过渡性问题、解释性问题、假说性问题。在进行教学设计时，用好的（有效的）问题来驱动教学进程，会让教师顺利地完成教学任务。

（三）“探究性学习”成功的关键

实施探究时需要注意：要以学习者为中心，学生是学习者、参与者、问题解决者、活动者、交流者，也是评价者；教师是学习活动的规划者，是学生的辅导员、导师、伙伴，也是不断从反馈中获得信息的学习者。学习时，可以专注于凸显价值的某些内容活动或结果。

还需要注意：目标设定——随时注意探究对象所期望的结果，不能忽视小步子原则，即达到初级目标再向下一级目标前进。专业准备——了解学生的知识基础、思维习惯及所掌握的重要的一般规则。资源准备——把握好要探究的概念主题以及包含的具体化内容，要有丰富的学习资源，既能举一反三，又可以触类旁通。风险预测——对于困难或路障有充分的预想以及对策；对不同学生已有的学习风格要有一定了解；知道本次探究需要解决的问题。评估标准——介绍即将进行的评价方式；有严格的监督机制。辐射范围——制订长、中、短期的计划；共进原则——制订相互学习计划。

有专家认为，探究性学习因为比较费时间，不易成为学习的主流，只有一定的适用范围。

三、以问题解决为导向的学习

我们生活的世界处处存在着问题。以问题解决为导向的学习正是对充满问题的世界进行认知的一种回应。学习是一个预见问题、发现问题、解决问题的过程。

（一）含义、特征与理论基础

学习不单纯是知识寻求，还要经常把学习内容与运用这些内容所要达到的目的联系起来。学校教育就是通过教学活动促进学生“学会学习”。

“学问”就是“学习”与“疑问”。以问题为导向的学习就是把问题作为驱动力，以培养学习者的问题意识、批判性思维的技巧，以及问题解决的实践能力为主要目标的学习。

学习者在学习知识之前，首先遇到的是一个问题，在问题呈现以后，学习者会发现要解决这个问题，还需要学习一些新的知识，并整合原来已有的知识。一个问题的解决又引发了另一个新问题，往复循环。学习者在解决不断出现的新问题的过程中重新整合和自主建构自身的知识，从而促使自己的知识与能力螺旋式上升。

以问题解决为导向的学习的特征就是围绕一个或一系列问题组织教学。教育专家认为，在没有问题的学习中，学习者不过是别人知识的存储器；而在疑问中学习，学习者就成为知识的建构者和发现者。

以问题解决为导向的学习更尊重学生的个体经验以及基于个体经验的个性化的知识，注重通过交谈和辩论，分享知识与认识，转换并开阔视角，从而形成动态的认识系统。在这种学习状态下，排除了以教师为主导的知识灌输，在教学中教师不是给学生一个“结论”，而是挖掘、引发不同质的疑问和想法，使其互相碰撞，体验求真、求实的渴望。经历执著的探索、反复的碰撞、未知的困惑，直至发现的喜悦这样一个获得知识的过程。所以，以问题解决为导向的学习有助于促进学生“学会”、“会学”。

以问题解决为导向的学习是以建构主义的学习观和相对主义认识论的观点为理论基础的。建构主义认为，世界是客观存在的，但对世界的理解和赋予世界的意义却因每一个学习者而异。学习者总是以自己的经验为基础来建构关于现实世界的知识，或者至少可以说是在个性化地解读现实的存在以及存在的理由。

相对主义认识论的观点认为：知识是相对的，并且因不同的时代、场所和学习者的个性而产生不同的意义；科学成果是人类文化的结晶，它不是学生认识的归宿，只是获得个体认识的媒介。由于学习者个人的经验以及对经验的信念不同，他们对外部世界的理解也各不相同。

科学地认识世界，就要以解决各种问题为途径；客观地认识世界，就要进行合作与交流。在问题解决的过程中认识这个世界，在问题解决的过程中发展对这个世界的认识。

1916年，杜威以其经验论哲学观为基础，全面阐述了问题教学法的主张。他把问题解决学习分为五个阶段：从生活中发现疑问；从疑难中提出问题；从问题的解决出发提出各种假设；从各种假设中推断其可行性；从实践中检验并修正假设，得出结论。

以问题解决为导向的学习有三方面的特征：

（1）学习开始于学生遇到的一个包含问题的情境，也就是摆在学生面前需要着手解决的一个真实任务。

（2）呈现的问题往往是结构不良的（ill-structured），需要学生运用多种学科知识和学习策略来探究并予以解决。

（3）学习过程以学生为中心（student-centered）。

以问题解决为导向的学习要求学习者对一个结构不良的问题能够积极投入，从而在解决问题的同时获得学科基础知识与技能。在以问题解决为导向的学习中，学习者必须完成的任务有：确定是否存在一个问题；创设一种精确的问题陈述；识别为理解问题所必需的信息；确定可以用于收集信息的资源；产生出可能的答案。

以问题解决为导向的学习的基本途径有：呈现问题；列出已知的知识；基于学生对已有知识的分析，陈述某一问题；列出学生为填补知识的缺陷所必须发现的信息，以引导学生的探索与搜寻；列出学生可能采取的行动以及可能提出的建议、解答或假设，并进行适度的检验；学生以口头或书面形式呈现、交流问题的发现、解答和建议。

鉴于建构主义学习的问题定向特征，相应的教学必须设法诱发学习者的问题，并利用问题刺激学习活动，挑战学习者的思考，并鼓励学习者尝试各种问题的解答。

建构主义的问题定向与皮亚杰提出的“认识螺旋性发展”一致。皮亚杰说：“任何认识，在解决了前面的问题时，又会提出新的问题。”这意味着，在知识建构的过程中，每一种已达到的相对平衡状态都为新的不平衡创造了前提，提供了可能。以问题解决为导向的学习就是要把人类认识的动力机制运用到学习的实践过程之中。

（二）目标与阶段

人们往往认为，研究的各个阶段是线性的，先是问题，然后观察和实验，最后是答案。其实研究过程并不完全按照这种顺序发展，更多地表现为循环往复——观察引出新问题，结论带来新研究。研究一般按以下四个步骤开展：

（1）寻找问题。

教师设置具有实际困难的情境，或提供适当的研究问题，引起学生的思维活动。问题要适合学生的程度和经验，有教育价值，切合学生的当前需求和未来深造。

（2）界定问题。

教师用问答的方法帮助学生分析问题，使学生认清问题所在，有时一个大问题只有分解成若干个小问题后才便于研究。

（3）提出假设。

由于学生的经验有限，其解决问题的假设不一定一次就正确，教师要引导学生讨论，明确错误的地方，探求更好的假设。教师要鼓励学生根据自己的学识和经验，运用推理和观察的方法提出假设。

（4）选择假设。

学生要用批判的态度来检验这些假设，若发现假设与事实不符，应立即放弃。教师要指示学生运用批评、分析、推论、比较、组织等方法训练思维能力。

（三）以问题为导向的学习所涉及的问题类型

沃尔夫在他著名的《提问的艺术》中将问题分为四类：

（1）推理性问题：从既得信息寻求新的信息，补充缺失的信息。

（2）假设性问题：超越当前的情境，展开想象去思考。

（3）迁移性问题：激发学生拓宽思路。

（4）解释性问题：作出合理解释。

加拉格尔（Gallagher）从问题的答案特征角度把问题划分为四类：

（1）记忆性问题：答案是事实性的记忆。

（2）聚合性问题：答案越想越深入细致。

（3）发散性问题：无所谓正确答案，答案可以很多，基于一点全方位发展。

（4）评价性问题：答案是学习者的价值判断。

然而，不论在内在的或是外显的学习活动里，问题都是中心内容。而且在学习开展过程中，教师除注重设问的技巧外，还要注重问题的开放性、反思性等。

有研究者提出，好的课堂教学提问应具备这样的特点：

（1）整体性。问题要紧扣教材内容，围绕学习目标的要求，将问题集中在那些牵一发而动全身的关键点上，以利于突出重点、攻克难点。同时，组织一连串问题，构成一个指向明确、思路清晰、具有内在逻辑的“问题链”。这种“问题链”能体现教师教学的思路，打通学生学习的思路，同时具有较大的容量。

（2）量力性。第一，要适度。问题应以实际现象和日常生活或已有知识、经验为基础，提出符合学生智能水平、难易适度的问题。第二，要适时，问题出现的时机要适当。第三，要适量，问题设计要精简数量，直入重点。教师要紧扣教学目的和教材重点、难点，根据学生的实际情况，力求问题少而精，问题的答案尽量避免“是!”“不是!”“对!”“错!”的齐声回答。

（3）启发性。编制能抓住教学内容的内在矛盾及其变化发展的思考题，为学生提供思考机会，能在问题解决过程中培养学生独立思考的能力。通过创设问题情境、揭示矛盾、引起思索，强化训练学生的思维，培养他们的创造性思维能力。

（4）趣味性。问题设计要富有情趣、意味和吸引力，使学生感到在思索答案时有趣而愉快，在愉快中接受教学。教师要着眼于教材的构思设计问题，以引起学生的好奇心，激发他们的求知欲。

（5）预见性。事先想到学生可能回答的内容，能敏锐地捕捉和及时纠正学生回答中可能出现的错误或不确切的内容以及思想方法上的缺陷。随着学生整体水平的不断提高，教师要不断学习，逐步提高驾驭课堂的能力。

（6）灵活性。问题解决的教学方式要灵活运用。课堂上导入、展开讲解、结束各个环节都可以设计问题或带着问题进行，也可以在学生精神涣散时，用学生感兴趣的问题来集中学生的注意力。

（四）实施的难点与解决办法

多数教师抱怨，这种策略的确是一种流行的教学策略，但较难把握；为了准备提问的问题，往往花费较长时间；学生在课堂上的讨论又往往不能善始善终。

解决的办法是：提问的质量非常重要；耐心倾听，鼓励学生使问题解决顺利进行；联系生活实际，与学生的知识水平相匹配；引导学生对知识进行整合。

问题提出的方式在以问题为导向的学习中起重要作用，问题提出的序列模式需要事先的精心设计，一般将没有危险性、没有难度的细节问题放在开始阶段；需要对比、对照、分析的关系问题放在后面；超越现成的信息、需作出个人判断的总结性问题放在最后。

需要注意的是，教师往往希望学生掌握发现和解决一切问题的一整套方法，实际上，任何科学研究都有其自身的特殊性，系统的科学研究方法也只能通过实践逐步掌握。以问题解决为导向的学习只是一种学习方式，而非严格意义上的研究方式。

四、项目研究模式的学习

20世纪90年代以来，美国国家教育经济中心在其制定的国家标准中，强调以“探究”为特征的教学策略，与此同时，积极倡导“以问题为中心的学习”（problem-based learning）和“以项目为中心的学习”（project-based learning），它们有一个共同点，两者共享英文缩写“PBL”。

（一）项目研究模式的学习的含义、特征、理论基础

项目研究模式的学习所采用的是一种生成模式，首先要求项目研究者明确研究的目的和最终研究成果，这种成果可以是有形的，也可以是无形的。研究讲求程序和过程，研究者要有预见性，计划要有可操作性，方案要有灵活性和适切性。它是一种教与学的实践型模式，集中关注某一学科的中心概念或原理，旨在使学习者融入有意义的任务完成的过程之中，让学习者积极地进行探究与发现，自主地进行知识的整合与建构，以学生新知识的生成和提高学生完成项目任务的能力为主要目标。

它的理论基础是建构主义。杜威认为：学习过程中，真正的理解与事物怎样作用以及事情怎样做有关。教育基于行动的过程。苏联心理学家维果茨基的理论假设是：人的心理过程的变化与他的实践活动过程的变化是一样的。

在建构主义的学习中，目标本身也成为可以建构和变革的一部分。学习目标的功能如同灯塔一样起着整体的导向作用，在动态的学习过程中，应鼓励学习者确立自己的目标，通过不同的途径达到目标，并评定自己在达到目标过程中获得的进步。

主张项目研究模式学习的理由是：学习内容集中于教师与学生饶有兴趣的问题；在活动方面表现出有效的和有吸引力的策略；具有一个给学习者授权的学习环境；学习结果具有多产性。

（二）组织与实施

相对于问题解决模式来说，项目研究模式学习的目的不仅仅是找到问题的答案，回答是什么、为什么以及怎么样，更关键的还在于实现任务目标、恢复或创造正常的秩序状态。因为项目研究模式学习的要求更高，所以设计项目教学之前，需明确：

1. 对项目的一般要求

（1）要求学生解决什么问题？

（2）项目本身具有什么样的动机激发性特征？

（3）项目执行有哪些限制？

（4）开发学生创造力的条件是什么？

2. 对项目的结构性要求

（1）内容方面：任务呈现在复杂的背景之中，有激发兴趣的亮点；

（2）活动方面：遇到的困难要有资源支持，总会得到反馈信息；

（3）条件方面：体现学生的自主性，安排时间，控制进度等；

（4）结果方面：生成智力成果。

案例一　食物金字塔

制作一个纸质的食物金字塔，自周一至周日，每日一张记录纸，附在纸质食物金字塔底部。

①认真记录每天的就餐情况，列出名称和进食量。

②从记录的数字中，寻找可以确立科学饮食习惯以及健康生活的目标。

③列出理智的消费目标。

案例二　动物细胞的吸水原理

引导提示：通常用植物材料演示讲解细胞吸水和失水实验，这有时会误导学生以为动物细胞不出现吸水和失水，或认为动物细胞没有因吸水和失水而产生的问题。

①确定研究方案：选择合适的动物材料，确定材料的体积。

②开始实验。

③写出实验研究的报告。

④成果交流与评价。

项目研究模式的学习应遵循四个原则：项目的适度挑战性与学习者的动机水平密切相关；学习者在完成项目的过程中会不断反馈和改进思维策略；思维策略具有传递性，并且新旧策略之间具有互补性；一切知识都具有尝试性，并在主客体交互的过程中建构与发展。学校和教师应自始至终地给予支持；把关项目的可行性——使学生获得成就感；维护健康心理——协调关系，减少消极情绪的内耗；提供技术支持——适当地提出建设性的意见。

项目研究模式的学习实践意义表现在：与现实生活紧密联系；有利于培养学生的多种能力；有利于发挥教师的创造性；有利于促进教学改革；一定程度上吸

引社会力量的参与。

项目研究模式的学习要取得成功，必须要精心选择，有效地实施并进行监控。要实现这一目标，就要求教师引导学生就所开展的活动进行前期准备，在活动过程中提供指导与反馈，并在活动完成之后组织全班同学进行总结讲评。在开始教学时，教师应强调开展教学活动的目的，使学生明确要实现的目标；然后，教师引导学生重温已学过的相关背景知识，示范学习任务所需要的方法，或就任务要求提供有关信息。

学生活动或作业开始之后，教师应起监督作用，并在必要时提供指导。如果学生对于开展的学习任务及其方法已有初步体验，教师的上述作用则应简化，所提供的指导也应尽可能地减少，或更间接一些。如果教师的帮助过于直接、具体，则可能越俎代庖，替代了本应由学生自己完成的任务。教师还应评价学习活动的完成情况。当完成情况不够理想时，他们需要进行补充性教学，并安排相应练习，使学生充分理解教学内容，掌握相应技能。大多数作业都必须经过教师与学生共同就作业情况进行讲评才能完全奏效。这里主要是教师与学生共同就作业总体情况进行评议，并依据教学目标明确学习重点，作业讲评还应允许学生有机会提出进一步学习的问题，交流与本课有关的看法与体验，比较各自的观点，等等，由此引导他们珍惜所学并应用到学校以外的社会生活。

知识的真正获得不是靠知者的“告诉”，而是靠学习者的亲身体验。如果说建构主义的知识观很好地回答了知识的来源与形成过程的话，那么20世纪初杜威所倡导的“从做中学”的教学思想，则是这种知识观在实践层面上的具体化。项目研究模式的优势和侧重点是鼓励学生对知识活学活用；突出新旧知识的联系与运用；让学生明确教学目标和目的的要求。当然，项目研究模式不太适合新知识的传授。

五、小组合作学习

它是一种团体性学习，既强调小组成员之间的合作和相互帮助，也强调小组成员的独立和探索精神。团体学习一方面，使小组成员的协作精神和团队意识得到发展；另一方面，使每个成员个体的好奇心得到满足。

（一）含义、功能和特征

1. 小组合作学习的含义

小组合作学习是指学生以小组为单位，共同完成某项学习任务的学习过程。小组由3～10人组成，每个人都有机会发挥自己的作用，小组成员之间保持合作关系。小组以自愿原则组成，承担共同的任务，成员作出各自的贡献。

按照学习目标的不同，小组合作学习可以分为：以理解知识、自由探索为目的的小组合作学习和以参加某项竞赛活动为目的的小组合作学习。前者的自由度较高，不受时间、内容的限制；后者对学习周期、学习内容、成员组成都有一定要求。

2. 小组合作学习的功能作用

学生们以相互结对或结成小组的形式进行合作学习，有利于提高理解能力，培育新的技能。该学习方式在企业的继续教育和培训中经常使用。它与社会发展的水平和时代特征相适应。学习者的合作和共同工作成为有效的学习方式，这种学习方式能够使小组成员之间优势互补，丰富和扩大学习范围，有利于学习内容的深化，有利于小组成员学习积极性的提高。

（1）小组合作学习是知识增殖的过程。在小组成员交流的过程中，每个成员所具有的知识变成了小组共同占有的知识。合作学习能够促使学生针对特定任务进行信息加工和问题解决，并在此基础上进行交流与思考。由此他们的认知及自我认知潜能将得到激发。除了独自完成作业之外，学生如能获得一定形式的合作学习，他们的成就水平将有可能得到显著提高。

（2）小组合作学习能够促进小组成员认知结构的完善。小组的知识比单个成员的知识丰富；个体的差异性导致各自观察事物的视角有所不同，有利于新观点和新看法的出现；成员间的知识丰富程度得到比较，以前只能靠考试测量学生的知识掌握程度，现在在讨论和争议中一目了然；由于在小组中需要不断回答其他人的提问，应付其他成员的质疑，每个小组成员就有必要对知识进行再加工、再组织；如果某一小组成员的观点得到其他人的肯定，等于相关知识得到了检验，反之需要该小组成员重新定位和组织自己的知识，在这个过程中，该小组成员能够不断加深对知识的理解；在小组中每个学习者都可以得到其他成员的支持，小组成员之间的平等关系有利于提高每个成员的协作能力和交流能力；有效促进小组成员自主学习能力的发展。

研究表明，采用学生结对或结成小组的形式，围绕学习活动、作业进行合作性学习，往往能取得事半功倍的学习效果。合作学习可以促进学生的情感性、社会性发展，例如唤起他们对学习科目的兴趣和重视，促进不同性别、种族、在学业成就水平及其他方面具有不同特点的学生相互之间的积极态度与社会交往。

传统的教学恪守班级授课外加学生独自（通常是默然无声）写作业的教学模式。合作学习仍保留班级授课形式，但提供机会促使学生结对或分组进行操作实践，以此替代独立作业。合作学习的方法在各种教学活动中都可以广泛应用，如围绕掌握事实或要领而进行的课堂练习、实践、讨论、问题解决等。将学生置于日常社会生活的实际情境之中，或许能成为吸引学生进行有意义学习的最有价值的方法。学生进行结对或分组学习，比参与整班活动能有更多的交流机会。在这种情形中，即便是胆怯腼腆的学生，在与其熟悉的同学交流时也更易畅所欲言。一些合作学习活动要求学生在实现各自学习目标的过程中要互相帮助，例如共同商量如何完成作业、检查作业，或者进行互评辅导等。另有一些合作学习则要求学生通过共同协作来完成小组承担的任务。例如，分组实验，结对拼贴，或准备向全班宣读的研究报告。这些需要同学共同努力之后才能产生集体成果的合作学习，往往能促使小组各成员之间进行分工协作。

（二）组织与实施

教师的职责与角色，是向学生解释和说明小组学习的目的，协助学生确定学习目标；深入分析学习内容、学生特征，协助学生成立学习小组；做好小组成员之间的沟通工作。

对学生行为的要求是：小组成员之间能够有机地互助和合作；小组成员之间既要有合作意识，又要保持个人的相对独立性；小组成员之间要互相理解和支持，努力营造良好的小组气氛。如果能在充分兼顾小组学习目标及个人能力的前提下，运用合作学习方法，就可能带来良好的学习结果。这就是说，每个人都被视为完成学习任务不可缺少的小组成员（学生知道他们每个人都有可能被要求回答小组活动涉及的任何一个问题，或者老师会就他们所学的内容进行个别测查）。

小组合作学习涉及的活动应与其模式相适应。一些活动仅通过个别学习便能顺利完成；而有些活动需以结对方式完成；还有一些活动则需 3～6 名学生共同努力才能完成。

教师应为学生提供他们开展合作所需要的指导与机会。例如，教师可采用示范方法，帮助学生学习怎样倾听、分享、综合他人的想法，以及怎样建设性地化解分歧。在学生分组学习的过程中，教师应巡回进行检查，以确保所有小组都能进行有成效的工作，并根据需要提供必要的辅导。

实施过程包括：计划过程；集体讨论和确定目标、工作任务；分析达到目标的途径和完成任务的方法；小组内分工，确定任务和职责；确定个人完成任务的时间；确定小组集体活动的时间和次数。

小组合作学习的意义在于，它是一种团体性的学习方式，组内成员知识互补；又因为组成小组后不确定因素增多，导致个体只有学会与他人合作，才能有效发展自己的能力；在小组中学习必须学会尊重他人，尊重不同意见，克服自我中心。

作为生物课堂教学的实施者——生物教师来说，除了贯彻新课程理念，还要应对层出不穷的新方法，难免应接不暇，手忙脚乱。我们提出“国际视野”的问题，不是要在传统的框架中添加一种崭新的学习方式，而是要追寻学习的真正意义，因为教育者不断变换使用一些不同的词汇，目的是使人们从不同的角度意识到不同的方法在学习中的意义。其实现实与历史总会有千丝万缕的联系，新的思想也总是在传统的土壤中萌生。切记不要被众多的新名词、新事物打乱了自己的阵脚，教育没有速成，教师教育也如此。

思考与活动

1. 对比“发现学习”与“接受学习”的特点，写出“发现学习”在新课程改革中的意义。

2. 好的课堂教学提问具备什么样的特点？它与“问题解决”的教学方式的联系与区别是什么？

3. 以你自己在课堂教学中的实践体会，分析小组合作学习的利与弊。

参考文献

1. 钟启泉. 研究性学习国际视野. 上海：上海教育出版社，2003

2. ［美］小威廉姆·E·多尔. 后现代课程观. 北京：教育科学出版社，2001

[作者简介]

许琼，女，北京教育学院生化环境系讲师。主要从事生物教学论教学与研究工作。参与了学院各项学历培训工作和继续教育培训工作，开发了多门继续教育课程。近年来主编了《生物教育与素质教育》，参编了《中学生物课堂教学设计》等著作。

第二讲
初中生物教学中的观念建构

北京教育学院　胡玉华

生物学观念不是指具体的生物学知识，而是指人们站在现代生物学知识的基础上，通过学习和研究生物学概念、原理、规律而建立起来的概括性认识。生物学观念的形成是在对具体的生物学知识、技能和方法的学习与实践活动过程中，通过内化、升华而逐渐形成、发展起来的。低年级的学生在观察生物现象、学习简单生物事实的基础上形成一些低层次的观念，高年级的学生对生物事实的认识更加深刻，能透过现象抓住事物的本质特征，从而可形成较高层次的生物学观念。在这样的循环学习过程中，对客观世界的认识越来越丰富，同时逐步建立起对自然和科学的观点、态度，最终上升为科学观念。

科学观念是在科学主题的统整下建构起来的。所谓科学主题，是指在共同的概念中，提炼出一些跨越学科界限，将各分支学科统一起来的关键性概念或核心概念。科学主题具有普适性，可以揭示科学知识的本质及其相互联系，能够将不同学科、不同分支的信息片段融入广阔的、有逻辑内聚力的结构中，在这样的结构中，信息片段的关系被凸显出来。

在科学教育中，将“尺度与结构”、“系统与相互作用”、“能量”、“演化”、“稳定性”、“变化的形式”提炼为科学主题。

一、生物学科中科学主题的体现与主要观念的形成

（一）生命现象研究的结构层次（尺度与结构）

人类对生命现象的认识过程，是由整体到部分、由宏观到微观、由个体到群体、由现象到本质。人们对生命认识的深入，表现为对生命的多层次研究。

作为完整、统一的生命体，生物个体具有人们熟知的全部直观的生命特征，是人类进行生命研究的基础层次。除了原始的生物以外，地球上的所有生物体都具有机能结构的一致性，即都是由细胞构成的（病毒除外）。随着对细

胞的发现、深入观察和研究，人们了解到细胞是生命的结构基础，也是生命的最小功能单位。一群形态和构造相似、功能相同的细胞及其细胞间质，在生物体内按照一定规律结合在一起，组成各种"组织"。几种不同类型的组织，又按一定的结构联合形成具有一定形态特征和生理功能的器官，如胃、肠、心脏、脑、肾、肝、眼、耳等。几种器官协同工作从而构成一个个机能系统，如消化系统、血液循环系统、呼吸系统和神经系统等。因此，对生命现象的研究涉及了"个体——系统——器官——组织——细胞"五个层次。

自然界是由物质构成的，生物体当然也不例外，只不过它们是由有生命活性的物质——原生质构成。尽管组成原生质的各种元素与非生命物质中的元素完全一样，但这些元素在生物体中组合形成的却是有生命活性的化合物分子——蛋白质、核酸、糖类和脂肪等生物分子。自然界中生物体的统一性，不仅表现在它们都由细胞组成，还表现在不管其简单与复杂程度如何，生物体的主要组成成分都是蛋白质和核酸。生物分子是表现生命现象的又一个重要层次，许多研究结果告诉我们，生命的奥秘归根结底在于生物分子的微观世界。

自然界中的生物个体尽管是以个体为单位存在的，但它们从来都不是孤立的存在物，生物个体之间、生物个体与环境之间都有着不可分割的联系。因此，要充分而全面地认识生命，还需要从宏观角度去深入研究这种联系。这样，也就出现了"个体——种群——群落——生态系统——生物圈"等一系列宏观层次的生命研究体系。

让学生学习这部分内容，可逐步建立以下生物学观念：

(1) 生命体有一定的结构层次。细胞是生物体结构和功能的基本单位。

(2) 生命体的结构与它在自然界中的存在状态直接相关，多细胞生物体依靠细胞、组织、器官之间的协调活动，表现出生命体的生命现象。

(3) 生命现象在不同的尺度（宏观、微观）下，存在不同的结构，其研究方法也不同。

（二）生物学中系统与相互作用（系统与相互作用）

从无机界到有机界，从单细胞生物到整个生物圈，客观世界都是以系统的形式存在着和演化着。在生物学中，从宏观上讲，生物圈是最大的生态系统，在这个系统中，生物与环境之间、生物与生物之间存在着普遍的联系和形式多种多样的相互作用。生物体更是与外界环境有不断的物质、能量和信息交换的复杂的开放系统。从微观上讲，生物分子间的相互作用力及其作用方式、电荷分布、能量传递、信息储存，构成了分子水平上的生命现象。因此"系统与相互作用"体现了生物界的系统性和整体性，是生物界最普遍的现象。

让学生学习这部分内容，可逐步建立起以下生物学观念：

（1）生命是一种复合体，由许多执行不同功能的组成成分构成。

（2）作为复合体的生命，其组成成分并非简单的堆积，而是彼此间有着广泛的相互作用。

（3）生命系统具有开放性的特点，可以在生命活动过程中不断地与外界环境进行物质、能量和信息的传递与交换。

（三）生命过程中的能量（能量）

自然界所发生的一切运动都伴随着能量的变化，生命过程也不例外。有机体生活在一定的环境之中，它必须不断地从外界获得能量才能维持生命和进行必要的生命过程，这是能量的吸收。把从外界所吸收的能量转变成为适于在体内储存的能量形式，这是能量的储存。在合适的条件下，被吸收的能量将在体内转移到需要能量来启动某种反应的部位，例如，蛋白质所吸收的光能往往可以在整个蛋白质中转移，其最终效应常表现为某一个或某几个化学键的断裂。这种过程是能量的转移。被吸收或被转移的能量在生命过程中经常发生能量形式的变换，例如，肌肉收缩时，高能磷酸键的化学能转变为机械能而做功；光合作用中，光能转变为化学能；视觉过程中，光能转变为电能而产生视觉。这些都是能量的转化和利用。

可见，在生命过程中，有机体以及具有生物学活性的大分子，对于能量进行着吸收、储存、转移、转化和利用。

引导学生学习这部分内容，可逐步建立以下生物学观念：

（1）一切生命过程都伴随着能量的变化。

（2）生命过程中能量有不同的形式，且可以互相转化，如化学能与热能、电能等之间的相互转化。生命过程中的能量也是守恒的。

（3）生命体内能量的流动使其得以生存、繁衍。

（四）生命的演化（演化）

地球自46亿年前生成以后，就开始了生命的化学演化过程。至38亿年前原始生命形成，生命的演化进入另一阶段——细菌、蓝藻时期，藻类繁盛期。5.7亿年前生命大爆发，现今生存的各动物门类几乎都有了代表，生命的发展跨入又一阶段。历经藻类和无脊椎动物时代（距今5.7亿年～4.38亿年）、裸蕨植物和鱼类时代（距今4.38亿年～3.65亿年）、蕨类植物和两栖动物时代（距今3.65亿年～2.45亿年）、裸子植物和爬行动物时代（距今2.45亿年～0.65亿年）、被子植物和哺乳动物时代（距今6 500万年～160万年）至人类时代（160万年前至今）。生物是经过不断演化、繁衍、绝灭与复苏，才形成今天这一千姿百态、繁花似锦的生物界。

让学生学习这部分内容，可逐步建立以下生物学观念：

（1）生命是自然界长期进化的产物。

（2）达尔文生物进化论揭示了生物从简单到复杂、从单一到多样、从低级到高级的不可逆进化。

（五）生命系统的稳定性（稳定性）

世界上一切事物都在变化中，又都具有相对的稳定性。稳定与不稳定是自然界一切事物所固有的性质，一切事物都是稳定与不稳定的辩证统一。一个系统要保持自身的平衡稳定，首先是系统自身各要素之间、系统和它所处的环境之间，通过相互关系而形成限制和约束。那么，稳定的机制是什么呢？维纳于1948年发表的《控制论》（又名为《关于在动物和机器中控制和通讯的科学》）一书认为，一切有生命的系统与无生命（机械）的系统都是信息系统，一切有生命的系统与无生命的系统都是反馈系统。他认为，负反馈就是系统稳定的机制，一个组织系统之所以在受到干扰后能迅速排除偏差恢复恒定，关键在于系统存在着“负反馈调节”机制。例如，在一个生态系统中，草食动物的数量限制了肉食动物的数量，而肉食动物对草食动物的捕食反过来又影响了草食动物的数量，从而避免了绿色植物被过度地掠食。这样，绿色植物、草食动物、肉食动物之间就会达到某种平衡，生态系统才能维持稳定。稳定绝不意味着不变和固定。稳定状态是一种动态平衡。

学习这部分内容，引导学生逐步建立起以下生物学观念：

（1）生物与生物之间、生物与无机环境之间通过复杂的相互作用形成了一个统一的整体——生命系统。

（2）生命系统能够通过反馈机制维持一种动态平衡状态。

（六）生命的变化（变化的形式）

生命存在各种各样的变化。从形式上看，有趋向性变化（必然朝着一定方向的变化），例如，一个生物个体出生→成熟→衰老→死亡；有循环变化（一定时间间隔进行的重复运动或再次发生的一系列现象），例如，草本植物的一岁一枯荣、某些动物的昼伏夜出、某些植物的日开夜合、海滩动物在潮汐周期中的定时产卵，以及物质通过食物链和食物网的循环等；有不规则变化（随机性变化），例如，染色体的变异、基因的突变等。

学习这部分内容，引导学生建立以下生物学观念：

（1）生物体处在不断的运动与变化之中，但只能从一种形式转化为另一种形式。

（2）生命变化的形式可分为三种：趋向性变化、循环变化、不规则变化。

（3）自然界的一切变化遵循质量守恒定律。

二、科学主题、生物学观念、课标内容与教材知识载体

科学主题和科学观念是选取和组织课程内容的两个制约要素。科学主题是选取课程内容的主要依据和组织课程的重要线索，科学观念则是从学习内容中提炼出来的重要的观念性原理。从科学观念展开的知识内容，基本上就是学生学习的任务。因此，可以简单地说，科学主题是科学内容的“脉络”，科学观念则是科学内容的“浓缩和提炼”。

初中阶段，学生的认知心理特点倾向于直观的形象思维，习惯于从整体上观察认识事物。课程内容以阐述具体的事物和现象为主。科学主题主要集中在尺度与结构、系统与相互作用、演化、变化的形式四个方面。初中阶段生物学科学主题、生物学主要观念、课程标准中的内容主题和人教版初中生物教材中知识载体之间存在着对应关系（见表1—2），当然这种关系又互相交叉。

表1—2　科学主题、生物学观念、课程标准中的内容主题和人教版生物教材中的知识载体之间的关系

科学主题	生物学观念	课程标准中的内容主题	人教版生物教材中的知识载体示例
尺度与结构	生命结构的层次性	1. 生物体的结构层次	➢ 观察细胞的结构 ➢ 细胞怎样构成生物体
系统与相互作用	生物学中的相互作用：系统性、整体性	1. 生物与环境 2. 生物圈中的绿色植物 3. 生物圈中的人 4. 动物的运动与行为 5. 健康生活 6. 生物技术	➢ 生物圈是所有生物的家 ➢ 绿色植物是生物圈中有机物的制造者 ➢ 人类活动对生物圈的影响 ➢ 各种环境中的动物 ➢ 动物在生物圈中的作用
演化	生物的进化	1. 生物的多样性	➢ 根据生物的特征进行分类 ➢ 生物的进化
变化的形式	生命变化的形式	1. 生物的生殖、发育与遗传	➢ 生物的生殖和发育 ➢ 生物的遗传和变异

从表 1—2 可以看出，初中《生物课程标准》的九个内容主题中，“生物体的结构层次”是学生学习生物学知识的基础，该主题向学生揭示了生命现象在不同尺度下存在着不同层次的结构，贯穿着“尺度与结构”科学主题的思想。“生物与环境”、“生物圈中的绿色植物”、“生物圈中的人”、“动物的运动与行为”、“健康生活”、“生物技术”内容主题是从生物圈的高度，在“生物与环境之间的相互作用”大背景下，引导学生从局部到整体、从结构到功能认识生物与环境的关系、绿色植物、人、动物、微生物等。这六个内容主题之间由“系统与相互作用”科学主题统领起来。“生物的多样性”主题强调生物多样性是生物进化的结果，这部分内容有助于学生形成生物进化的观点，贯穿着“演化”科学主题的思想。“生物的生殖、发育与遗传”是生命的基本特征，反映的是生命变化的形式。该内容主题贯穿着“变化的形式”科学主题的思想。

在生物学这门基础自然科学中，充满了科学主题的观点。只有通过围绕科学主题学习生物学来认识客观世界，发展认识能力，不断提高头脑中知识的系统性和概括性水平，学生才能真正领悟并形成生物学的主要观念。

思考与活动

1. 什么是生物学观念？请你谈谈生物学观念与科学主题的关系。
2. 在初中生物教学中，怎样引导学生建构生物学观念？

参考文献

1. ［美］国家研究理事会. 美国国家科学教育标准. 北京：科学技术文献出版社，1999

2. 方舟子. 寻找生命的逻辑——生物学观念的发展. 上海：上海交通大学出版社，2005

3. ［美］霍格兰，窦德生. 观念生物学（2）：机制·回馈·群集·演化. 台北：天下远见出版公司，2002

4. 朱正威，赵占良. 生物学（义务教育课程标准实验教科书）. 北京：人民教育出版社，2002

[作者简介]

胡玉华，女，北京教育学院生化环境系系主任，副教授，主要从事人体生理学及脑科学的教学与研究工作。近年来出版《科学过程技能》、《中学生物课堂教学设计》等著作；发表《中瑞科学探究式教学过程的比较》、《试论继教中的“开放式临堂培训”模式》等论文。

第三讲
生物学的传递与表达

北京教育学院　赵景春

传递和表达，这是一语双关的两个词，生物学的基本问题是传递和表达，生物学教学也是在传递和表达，它们的关键都是怎么传递，怎么表达，传递什么，表达什么。生物学的学科基本和生物学的教学基本在此不期而遇，可谓生物学之契，遇教学之合。本讲就想敞议此契合之问题。

一、传递和表达是生物学的基本问题

生命与环境是生物学的思维主线，环境中的生命是生物学的大思想，一切生命过程都是在环境中完成的，传递和表达当然也是在环境中进行的，受到环境的影响是必然的。

（一）传递和表达是两个基本性的事件

生命的最基本事件是传递和表达（见图1—2），因为，生命的本质是DNA，表达的是蛋白质。DNA的属性就是传递和表达，生命的表现形式和内容亦然。在生命过程中，传递和表达应该是互为目的的，传递为了表达，表达也为了传递。生命如此往复，DNA是永存的。传递和表达赋予了DNA以生命，DNA又给了传递和表达以内容。

遗传信息的传递过程和变化是生物的繁衍和遗传，遗传信息的表达包括生长表达、时空表达、形态表达、结构表达、功能表达、分子表达、平衡表达等。形态和功能的主体是统一；生物与环境的关系是影响与发展，其主题是适应；生物与生物的关系是相互作用，主题是平衡。生命的本质是核酸的复制和变异，核酸是要传递和表达的本物，它所表达出的生命特征是：以蛋白质为生命的表达形式，以细胞为生命的表达单位，以新陈代谢为生命的基本运动，以信息调节为生命的通信表达，以生长发育为生命的具体表现，以生殖为生命的繁衍体现。遗传变异是生命的核心，进化是传递和表达的演变，环境是传递和

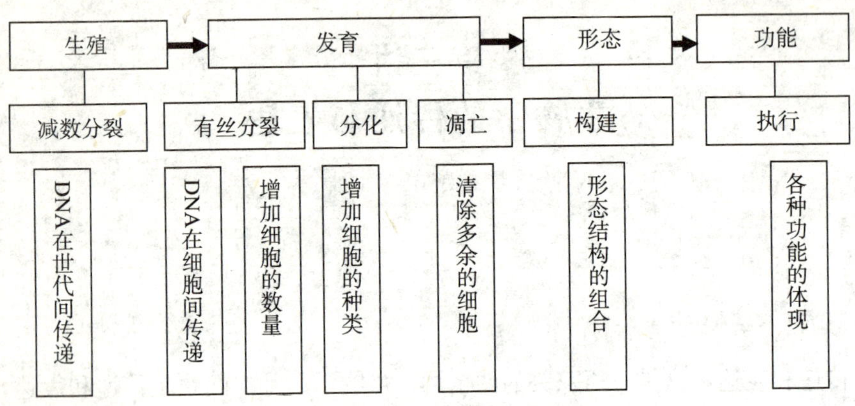

图 1—2　生命过程的传递与表达

表达的场。

（二）传递和表达是两个根本性的事件

诸多生命科学的重要问题均集中在这两个根本性事件上。如：

- 中心法则——是传递和表达的“分子表达式”。
- 细胞分化——是差别表达问题。
- 基因调控——是表达的调控问题。
- 细胞凋亡——是细胞间传递的时限和终止表达的问题。
- 周期调控——是传递的频率问题。
- HGP（人类基因组计划）——是在解决传递和表达的内容。
- 克隆——是一种反常规传递。
- 试管婴儿——是人工帮助传递的问题。
- 干细胞——是全能、多能、专能的表达。
- 基因工程——是人工传递，异地表达。
- 基因治疗——是纠正表达的问题。

…………

我们可以在研讨时根据需求和提问，将以上理论和应用问题作为知识拓展再行展开。

对分科内容的基本性理解也是对基本事件的分类。我们初中生物教材能涉及的内容有：细胞学内容是传递和表达的基本单位；解剖学内容是细胞的集合形态，是结构表达；生理学内容是细胞功能的整合，是功能表达；生化的内容是化学功能路径调控，是代谢表达；遗传学内容是生命的复制与变异，是传递和表达核心；生态的内容是生命的整体宏观效应，是宏观共生表达；环境的问题是传递和表达场，是影响表达；微观的问题是生命分子效应，是微观表达。

二、传递和表达是遗传学的本质问题

根据定义，遗传学是研究遗传和变异的。我的理解是，任何生命存在的最基本属性是繁衍，生殖为形，遗传为基，DNA 是繁衍之本物。它通过生殖而传递，通过发育而表达，生命通过遗传和复制更新着 DNA。它一改变，生命的内容和形式也将随之改变。这就是我对遗传与变异的感悟。

（一）遗传学的本质是传递和表达

生命的根本是 DNA，而 DNA 的任务是传递与表达，传递和表达是遗传问题的内容实质。多数教科书把遗传学定义为研究遗传和变异的科学。我以为不甚妥当。它应该是研究 DNA 传递和表达的学科。

1. 遗传与变异和传递与表达

遗传与变异是遗传学的两个并列现象，遗传讲的是相似性，变异讲的是差异性，但它们必须通过子代的性状才能反映出来。子代之所以反映出与亲代的相似和差异，是因为遗传信息的传递和表达。只有先传递下来，再表达出去，才能体现出是相似还是差异。因此我说，传递和表达才是两大实质性事件，是遗传科学本质的问题，它们所体现出来的现象才是遗传和变异（见图 1—3）。

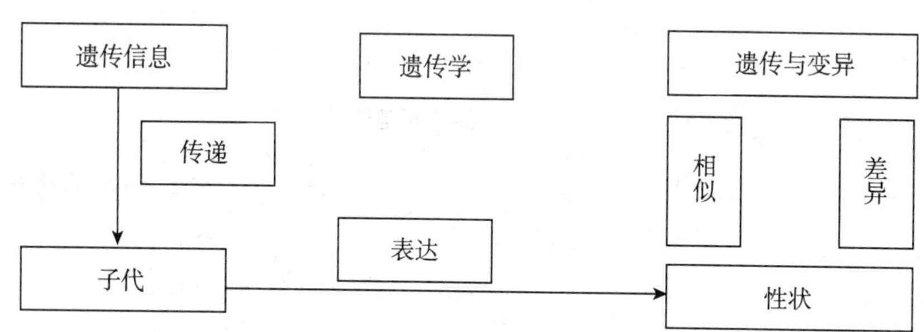

图 1—3　简解遗传学定义

2. 遗传与变异是传递和表达是否忠实的问题

生命存在于环境之中，环境影响生命的存在形式是必然现象；DNA 始终暴露于环境之中，DNA 会发生变异是必然事件。遗传与变异就是 DNA 在环境中的传递和表达是否忠实的问题，其实就是DNA与环境相互作用的问题。传递和表达的忠实与否就构成了遗传的真实性和变异的差异性（见图1—4）。基因忠实的表达是生命功能的基础，原基因间的重新组合是遗传的新意所在。

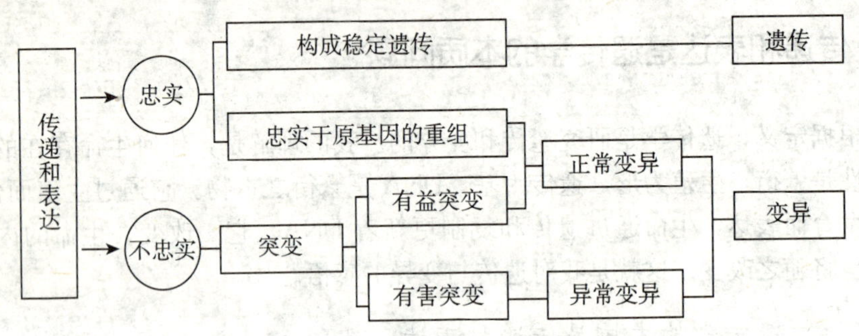

图1—4　传递与表达的忠实性结果

3. 保持遗传学基本思想的连续

(1) 整体思想和整体事件是什么？是在环境中，基因的垂直传递与水平表达（见图1—5）。这是一个纲。是一个由浅入深地解决遗传学问题的定位标。

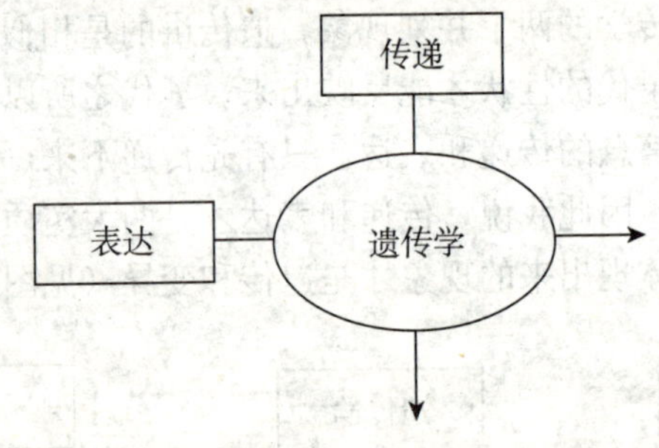

图1—5　纵横解遗传

(2) 传递思想的连贯性。初高中教材虽然在内容上有分割，但主体思想要连贯，事件要连续。要着重建立的联系是：

- 染色体—DNA—基因—蛋白质—性状（遗传的学科基础链条）。
- 传递的准备事件——DNA复制（染色体与染色单体分子基础）。
- 传递的动力事件——细胞分裂（减数分裂与定律的根本）。
- 表达的基础事件——蛋白质合成（连接基因与性状桥梁）。

(3) 解决遗传学的最基本问题。

- 传递什么？表达什么？
- 怎么传递？怎么表达？

- 在哪儿传递？在哪儿表达？
- 传递和表达是否忠实？

思考链接

我们确要悟出的问题

对于传递，我们要想到的是：

▲ 传递从 DNA 复制开始，以完成分配 DNA 到达下一级细胞为止。

▲ 到达合子，遗传任务只完成了一半。表达出来才是全部。

▲ 受精后，新 DNA 将开始一段最危险的表达历程。

▲ 对新生命的总体贡献，母本还是大于父本。请思考为什么？

▲ 合子形成，替后代生命的“基因抽签”结束。

▲ 合子是“修正后代”的最好时机。

▲ 传递的终点也是表达的原点。

▲ 染色体是 DNA 的传递形式。

▲ 传递的动力和具体体现是细胞分裂。

对于表达，我们要想到的是：

▲ 表达从 DNA 转录开始，以蛋白质合成为分子体现和分子基础为止。

▲ 一切性状都是 DNA 表达的结果。

▲ DNA 通过支配蛋白质的合成来表达性状。

▲ 分化是 DNA 的差异表达，也是第一波表达。

▲ DNA 的表达是有时空顺序的。

▲ 形态和功能表达在个体发育中完成。

▲ 染色质是 DNA 的表达形式。

▲ 表达的动力是 DNA 与蛋白质的联动。

▲ 传递也是 DNA 要表达的功能之一。

遗传是环境的“函数”。“忠实”与否就构成了这个学科的最大“可变域”。

（二）连接起基因和性状

从基因到达性状是表达问题，蛋白质是它们之间的桥梁。

1. 基因——要表达的信息

基因，它诞生于自然，存在于自然，延续于自然，发展于自然。它表达万千，传递有法。其意在于：为功能而表达；为繁衍而传递；为新意而变化；为进化而择优。实可谓，基因不息，生命不止。

它的基本结构如图 1—6 所示：

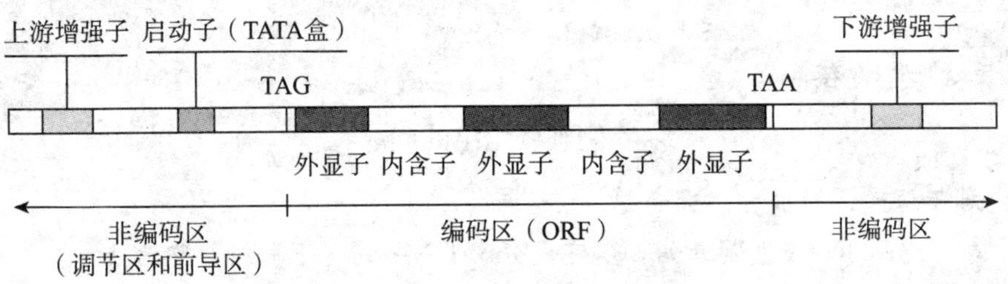

图 1—6 基因示意图

2. 从基因到蛋白质——表达

基因上的遗传密码先被抄录在 mRNA 上，叫转录；然后翻译成一串不同的氨基酸长链（肽链），叫翻译；这一串氨基酸链再折叠成一定的空间构象，成为有功能的蛋白质，这是组装（见图 1—7）。这个从基因到蛋白质的过程是表达的分子过程和基础。

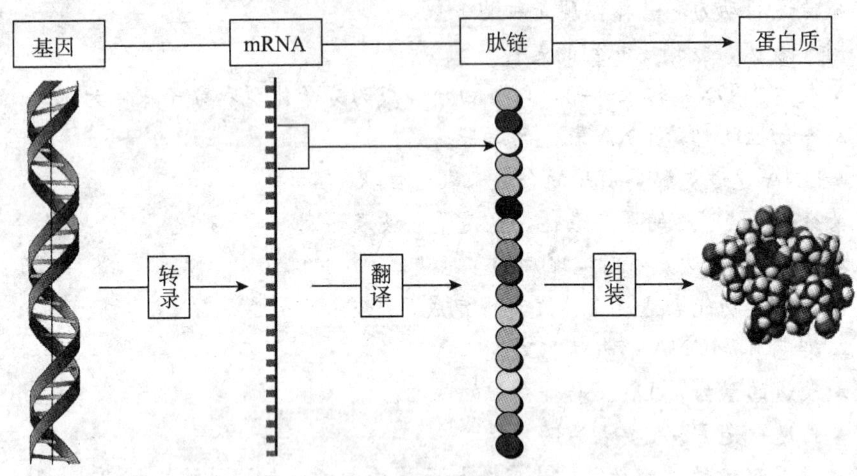

图 1—7 从基因到蛋白质

蛋白质去执行具体的功能，就是性状体现的具体基础。不同的基因携带不同的信息，不同的信息决定不同的蛋白质，不同的蛋白质执行不同的功能，不同的功能体现不同的性状。可见，传递的是信息，表达的是蛋白质，体现的是性状。性状的表现是以蛋白质为基础的。我们以酪氨酸代谢疾病为例对这一过程进行具体说明（见图 1—8）。

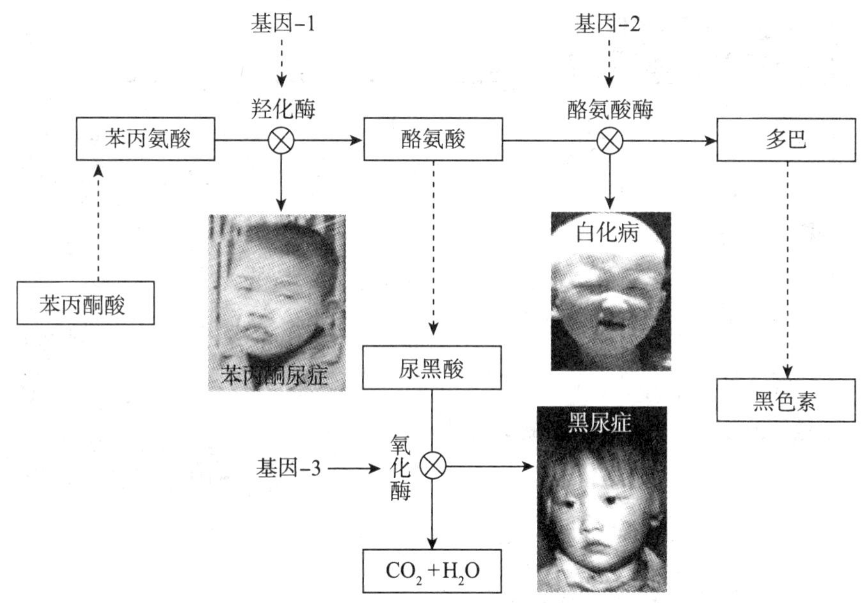

图 1—8　酪氨酸代谢疾病

3. 遗传信息的流向

图 1—9 表达的就是"中心法则"，它是生命的基本法则，也是传递和表达的分子表达式。以物质来说，它是遗传信息在物质间的流动。以事件来说，它是遗传信息的传递和表达。这就是生命内在运动的分子本质。

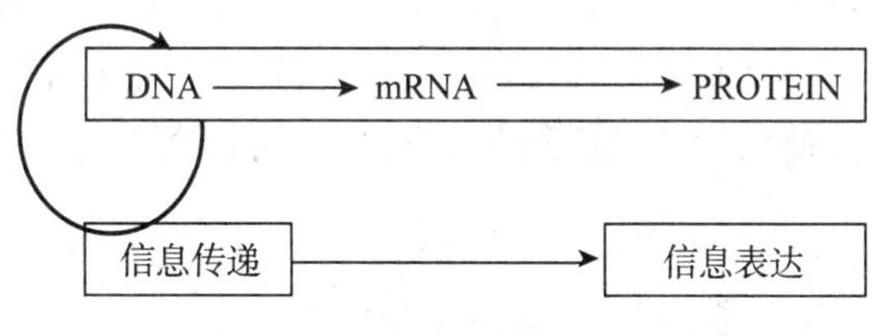

图 1—9　遗传信息的流向

（三）再连染色体和 DNA

1. 染色体——DNA 的传递形式

在细胞核中，从 DNA 到染色体进行着周期性变化，这就是凝集和解旋的运动（见图 1—10）。我们应该从传递和表达的角度理解这种变化，也应该给出一个变化的理由。

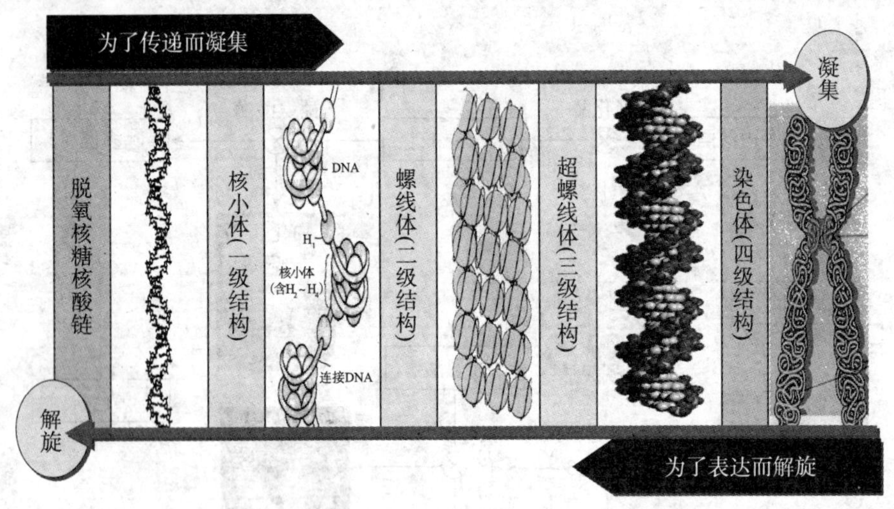

图 1—10　从 DNA 到染色体

2. 从染色体到基因再到性状都是成对的

在一对同源染色体上的成对的基因叫一对等位基因，它们控制着成对的相对性状。要注意，在基因库中，还有复等位基因的概念，那可是两个以上的基因数目。

3. 细胞分裂是传递过程

首先，复制是为传递做备份，也是染色单体的来源；有丝分裂是将遗传物质在体细胞间进行着相同基因组的传递，传递前后，基因组是相同的。减数分裂是将遗传物质传递给生殖细胞，以传递给下一代，其过程是有基因重新组合的，是基因重组的传递，传递前后，基因组是不同的。减数分裂是经典遗传学的核心和动力。

（四）性状的表现是表达的真正实现

从基因到表型的实现是有条件的。有一个基因，就一定有一个表型吗？基因型和表型一定统一吗？这是一个现象和本质，可能与必然的思考！

1. 从基因到表型之间的时空间隔

（1）发育时空。整个发育过程要经历分裂、分化、生长、迁移、吸收、凋亡、组合以及生理、生化、调控等环节，每一个环节都有可能影响到表达。另外，发育造成了即时表现和延迟表现的出现。即时表现是指，再现子代时立即表现出的性状，大部分性状应该如此；延迟表现是指，个体发育到一定时期才表现出的性状。可见，表达是一个发育的时空历程。

（2）环境时空。个体发育是基因实现表达的过程。基因处在环境之中，势必受到环境的影响。基因相同，环境不同，表型就有可能不同。环境造成了表现度与外显率的不同，表现度是指，基因在不同环境因素影响下的表现程度。外显率是指，某一基因在群体中的表现概率（%）。这些都能造成基因和表型的不统一。

可见，基因不是决定某一性状的必然实现，而只是一种可能性。表型的实现还取决于环境的作用。环境作用会通过生理、生化和发育改变个体的表型。但这是在一定范围内的修饰性改变，并没有改变基因的实质，只是影响了表达（这里不包括突变）。当环境影响大到足可以改变一个基因时，这就是本质的改变（即突变）了。

（3）我们的理解。对基因与性状之间隔的理解：环境因素的确影响着个体发育，个体发育又是基因表达的舞台。环境影响着个体发育，就影响着性状表达。但只要不是极端的环境影响，这个外因也无法改变基因实质，只是修饰它的表现。这就是有时基因和表型不统一的原因之一。至于这个差异有多大，要看修饰作用有多强。对我们教学来说，不能把基因绝对化，不能忘了环境的作用。

2. 基因间的相互作用

基因间的相互作用也是影响表型的一个重要因素。

（1）对显隐性关系的理解。对于完全显性而言，就是说，显性基因的作用完全能“掩盖”隐性基因的作用。可以理解为，这个基因的产物（酶）是关键性的，是足以起控制作用的。也可以认为：这是基因产物有和无的关系，是定性作用。不完全显性是基因产物多和少的问题，是定量作用。它是一对等位基因同时表达、同时作用的结果。另外，观察的标准不同，显隐性关系也不同。

（2）基因和性状本身就不是严格的一对一的关系。性状都是有多基因基础的，只不过有一对基因起决定作用，有人称之为“主基因”。在其他基因都相同的情况下，主基因的差异将导致性状的差异。这是基因的多因一效，也可以理解为基因作用的整体观。

其实，一个基因也不只关系到一个性状。这是因为，个体发育是一个整体协调过程，一个基因的改变也势必影响到与这一生化代谢过程和生理机能有联系的其他过程，从而间接影响到其他性状。这就是基因作用的一因多效。

基因之间相互作用是决定表型的内在因素。这些作用包括很多方式，显隐性作用只是其中的一种，而且是最简单的一种。它不代表基因关系的全部内容。单从显隐性作用来说，它也不是机械的、固定的、绝对的。我们要相对地去理解这种作用关系。

（五）环境对DNA的极端作用——突变

1. 遗传物质的改变叫作突变

突变的分类如图1—11所示。

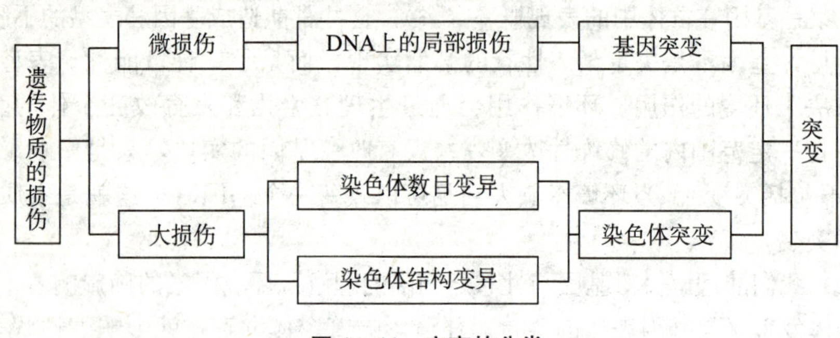

图1—11　突变的分类

2. 基因突变的产生

个体基因损伤的集合，就是人类基因库的整体损伤（见图1—12）。

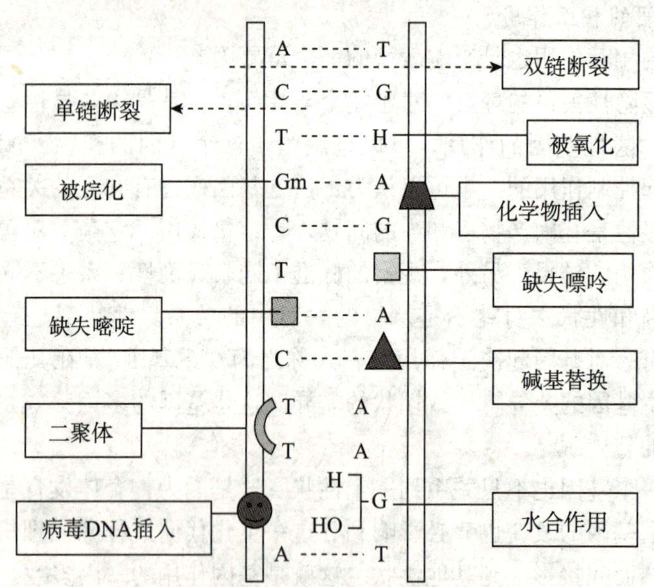

图1—12　DNA的损伤

3. 基因突变的后果

基因突变会影响人类的基因库。基因库是持续发展的种质库，代代相传的品质库，基因选择的原料库，每个民族的特征库，每个个体的背景库。环境中的有害物质会诱发基因突变（见图 1—13），因此，保护好我们所居住的地球，我们当代人在完成好传递任务的同时，更别忘了，还要当好人类基因库的保护者！

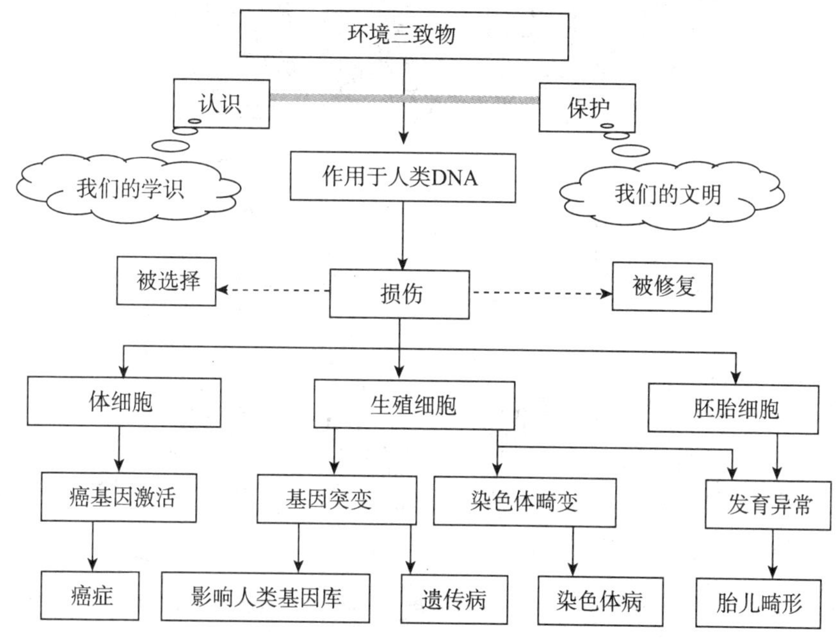

图 1—13　环境三致物对人类 DNA 的作用后果

案例一　"遗传与变异"中分离定律的教学研讨

这一节教学讲的是层次，有如下问题要明确。

(1) 重要概念：性状，相对性状，杂交，遗传因子，显隐性。

(2) 分清层次：性状——遗传——规律——遗传因子——基因

(3) 掌握关键：生殖细胞中成对基因的分离。

(4) 把握过程：体细胞中成双——生殖细胞中分开成单——受精后恢复成双。

(5) 清澈思想：这是遗传物质的传递，传递下来后控制着性状的表达。

(6) 运用教技：用你最有效最直观的办法解决问题。

教学提议是，把看不见的问题直观化。可以采用以下办法：

- 活动法：可以设计一个自演程序。

在老师的诱导下，让学生自己把孟德尔的分离定律演示出结果来。选出 4 个男生，高矮各组成一对，代表子一代的配子，让他们各举一块牌子，牌的正面是

"高"和"矮"，牌的背面是基因"D"和"d"，在老师的讲解下完成子一代自交时的分离和配子的随机结合，得出3∶1的结论。

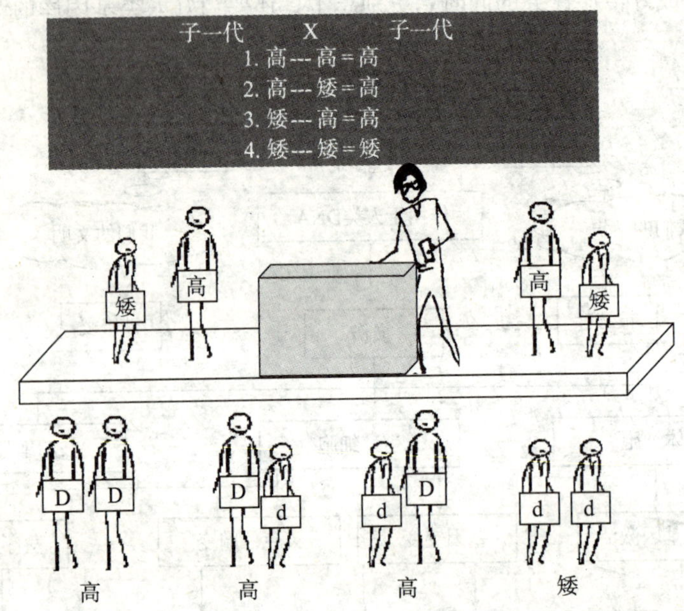

● 摆放法：或老师，或学生；或讲解，或活动；或纸片，或标签。

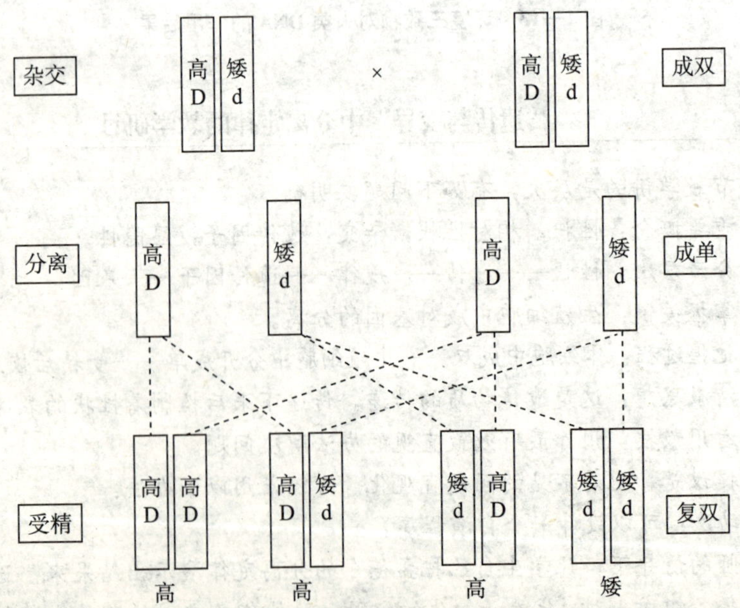

● 简化公式法以辅助：F_1 自交受精时，成单的遗传因子随机结合，其结果可简化为公式：

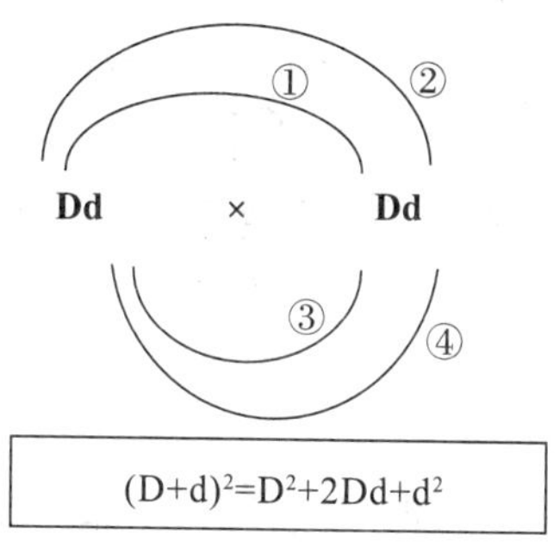

$(D+d)^2=D^2+2Dd+d^2$

三、传递和表达是生物学教学的关键问题

要想教好书，教好学科的书，一定要搞懂它的学科思想。搭建好一个结构，铺续好几个层次，形成和贯穿一个整体学科思维。这就需要对学科有一个较全面的认知，这就是你的学识水平，也是学生的基本学科构建。为了倒满你学生的那一杯，不但要真正准备充足教师这一桶，还要讲究怎么倒，目的是要倒好，不洒，不混，不乱。

（一）我们到底要教什么？

不错，我们是要教知识，但要教什么样的知识呢？我想谈谈我对知识的理解。我以为，知与识，是两个层次，能紧密联结在一起者，方为智能。知只是识之前提，识才是目的。可见，知归知，识归识，获知容易，而升成真识却难；有知者未必真有识。知不足，则少基，莽而无术；识不足，则多虑，好谋而无断。凡成事者，以识为主，知为辅，然后成矣。人需求知而要求识，知是基本，识是升华，知是为识而学。学知是为了长识，有识才有术。

我的根本意思是，我们不但要教“知”这个外感的东西，还要教如何生成“识”这个内化的东西。说实话，我们教书的真正功德就在于知和识之间的划通和点醒。

1. 教构成学科基本框架的知识

有性生殖就是学科框架中的有力一柱。有性生殖是世代交替的一个转世，更重要的是进化中的一个节点。如何真正撑起这一柱，是我们教师的功力，也关乎学科构建的要点。二倍体的孢子阶段（无性世代）和单倍体的配子体阶段（有性世代）有规律地交替出现的现象，称为世代交替。在不同的进化阶段，两者占不同的优势。有性生殖的核心是受精，关键是减数分裂，减数分裂为受精而行，受精是减数分裂的目的。减数分裂又是经典遗传学的经典细胞行为和经典支撑事件。还要明确有性生殖的进化之优。有性生殖优在遗传物质在子代中能重组：雌雄的各半在子代中重组，意味着每一代都在遗传中改变自己，采取这种生殖方式的生物比原来原样不变地“克隆”自己的生物更能在自然中立足和发展。有性生殖优在对子代能有主动的选择上：对生殖细胞的选择；对受精的选择；对发育的选择；对成活的选择。这些都是在作优势的选择。其根本优势在于对自然更强、更广的适应。

在此，需要明确的是，教师知识框架的清晰度和坚实度对学生的构建质量起重要作用。

2. 教对今后学习起支持作用的知识

细胞是入门课，又是生物体的基本单位。这一点很重要。认识一个事物的整体，要从它的最基本单位开始，这样，才能更接近它的本质，这是一种思想方法。局部和整体、结构和功能、生物与环境的关系是生物学的大思想。我们要明确它的重要性，并扩展它的教育功能，开好这扇生物学的大门，打好这座“金字塔”的基座。这是教师的“识”，也是教师诱“识”的力。

细胞不但是一个基本结构单位，还是一个基本功能单位。生物体都是从一个细胞开始发育的，生物也都是从单细胞开始进化的。动植物细胞有什么不同呢？必须明确一个观点来引导思考：为什么有这样的不同？动植物的整体特征一定和基本单位的特征有关，也一定和生物学的大思想有关。

动物要动，细胞必须要有充分的弹性，有细胞壁就是一个限制；植物要立，要有良好的支撑，不能没有较硬挺的细胞壁。这是结构需要。植物要自己造食，叶绿体就是它的“饭碗”，以接阳光中的能量来喂养自己；动物能动，可以自己找食，用不着叶绿体，但需要取食、捕食、夺食和消化，这是生存需要。植物的液体循环不如动物发达，就必须有一个暂时性的液体储存库，液泡就是它的“小水库”。当然液体中还溶有许多物质。再深一点还有，植物细胞分裂时有细胞板，动物细胞分裂时是收缩环；植物细胞内有乙醛酸体，动物细胞是溶酶体；植物细胞有胞间连丝联络，动物细胞是基质和膜受体等。这些都是体现出生物的结构和功能相统一，生物和环境相适应以及局部和整体相呼应的生物学的思想武器。

在此，需要明确的是，为了适应中学生物学教学，教师要有生成和整合知识的能力。生于基本道理，整于学科规律。这取决于教师对学科内涵的深悟。

3. 教具有思维训练价值的知识

还说受精。受精后就是个体发育，这是一个事物的变化过程。植物受精后的子房变化是果形与播种的外部关联，也有着内部的原因。变化后的事物，也一定保留着原来的痕迹。两者之间的对比分析，是寻找演变轨迹的最好办法。事物的存在形态一定有它的合理性和比对性，通过形态分析，也可以找到它的用途。

另外，个体发育的核心问题是细胞的分裂和分化。这是生物个体的基础工业事件，也是纵向思维的发展性培养，所以要引导学生的学科思维，理清“细胞的生长、分裂与分化”中的几点：首先，要知道这节课的基本问题是什么？这节课的基本问题是生命的最基础事件：是细胞的生长，要长大；是细胞的分裂，要变多；是细胞的分化，要有分工。其次，要知道这节课的误点在哪儿，思维要准。细胞的生长和分裂都能使生物体长大？细胞生长到一定程度就要增殖，产生更多的生命单位去完成一个再大的细胞也完成不了的任务。即，大不如多，多也要大，相宜才好。最后，也是关键，就是这节课的难点思索如何分化？怎么才能说清楚？我要问的是，我们自己的思维清不清晰？是真清晰还是半清晰？然后才是怎么讲清楚。教师清晰，就有办法让学生的思维也清晰。其实这里有一个思维转换的问题。分化就是差异；差异就是分工；分工就是执行不同的功能。不同功能需要有不同的蛋白质去执行，这个分工的根本是由基因控制的。至于在具体的教学中如何去表达，各人有各自的高招。

我推荐一种“开会分工”的说法，保证教师讲得清，学生听得懂，思维上也理得顺。即，细胞长到一定程度，分裂到一定数量时，突然意识到一个问题：“我们每个细胞不能什么都管，太累了，也不高效。我们得开个会，分一下工。”于是分出了工作类别，又各自分裂生长去了。这时，不同的细胞是各干一摊事了。干着干着，觉得还是不行，这一摊事还是多，还得开个会再分细点，最好分到专职。于是又细化了具体的任务，成了专职细胞了。这就是“分化”的“开会说”。这一说也说出了什么是全能干细胞、多能干细胞和专能干细胞。这一说说通了思维，说活了想象，更启迪了学生。

还可以把抽象的分化用形象的教具表现出来，如图形、不干胶标签、气球、橡皮泥等。发展中的变形是要领，变化性思维是根本。

在此，需要明确的是，教材只是一个载体，真正要提升的是思维。

4. 教有文化和教育功能的知识

我们不能忽视教育的文化功能和迁移作用，还有大纲上说的情感、态度、价值观也应该得到重视。

如在教授“花果种”时可总结出“春花秋实虽自然，不劳无获枉一生”，借植物的繁衍可喻人生，类喻者颇多，自选其适。还应知道，花果文化，多具浪漫，教益无限。这节课要悟出植物的生存之道。生存和发展是生物的本求，繁衍是生物的天职，广播是生物的普技，植物的种子一定要“想”尽一切办法完成好这些任务。它的办法想在了结构上，这就是结构和功能的统一。生物不同，适应环境的办法不同，这就是生物与自然的和谐。果实连接着生物间的相互利用和巧妙利诱，这是生物间的交易和配合。这都是为了传递生命，而传递是为了繁衍已类。

再有，在教授“昆虫”时可以总结出生存真理。昆虫战胜了4亿年来所有的地球灾难和生物浩劫，就连庞大的恐龙也输给了它。如果说，在以后的劫难中还有存活下来的生物的话，那么，它们当中一定还有昆虫！生存是一场复杂的斗争，强悍并不是胜利的法宝，适应才是生存的真谛。昆虫的变态发育是进化赋予它们的武器，因为，昆虫所处的地位太危险了，天敌多，食期又短。昆虫一世，草木一秋，草黄昆虫死，快长为繁殖，这是它们的意识。蚕食之疯狂，蝗灾之绝粮，说明了它们的习性。因为，它们必须快长，否则就赶不上甩籽了。籽之多，是以量取胜；处之隐，纯为安全护籽和避敌；多蜕皮，因为长得太快要摆脱限制，快长是为了赶时和避敌；没有一种动物在单位时间内比昆虫的幼虫长得更快，化蛹是为了静变，做茧和隐盖是为了保护。到了常态的成虫，一定是繁殖第一，那就要运动灵活，便于求偶和交尾，还要能到处甩籽。这就是翅其所用，翅其所美。昆虫的一生是仓促的一生，高效的一生，危险的一生，变化的一生，适应的一生，成功的一生，美丽只是那一刻。小虫尚如此，人生要思量。

5. 教具有科学基本素养的知识

既然谈到了教育效果，那么，教出科学基本素养就是最大的效果。我以为，生物学科的学科素养包括：学科基本思想，这是学科的主题灵魂；学科基本知识，这是学科的骨干内容；学科基本方法，这是学科的基本技能；学科基本思维方法，这是科学的思维方法；学科基本能力，这是解决学科问题的基本办法。

学科大思想是：生命于环境之中，影响是必然；生命诞生于自然之中，适应才发展；结构为了执行功能，一定要统一；局部存在于整体，协调与稳定；生物与生物共存，和谐与发展；DNA的传递和表达，是遗传的本质和生命的基本；生命的变化与平衡，是根本的法则。

（二）课程是学科主题构建的基本单位

通过对学科主题的构建，让学生学会学习。学会学习为的是能自主学习，这是总目标。当今的科学技术化社会和知识经济的趋势召唤着学习型社会的形成，终生学习的要求召唤着自主学习和开放式学习的模式。

1. 要表达学科主题

自然界是个整体，人类认识自然的活动形成了科学。一门科学离不开对事物和现象的详细描述和具体分析。我们如果能提炼出它的核心概念，就可以将分散的信息单元纳入全信息的结构之中。在这样的主题结构之中，信息片段之间的关系可以被整体地体现出来，这种核心概念就是学科主题。

生物学也有学科主题来组织各个分科的有关内容，统摄其中的基本概念和原理，这样的主题可以揭示知识的本质和它们之间的内在联系，具有统整学科的功能。抓住了它，等于抓住了学科的根。帮助学生构建起这个核心，就开发了他们的学习智力。

更直白地说，要明白生物学是讲什么的，现在这一章节和它有什么关系，你这一节课和整体构建是什么关系。

2. 为什么要表达学科主题

表达学科主题为了真入门，为了建学科骨架，为了建学科文件夹，为了明大事，为了懂基本，为了知道什么是动物、什么是植物、什么是有性、什么是受精、什么是世代、为什么交替、什么叫繁衍、什么叫适应、什么叫平衡……如此大事清楚了，小事自然装其中。这是因为：

(1) 学科主题具有很强的学科入门功能。学科主题能够反映生物科学的基本面貌，围绕科学主题的知识内容是继续学习的支点。这样的知识比杂散的知识具有更强的学科教育和学科入门功能。

(2) 学科主题有文件夹功能。这样的主题结构是知识的主体文件夹，应该使学生很容易找到路径，把新学到的知识纳入所建立的知识结构之中。当学生在遇到没有学过的其他知识时，可以运用学科主题的思想和思维方法，经过自学而获得所需的知识，并能归纳入档。

(3) 学科主题有统摄思维功能。整体思维的把握是思维的大局观，也是学科的大局观。教师一定要有整体思维的能力，还要把这一能力教给学生。

(4) 学科主题具有很强的迁移教育功能。对于生物科学主题的理解可以迁移到其他领域。这样，学生就学会了整体地、联系地、发展地、本质地看问题。

(5) 学科主题对未来学习有很好的支持功能。少而精的关键知识，是内在逻辑性较强的学科的基础知识。它能使学生形成简化的、实用的、对未来学习更有支持意义的知识结构底架。

3. 我的教学“库渠论”

我有一个思想，就是教学的“库渠论”。我认为，我们所授的知识，恰似条条溪流，源源地流向学生。但是，它到底通过什么样的路径到达？最终流向了何方？又是以什么样的形式存在？那就要问：我们开渠建库了没有？这是一个怎么教的问题。溪流的上游是我们的知识源。我们是怎么放的水？放的是什么水？放多少水适量？这是一个教什么的问题。再有，我们不得不注意到，我们自己真正的水源在哪儿？水质怎么样？这是一个有什么的问题。

有常话曰：“水到渠成”，我对此颇不以为然，只管放水，乱流无汇，终是不保。我认为“渠成水到”似乎更合常理。教学亦然。渠之，核心概念与学科主题思想之灌通。水之，具体内容和分支概念的流过。通晓基理，乃开渠之成；初中教材之小水，不过初试其通，理已通，何惧将来水大乎？可见，“水到渠成”显被动，只重水而忽渠，属小建；“渠成水到”为主动，建渠修库，乃大建。此可谓教学如开渠，渠成水自到。

我们只是以教材为载体，教如何获取知识，如何使生物学的知识形成一个最基本的框架。这个框架好似学生脑中的一个生物文件夹，那就要划通到达这个文件夹的路径。知识汇入核心概念，再统摄于生物学主题思想，这就是开掘和渠灌。知识的渠灌路径和构成学科知识的基本构架是十分重要的，它们对学生今后的学习和发展影响深远。

（三）课程要建构的是学生的自主思维

认知过程就是学生学习和同化的过程。在这个过程中，学生也在提取自己的信息储备和经验，并进行着加工处理、激活排序，极力使其条理化，使其吻合和同化。这就是一个自主建构的过程。我们一定要意识到这一点，不能只顾自己讲课，而置学生的心理于不顾。要顺应他们的心理，帮助他们建构一个他们脑中的知识体系。为说明这一问题，我们还是以生殖中“受精”这个关键事件为例。

1. 引导构建思维

如植物双受精的同化理解和构建更大的事件（见图 1—14）。

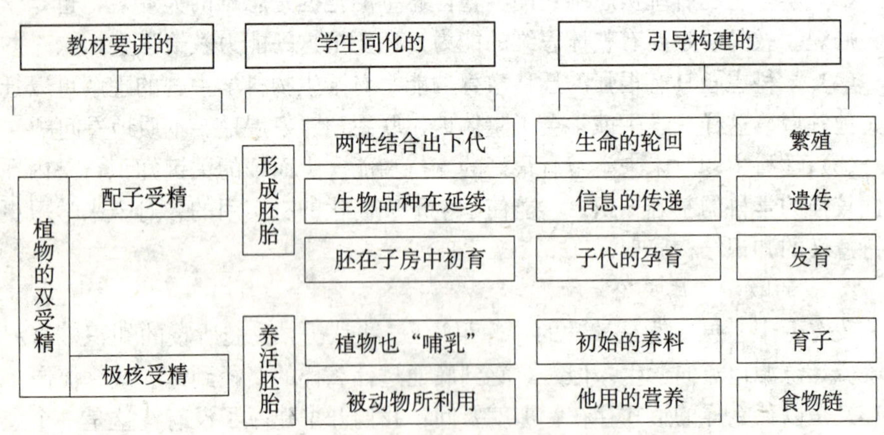

图 1—14　引导构建图解

在教授双受精知识的同时，教师还要诱导出对双受精意义的个性认知。

精卵融合的意义自不必说，这是进化优势所决定的。极核受精成三倍体胚乳是高等植物所特有的，这是新生胚的养料。但为什么要通过受精而成呢？因为让胚乳也包含着父母本双方的遗传特性，对胚的发育更为有力，胚乳可以认为是父母合供的“原装养料”，使胚的生活力更强，适应性更广。就把它理解成“父母共乳”吧。从这一点看来，植物的父本比动物的父本有更强的责任心和更大的贡献。

2. 修正思维构建

反思与校正常发生在学生的思维构建之中。学生开始积累了一些认知经验，但这些初步的经验只有在不断地得到反思和校正之后，才能内化成为学习成果。

学生通过视频看懂了花粉管的萌发后，马上形成了自己的比喻：“花粉管像蚯蚓，输送精子进珠孔进行受精。”老师很高兴，夸学生比喻得好。确实很好，但没问题了吗？

我说：夸完了以后要诱导他，花粉管的一端是不动的，只是单向伸展。另外，也不一定非从珠孔进入不可。学生就会马上校正自己的比喻和结论。类似这样的校正还有很多，我们能不能发现和及时诱导就显得十分重要。教师要反应很快，否则会错过校正的有效时间。

3. 教出基本思维模式

要有意识地培养学生的问题意识，这是形成思维模式的最初途径。“问题→假设→验证→结论”是一种基本思路。我们力争让过程先于结论，重于结论。我们的传递要让策略性知识重于陈述性知识，更要策略性地教出知识。比如：怎么进行的双受精？教授这一课程的过程会带给学生许多想象，如花粉管的生长、走向、谁在引导、如何破壁、怎么识别、怎么融合、为什么是这样等一系列问题。这样要比单纯得出双受精结论带来的思维收益大得多。学生一定会思考更多的问题，想象更多的问题，向老师提出更多的问题，甚至超出课本的问题。这就是思维训练功能。

另外值得一提的是，实验课更显重要。方法源于思维，能解决问题是最关键的。所有实验课的根本就在于“解决”二字，首先是解决“怎么想”，这就是思维；然后是解决“怎么做”，这就是方法。实验的问题我们会另外开课讨论。

本讲小结

以上是我对初中生物教学（重点是遗传部分）的一些愚见，所及、所想、所论权当是一次教学反思的扩展。一线教师的反思为的是教好下一节课，减少一些遗憾。培训者的反思为的是减少一线教师反思中的遗憾。其实，授课本来就是一项遗憾的工作，总有一些缺憾在反思中浮现。为了尽可能地减少这些遗憾，更为了课堂效果及学生之收获，我们要把能做的功课在课前尽量做到、做好，能想到的尽量想全、想细。这应该是我们教师的不言之衷。至于想什么，想到了什么，又做到了多少，则是每个教师的功力所致。

所言其中，必有不明，难免不透，甚至谬误，还望一线教师指正，也望教师们课前缜思，课中敏思，课后反思，而这三思都是为了学生。

思考与活动

1. 如何表达遗传内容中的传递？
2. 为了更好地表达细胞分化，请设计出直观的教具或活动。
3. 什么是植物？什么是动物？有什么根本的不同？

参考文献

1. 袁振国. 教育新理念. 北京：教育科学出版社，2002
2. 常初芳. 国际科技教育进展. 北京：科学出版社，1999

[作者简介]

赵景春，男，北京教育学院生化环境系副教授，主要从事遗传学的教学和研究工作。曾出版著作《人类遗传学》，发表了《没食子酰表没食子儿茶素对TPA促癌作用的抑制研究》、《优化课程是继教中专业学科质量的根本保证》等论文。

第二编

新课程理念下的初中生物学教学策略

新课程改变了教师仅把课程当作教科书或科目的观念，教师不再是课本知识的消极的解释者和课程的忠实的执行者，而是与专家、学生等一起构建新课程的合作者。教材是教师实施新课程的平台和依据，教师要能充分地挖掘、开发和利用各种课程资源，注重课本知识向生活的回归，注重对书本意义的多样化解读。

中学生物教师要充分认识到，经过一段时间以后，学生会把课堂上曾经学习的具体知识内容忘掉，在他们脑海里留下的将是那些会影响他们的兴趣、看法、价值观和日常生活行为的一般印象。生物教师应该帮助学生把生物学的观点融入到个人的世界观中。

第一讲
基于课程标准的动物学内容分析

北京教育学院　许　琼

动物学内容在初中生物教材中是以不同的动物种类、在不同的生活环境中、用不同的研究角度呈现的，教师上课时要对动物学知识的内容含义和相互之间的关系做到心中有数，才有助于学生积极参与课堂教学活动，顺利完成教学任务。

一、初中生物教材选材分析

无论《生物课程标准》作出多么具体的界定和解释，教材编写人员自身的学科专业特长以及教学经验的辐射影响力都会影响教材选材时的判断。但是我们也不妨这样认为，无论最终教材中选取的具体内容是什么，这些作者的主观意识是围绕着有利于学科目标达成及学生今后发展的目的的。那么可以这样来分析初中生物学的教学内容：

从学科层面：开设初中“生物学”课程，因为是要履行对公民进行科学教育的职责。

从教材内容层面：在教材内容上，编写者会尽量选取对学生人生有用的教学素材。

从任课教师层面：教师应该从人类对生物学的应用来看待初中“生物学”，基于教材，又不被其束缚。

从学生层面：通过学习生物学，能够促进学生作出有生物学根据的生活决策，理智地对待专家提出的有关生物学方面的观点（比如健康生活、保护环境、开发新能源、粮食增产、优生优育等问题）。

研究表明，教育决策者、教材出版者和教师往往过于看重宽泛的教学内容或学习活动，却容易忽视指导课程规划的目标。这样会造成教师仅就所教内容及学习活动进行备课，而未能充分考虑到教学的目标及其预期结果；教材出版者也往往不愿过多地增加教材内容，造成教材内容繁而不详，内容编排各自为政，所教技能与知识内容之间缺乏联系，或对其中存在的联系强调不够等问题。

采用这类教科书教学的老师不得不去收集大量的生物学事实，操练一些生物学的实验技能，却无法围绕重要思想线索及其知识结构进行连贯一致的思考。这种弊端常常由于过分强调记忆零星知识及来自教育外部的评价干预。要缓解这些问题，可以采取实施目标课程方式来实现，即突出教育目标及其指导作用，克服单纯追求内容分量或应付考试的做法。新课程改革力图做到这一点。

正确分析教材中有关动物学的内容，前提是先要了解生物学家是如何研究生物的。有一定生物学基础训练的人会知道，生物被科学研究者分为若干个“界”，包括植物界、动物界、原生生物界、菌物（真菌）界、原核生物界、病毒界。

这是研究生物学的人士眼中的生物界，显然与社会人士的认知有一定距离。这些“界”中有一“界”就是动物界。那么在研究者眼中，动物在生物学研究中占有怎样的地位呢？其实最好还是回到初中生物学《生物课程标准》的十个主题去找答案，这十个主题是：

（1）科学探究；

（2）生物体的结构层次；

（3）生物与环境；

（4）生物圈中的绿色植物；

（5）生物圈中的人；

（6）动物的运动和行为；

（7）生物的生殖、发育与遗传；

（8）生物的多样性；

（9）生物技术；

（10）健康的生活。

不难发现，其中（2）、（3）、（6）、（7）、（8）都与动物学内容直接有关，而围绕动物进行专门研究的是（6）、（7）、（8）三个主题。

回忆你所了解的生物学知识，生物是通过以下的方面被认知（研究）的：

（1）形态学——主要研究的是生物的外形、结构；

（2）生理学——主要研究的是生物的有关结构及器官、系统能够完成的功能；

（3）细胞学——主要研究的是生物的组成单位的结构与功能；

（4）生态学——主要研究的是生物的生物体之间的相互关系和与外界环境的相互作用；

（5）分子生物学——主要是在分子水平上理解生命；

（6）生物化学——主要是在化学研究的基础上对生物大分子的结构、功能以及代谢的途径进行研究；

（7）遗传学——主要研究的是生物在延续中的信息传递与表达，以及发展与变化；

(8) 分类学——这项研究可以说是进行生物学研究时必备的一种技能。

整理一下教材中与动物有关的章节内容（以人教版为例）：

第五单元　生物圈中的其他生物（八上）

第一章　各种环境中的动物

　第一节　水中生活的动物

　第二节　陆地生活的动物

　第三节　空中飞行的动物

第二章　动物的运动和行为

　第一节　动物的运动

　第二节　先天性行为和学习行为

　第三节　社会行为

第三章　动物在生物圈中的作用

　第一节　动物在自然界中的作用

　第二节　动物与人类生活的关系

第六单元　生物的多样性及其保护（八上）

第一章　根据生物的特征进行分类

　第一节　尝试对生物进行分类

…………

第七单元　生物圈中生命的延续与发展（八下）

第一章　生物的生殖和发育

　第一节　昆虫的生殖和发育

　第二节　两栖动物的生殖和发育

　第三节　鸟的生殖和发育

…………

综上所述，教材有关动物的内容围绕这样几个课题："动物的类群"、"动物的生存方式"、"动物的生殖和生长发育"。动物界是生物界中类型最多、演变历史最曲折、机体结构和功能千差万别的一个大界，尽管这些内容分别出现在教材中的不同章节，但是处理教材时，涉及动物的所有内容应有机地融为一体，由此形成连贯一致的教学活动。

要做到这一点，就必须心中时刻想着教学应"有利于发展学生在当前学校学习中，以及在未来社会生活中实际有用的能力"这个教育目标。要实现这个目标，就要注意培养学生学会理解、珍视所学知识的价值、学习态度以及用于生活实践的能力。

“学会理解”的深层含义就是让学生明白，自然界是一个错综复杂的整体，动物界的各类群，不论是单细胞动物，还是多细胞动物，都与其所处的生活环境相互依存、相互制约。对动物的研究是对动物界客观存在着的生命现象进行科学整理和抽象概括的过程。学生对学习到的关于动物学的具体内容达到“理解”水平，这种“理解”不是默写概念，而是可以用自己的语言作出阐述，并与头脑中已有知识建立有机的、网络式的联系。

“学会珍视”则指学生对所学知识的价值具有明确的认识，因而十分珍惜和重视所学知识。初中生物是中学开设的一门课程，其中对动物的研究不只是学习相应的动物学知识，还要学习认识世界的方法。生活中我们离不开农业、林业、渔业、畜牧业，也越来越重视个人的医疗、卫生、保健、养生等，这些基本生活保障其实都以生物学的研究为基础，自然也包括对动物学研究成果的利用。

“用于生活实践”则是指学生能巩固所学知识并能在不同场合积极地进行应用。即通过学习生物学，学生能够熟悉科学家所用的生物学思想、生物学语言，体验科学家在研究时所用的生物学思路，用生物学的眼光去了解生物，以及用这些思维方式去看待周围的其他事物。要做到这一点，教学内容要围绕重要的思想来构建，并依据这些重要思想及其相互关系组织课堂教学和学习活动。这些重要的生物学思想包括：结构与功能相适应、局部与整体统一、生物与环境相互适应、生长和发育、新陈代谢、动态平衡、演变与进化等。

二、动物类群的教材内容分析

（一）动物界的类群

研究者在研究生物时，一般对生物进行归类后进行研究，这主要是由于自然界的生物初步估计有千万种以上，有记载的约有 200 万种以上，其中动物占 150 多万种。一种一种地研究的必要性究竟有多大？人们早就发现，虽然许多生物相互之间有明显差别，但有的生物之间关系很近。比如我们不会搞混鸡与鸭，也不会弄不清猫与狗，但是明显地鸡与鸭的关系近，猫与狗的关系近，而鸡与猫、鸭与狗差别大，原因是鸡和鸭都是两条腿，猫和狗都是四条腿。用生物学语言，这两组动物的区别在于它们分属两个类群——鸟类和哺乳类，换句话说，尽管鸡和鸭（猫和狗）在外形上有明显差别，但是它们的内部结构是一致的，因此归为一类是可行的。

动物分类经历了“人为分类方法”的使用阶段和“自然分类方法”的普遍认

同阶段。前者是根据生活需要，对动物进行分门别类，人为的主观因素占主导地位。例如，将动物分为水生、陆生、寄生等。后者是根据客观标准进行分类，反映动物彼此之间的亲缘关系和进化演变的自然状况，它以动物形态上和解剖上的相似性和差异性为鉴定基础，因而更加科学。

鉴定是给动物分类的初级阶段，科学家依照动物之间特征的相同与相异，以发展进化的趋势，将动物划分为若干门类，下文列出的是在初中动物学中出现的门类：

原生动物　单细胞动物…………………………原生动物门（草履虫）
后生动物　多细胞动物，细胞分化
1. 原始细胞分化，无胚层动物　……………………海绵动物门（海绵）
2. 有二胚层，有原始器官形成　……………腔肠动物门（水螅、水母）
3. 三胚层，无体腔，两侧对称体形　………………扁形动物门（涡虫）
4. 有假体腔，有口及肛门，体形长而无分节　……线形动物门（蛔虫）
5. 有真体腔，身体同律分节，闭管式循环开始　…环节动物门（蚯蚓）
6. 整体柔软，躯体集中，有外套膜及贝壳　…软体动物门（河蚌、章鱼）
7. 全身披几丁质，异律分节，有分节附肢　…节肢动物门（蝗虫、蜘蛛）
8. 幼体左右对称，成体有骨片，体表有棘　………棘皮动物门（海星）
9. 有脊索，神经干呈管状，位在脊索背侧　…………………脊索动物门
　9a. 成体有脊索………………………………头索动物亚门（文昌鱼）
　9b. 成体有脊柱和头骨，脑发达………………脊椎动物亚门（家兔）

上文中划分动物门类的关键词为：原生与后生；单细胞与多细胞；胚层数量；真、假体腔；体节有无；脊索与脊柱等。在教材中，以上的类群都有所涉及。通过上文所列的形式，可以概括地了解各动物门类以及动物界的全貌。

（二）生物分类的阶元（等级、层次）

1. 动物的分类地位

上文所列门类让我们了解了分类到门的动物类群，但是每个门类中还有许许多多不同的动物，一种动物在动物系统中的具体位置，可以在动物的分类阶元中精确地表示出来。这些阶元按相似程度由低到高可排序为：界、门、纲、目、科、属、种，根据需要每个阶元中还可以在门、纲、目以下又有亚门、亚纲、亚目等，在纲、目以上又有总纲、总目等。除“种”为实际存在的客观实体外，其他比“种”高的阶元，都带有主观性，因为这些划分都是人为的，无统一的客观标准，它们会随着对生物研究的继续发展深化而出现变动。此外，有时不同的门

类中的动物数量可能差别很大，在不同的门类中，上一个阶元和下一个阶元中的动物差异也有可能不同。比如：鸟纲中的“目”与“目”之间的区别与昆虫纲中“目”与“目”之间的区别要小。表2—1是动物在分类阶元中的位置，以狼、马和意大利蜂的分类地位为例：

表2—1　　动物在分类阶元中的位置

界	动物界	动物界	动物界
门	脊索动物门	脊索动物门	节肢动物门
亚门	脊椎动物亚门	脊椎动物亚门	
纲	哺乳纲	哺乳纲	昆虫纲
目	食肉目	奇蹄目	膜翅目
科	犬科	马科	蜜蜂属
属	犬属	马属	蜜蜂科
种	狼（种）	马（种）	意大利蜂（种）

可以看出，狼和马同属于动物界、脊索动物门、脊椎动物亚门、哺乳纲，亲缘关系较近，蜜蜂与它们亲缘关系较远。分类阶元中，越靠上的阶元中动物的数量越多，越靠下的阶元中动物的共同点越多。对于脊椎动物（亚）门的研究，由于其中的动物种类差异较大，与人类关系密切，在初中生物学中，一般研究到纲的特征，比如鱼纲、两栖纲、爬行纲、鸟纲、哺乳纲。而划分的依据一般是这几类生物的身体外部及内部结构的特征，比如：体表覆盖物、四肢、循环系统的结构、呼吸方式、运动器官和运动方式、生殖方式等。

2. 动物的分类指标

除了脊椎动物，还有些无脊椎动物类群种类众多，与人类生活关系密切，比如昆虫纲的生物，会被继续分为许多目进行研究。而在初中教材中一般提及的是直翅目、鳞翅目、膜翅目和双翅目。其各目的区别与特征见表2—2：

表2—2　　昆虫纲18目的主要特征比较表

目名	口器	翅		变态类型	其他特征	代表动物
		前	后			
缨尾目	咀嚼	无		无	体有鳞片，尾须长，常有中尾丝	衣鱼
弹尾目	咀嚼	无		无	腹部不超过6节，第4节有跳器	跳虫

续前表

目名	口器	翅		变态类型	其他特征	代表动物
		前	后			
蜉蝣目	咀嚼	膜质大	膜质小	半变态	口器退化，尾须 2～3 条	蜉蝣
蜻蜓目	咀嚼	膜质前后翅相似		半变态	眼大，触角短小	蜻蜓 豆娘
蜚蠊目	咀嚼	革质	膜质	渐变态	前胸背板大，足适于疾走	蟑螂
螳螂目	咀嚼	革质	膜质	渐变态	前足适于捕	螳螂
直翅目	咀嚼	革质	膜质	渐变态	后足适于跳跃，前足适于开掘	蝗虫 蝼蛄
等翅目	咀嚼	有或无，两翅相同，膜质		渐变态	翅易脱落，触角念珠状，眼退化	白蚁
革翅目	咀嚼	鞘翅，短	膜质，扇形	渐变态	体末端有尾钳	蠼螋
虱目	刺吸	无		无	足单爪适于抱持毛发	虱
半翅目	刺吸	半鞘翅	膜质	渐变态	口器在头部前端伸出	椿象
同翅目	刺吸	膜质，有时只有一对或无		渐变态	口器在头部腹面近胸部的地方向后伸出	蚜虫 蝉
脉翅目	咀嚼	膜质，翅脉网状		完全变态	触角长	草蜻蛉
鳞翅目	虹吸	鳞翅		完全		蝶、蛾
鞘翅目	咀嚼	鞘翅	膜翅	完全	前胸大，中胸小	甲虫
膜翅目	咀嚼或嚼吸	膜质，两对或无		完全	腹部基部通常狭小	蜜蜂、蚂蚁
双翅目	刺吸或舐吸	膜质	平衡棒	完全		蚊、蝇
蚤目	刺吸	无		无		跳蚤

不难看出，对昆虫进行研究，主要是以昆虫的口器、翅和变态类型为依据。

（三）物种的概念

种是物种的简称，是分类系统中最基本的单元，与其他分类阶元不同，有自己相对稳定的明确界限，一个物种可以与其他物种相互区别，靠的就是这一分类阶元的特征。同一个物种的生物，具有共同的基因库——可以互相交配，并有可生育后代，外形具有与其他物种特征明显的区别。物种是生物界发展的连续性和间断性统一的基本间断的形式；在有性生物中，物种呈现为统一的繁殖群体，由占有一定空间的、具有实际或潜在繁殖能力的种群组成，而且与其他的群体在生殖上是隔离的。归纳起来，种的划分标准有三个，包括一个相似，两个隔离：（1）在形态生理上，种间有明显的形态特征和生理机能的差别，即同种的个体在形态特征和生理机能上非常相似；（2）在地理分布上，每个种都有一定的地理分布区，即地理隔离；（3）在遗传学上，同种生物有共同的祖先，种内可以自然交配，产生有生育能力的后代。自然情况下，异种之间不产生杂种，即有生殖隔离。

定义物种可以用下面这句话：物种是形态上相似，有繁殖能力，要求类似环境条件的生物综合体。

例如马和驴可以交配产生后代的特殊事实，恰恰更证明了以上描述的准确性。马和驴是奇蹄目中的两个物种，农业生产过程中，农民发现在一定条件下，可以让雌马和雄驴交配，并生产后代——骡（马骡），体质强健，可供役用。然而骡并不能繁殖自己的后代，如果想得到骡，就要继续从雌马和雄驴的交配开始。其实，将交配的雌雄双方互换，也可以产生后代——这就是雄马与雌驴交配，产生的后代叫“驴骡”或“駃騠”（juétí）。但是它们体形较小，体力也差，在农业生产上没有可利用性。驴骡同样不能繁殖自己的后代。

这里有必要提一下品种，品种不是分类学上的单位，是人类按照自身的经济需求，经过长期的人工选择、培育而得到的具有一定经济价值、遗传性比较稳定和一致的一种栽培植物或家养动物的群体。例如金鱼和肉鸡、蛋鸡。鸡的品种很多，但是它们的祖先却是同一种野生鸡——原鸡。原鸡的体重约 1 千克，每年产卵只有 8～12 个。那么，原鸡怎么会被培育成现在这样种类繁多的良种鸡呢？根据达尔文的理论，原因有两点；第一，在不同的饲养条件下，原鸡产生了许多变异。例如，有的产蛋多些，有的长肉多些，而且这些变异都是可以遗传的。第二，人类根据各自的爱好，对具有不同变异的鸡进行了选择。例如，有的人需要产蛋多的鸡，就会杀掉产蛋少的鸡，而留下产蛋多的鸡，用来繁殖后代。这样，逐代地选择下去，产蛋多的变异就会逐代积累而得到加强。许多年以后，就培育出了产蛋多的良种鸡，如北京白鸡。

在编写初中生物教材时，往往以具体的动物为切入点，介绍典型动物的特征，之后总结这个动物所在类群的特征，这样的教学安排很常见。然而教师要明确，这些例子中的生物，有些是一个具体的物种，而有些不是一个具体的物种，所给出的也不是种名，而是生活中的习惯称谓（见表 2—3）。

表 2—3　　物种与类群

无脊椎动物		脊椎动物	
代表生物	所在类群	代表生物	所在类群
草履虫	原生动物	鲫鱼	鱼纲（鱼类）
海绵	海绵动物	蛙	两栖纲（两栖类）
水母	腔肠动物	蛇	爬行纲（爬行类）
涡虫	扁形动物	鹰	鸟纲（鸟类）
蛔虫	线形动物	猫	哺乳纲（哺乳类）
蚯蚓	环节动物		
河蚌	软体动物		
蚂蚁	节肢动物		
海星	棘皮动物		

三、动物的生存方式的教材内容分析

动物与植物的区别在于，植物是自养生物，而动物以其他的生物体为食，是异养生物。绝大多数的动物能够运动，或是在生命周期的一定阶段能够运动。运动的方式多样，包括蠕动、爬行、行走、跳跃、奔跑、飞行、滑翔、游泳等。无论动物怎样运动，都是对生存环境的适应，也是生存的需要。生存的前提是“活着”，活着意味着需要吃到维持生命活动的营养物质，需要躲过天敌的捕食，能飞善跑显然都有利于生存。

由于所吃的食物不同，动物的外形也会出现相应的特征，比如食植动物与食肉动物外形上会出现明显差异：

1. 牙齿

哺乳类动物的牙齿有门齿、犬齿、臼齿之分。然而不同食性的动物，这些类型的牙齿出现的情况是不同的，马是食植动物，门齿为凿状，适于切草，犬齿退化，臼齿齿冠高，咀嚼面有复杂的棱脊；虎是食肉动物，门牙小，犬齿发达而且锐利，臼齿有规则的齿锋，其中上颌最后一枚前臼齿和下颌第一枚臼齿特别发达，其齿突如同剪刀状相交，上下嵌合，适于撕裂食物，特称为“裂齿”。

2. 四肢（爪）

捕食性的动物如哺乳动物中的食肉动物指（趾）端具有锋利的爪，有些种类的爪能伸缩。鸟类中的猛禽也具有利爪。

3. 眼睛

以哺乳类动物为例。食植动物的眼睛常生长在头部两侧；食肉动物的眼睛一般生长在头部的正前方，即脸上。其原因也很明显，因为前者吃草，食物不会运动，靠嗅觉就可以找到食物，眼睛更重要的功能是视野广阔，提防天敌是否会袭击；后者需要把注意力集中在被捕食的猎物上，因此双眼视觉的准确定位是首位的。

4. 消化器官（内隐）

食植动物的肠道一般较长，一些食植动物还具有反刍胃或巨大的盲肠；食肉动物的肠道一般没有食植动物的长。

四、动物生殖和生长发育的教材内容分析

世界上的任何物体都有一个产生、发展、灭亡的过程，这是自然法则。

尽管一些生物的寿命相当长，但没有永生不死的生物。生物的寿命是由遗传决定的，但并非所有的生物都可以活够它们的遗传寿命——有的被天敌吃掉，有的死于意外事故，有的死于传染病或其他疾病。然而，对于现存大多数生物而言，历经几百万年，生物的数量一直保持相对的稳定，“生生不息”的原因是什么？答案是：因为生物能够进行繁殖。

（一）繁殖的现象

1. 什么是繁殖

繁殖就是：生物产生新的个体，以传代。对于自然界的生物来说，当然是后代数量越多越好。我国古代的文人墨客就对此现象有这样的描写：“春种一粒粟，秋收万颗籽。”这就是指生命活动中的繁殖现象。正是因为能够繁殖，所有生物包括人类才会代代相传到今天。

分析教材这部分内容时，要理解“当一个生物体生殖时，它的某些细胞分离出来，并且发育成新的个体。新一代成熟后，它们的生殖细胞又重复这个过程，生命就这样一代一代地延续”。

2. 动物一生中繁殖的次数

在动物的一生当中，有些动物只繁殖一次，如家蚕、蜘蛛、螳螂和一些鱼类；有些动物能够繁殖多次。在一生中多次繁殖的动物中，有些动物在一年当中有发情期，即一年繁殖一次，如鸟类、家畜等，它们多数在春季受孕；另一些动物无发情期，如灵长类动物，它们由于有月经（每月排卵），受孕的时间不受季节影响。

那么是谁在决定动物在一年中的繁殖次数？其限制因素其实是食物和气候，而其中主因是食物，气候通过影响食物来影响动物。因为许多生物需要在冬季来临之前进行繁殖，这样才能保证后代能够独立地运动和觅食，否则后代不能顺利过冬。不难推理，哺乳类动物的繁殖受季节限制较小，因为它们用乳汁哺育幼崽。

一些鱼类有洄游现象；一些鸟类有迁徙现象，而另一些鸟类没有。什么因素决定鸟类是否迁徙？在北方地区，我们熟悉的燕子就是迁徙种类，麻雀不是迁徙种类。表象是季节变化，是气候在起作用。但是为什么体形相差不大的鸟类生活方式不同呢？根本原因还是食物，燕子的食物是昆虫，在寒冷的冬季，昆虫找不到了；麻雀吃昆虫，也吃植物的种子，冬季这些种子还在，农田、树枝、树下，到处可以找到。

3. 动物每次繁殖后代的数量

动物一生当中，如果每次繁殖的后代数量少，那么后代成活率就高，但是繁殖一次的周期长，这样的生物，其个体的体形一般比较大。不同体形大小哺乳动物的孕育时间长短不同，产仔数量也不同。例如：老鼠怀胎三周，人怀胎十个月，大象怀胎两年。

如果动物每次繁殖产仔（籽）数量多，往往后代成活率低，繁殖一次的周期相应较短，如：昆虫、鱼类、龟。

4. 伴随繁殖的行为

在鸟类中有占区、筑巢、求偶、孵卵的生殖行为。在兽类的群体中，有为生殖权的确立而进行的攻击行为与领域行为（王位之争）。

一些动物适应生存的需要，还会产生适应生殖过程的有趣结构：如雄孔雀漂亮的尾羽平时是合拢的，只在生殖季节才会频繁打开，其目的是为吸引雌性，假如在非繁殖季节这样做，也许会将自己暴露在被天敌攻击的危险中；与此类似，军舰鸟艳丽的喉囊在非繁殖季节也处于收缩状态，在需要时会通过充气使之膨胀，以吸引异性，而且其喉囊一胀一缩产生的效果，甚至比一直膨胀的效果明显，因为生物对动态的外界刺激反应更敏感。猕猴的臀部，在繁殖季节呈现醒目的红色，原因也是如此。

（二）繁殖的结构

1. 动物的生殖细胞

在进行有性繁殖时，生物会产生生殖细胞。雄性的生殖细胞叫精子，其形态特点是一般比同种的卵细胞小，数量多，活跃；雌性的生殖细胞叫卵，其形态特点是一般比同种的精子大，数量少，不活跃。卵的大小与个体大小无关，老鼠和大象的卵都不大，而鸟、蛙、鱼类的卵都比较大。精子的特点说明其更需要寻找机会；卵的特点表明其存在的价值是要保证质量。

2. 动物的生殖器官

动物的生殖器官也分雌雄，雌性生殖器官就是卵巢，雄性生殖器官叫精巢，但对哺乳类一般叫睾丸。前者产生卵细胞，后者产生精子。

需要了解的是，雌雄生殖器官长在哪里？我们常见的大型的哺乳动物一般都是雌雄异体，因此从外形上可以比较容易区分雌雄，即通常所说的具有性别特征。许多无脊椎动物经常出现雌雄同体的现象，即一个个体身上具有雌雄两套生殖结构。

3. 受精方式

精卵结合产生后代，那么精子和卵如何相遇？随之而来的是要解决体外受精和体内受精的问题。体外受精需要水，体内受精可以不受水的限制。这两种受精方式就决定了谁是真正的陆生动物，谁是水生动物，谁是两栖动物。

4. 出生方式

动物产子有胎生、卵生两种基本方式，卵胎生是过渡方式。

卵生是动物界普遍的产子方式，包括小卵大量型和大卵小量型，两者各有所适。蛙是介于中间的中卵中量型，因此是过渡型。

胎生是另一种产子方式。受精在输卵管中进行，胎儿离开母体之前，营养物质和氧气由母体血液输入，代谢的终产物和废气也由母体血液输出。

卵胎生是卵生进化到胎生的过渡类型。少数爬行动物和鸭嘴兽是卵胎生的，这些动物产卵，但卵在母体内发育成胎儿，然后产出。

5. 生命周期

生命周期是指两代的起始之间发生的所有变化。因为生命周期是连续不断的，所以，常用环行的图来表示。在这个观念指导下，回答“先有鸡还是先有蛋”就成为一个生物学的问题。进而提出“鸡生蛋还是蛋生鸡”，这个问题也不会被视为“脑筋急转弯”。

一个生物体从离开母体发育到性成熟、能产生后代的个体发育史叫作生活史。生活史研究的是一个个体从生到死的不同时期。

如一只昆虫从受精卵开始，经过幼虫、蛹到成虫性成熟产卵再受精为止，整个发育的过程称为一个世代。如果上一代在繁殖后没有立即死亡，就会出现“几世同堂”的现象。

（三）有性生殖与无性生殖

前面分几个小标题梳理了生物专业学习过的内容，可以看出里面没有新知识点，是以往了解和知道的知识，那么下面在理解教材时对有性生殖和无性生殖进行梳理总结时，可以进行这样的归纳：

1. 有性别之分的生物

有性别之分的生物可以进行无性生殖和有性生殖（见图2—1）。

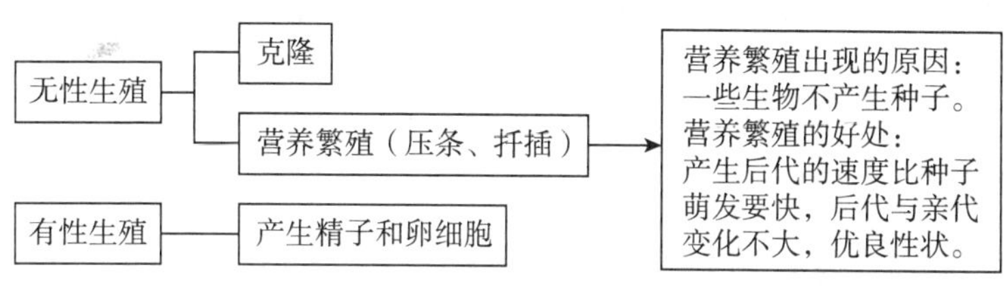

图2—1　有性别之分的生物进行的生殖

2. 无性别之分的生物

无性别之分的生物可以进行无性生殖和有性生殖（见图2—2）。

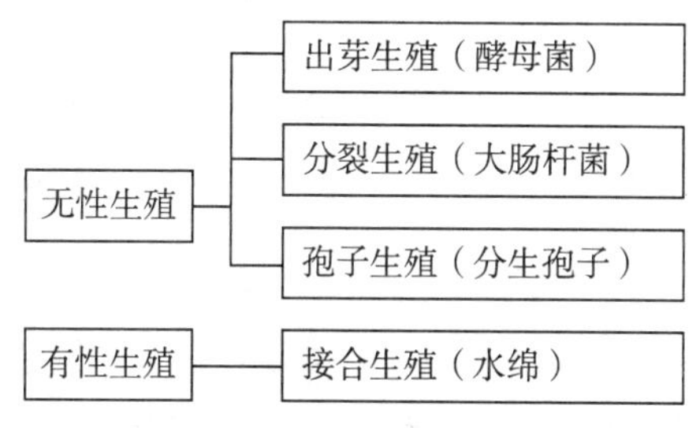

图2—2　无性别之分的生物进行的生殖

生存和生殖是生命的两大主题。生物的生存指标用适合度计算，适合度是指子代的存活能力。蜘蛛交配之后，雌蜘蛛将雄蜘蛛吃掉。自然界有很多这样的现象，为什么？

可以认为：一个物种能保留下来的奥妙不在于这个个体能够活多长时间，而在于它能否及时留下后代，即是否具有生殖能力，或是同物种其他个体可以产生数量足够多的后代。如果不产生新的成员，那么当老一代个体死亡后，这个物种就会消失。今天活着的所有生物，都是由早先已存在的生物产生的。

构建课程自身并不是目的。课程只是一种手段，旨在帮助学习者为获得作为成年人应履行的社会角色所需要的能力，进而实现自身潜能而进行有目的的学习。这种学习的目标取决于社会对公民素质发展的要求，既有知识的、技能的、态度方面的要求，也有价值观念等方面的要求。事实上，课程就是为了实现这些目标而设立的。为此，在课程规划与实施过程中，就应对完成上述任务而开展的教学活动作出明确规定。只有当课程所涉及的知识内容、教学方法、学习活动及评价工具都能依据帮助学生实现学习目标的宗旨作出规定，这些目标才有可能实现。

思考与活动

1. 对本讲观点提出自己的看法及质疑。

2. 对比以下名词的含义："生物"与"生命"；"物种"与"种"；"生活史"与"生命周期"；"有性"与"无性"；"有性别"与"无性别"。

3. 有位生物教学专家曾经说过："成绩好的学生，他们的基本概念掌握得很准确，在考试时基础知识部分很少失分。"请先依照初中生物教材中提供的内容，默写"无性生殖"和"有性生殖"两个概念，然后分析"一般有性别的生物进行有性生殖，无性别的生物进行无性生殖"这句话出错的原因，思考它提醒你在备课中不应忽视什么。

参考文献

1. 陈阅增. 普通生物学——生命科学通论. 北京：高等教育出版社，1997

2. 刘恕，曾中平. 动物学（第二版）. 北京：高等教育出版社，1994

3. 黄厚哲. 生物学概论. 北京：高等教育出版社，1987

4. [美] 乔治·威廉斯. 适应与自然选择. 上海：上海科学技术出版社，2001

5. [美] 海伦娜·克罗宁. 蚂蚁与孔雀——耀眼羽毛背后的性选择之争. 上海：上海科学技术出版社，2000

第二讲
基于课程标准的植物学内容分析

北京教育学院　靳　飞

在初中阶段，除了要使学生具备基本而系统的植物学知识与实验技能以外，还要解决两个更为重要的问题：

其一，如何以植物为视角，体现生物的基本特征？综观人教版、北京版及北师大版的初中生物学教材，对于生物的基本特征，都使用了诸如严整的结构、新陈代谢、生长、发育、繁殖、遗传和变异、适应环境、影响环境等一系列词汇来进行描述。显然，这些词汇对于概括生物的基本特征而言不是平行的。如严整的结构和新陈代谢，即经典的形态解剖学与生理学范畴，只能描述生物之“物”，只能说明生物和其他机器、其他具有复杂结构与运作机制的“死物”一样是个独立的系统，并不是生物的基本特征；甚至连生物圈中常见的生长、发育现象，我们在非生物圈中也能找到，如我们可以说钟乳石在生长，地壳在不断地发育。广义地讲，生长（growth，即“进展”）和发育（development，即“发展”）泛指事物的质量互变，并不为生物所独有。那么，生物的基本特征即生物之“生”到底指什么？简而言之，可以用“适应”一词来概括。“适应”并不是被动消极的耐受、屈就，而是和环境建立起一套相互作用的机制，形成一个大尺度的稳态体系。同时，“适应”还包括两个维度，即空间维度（个体的生存）与时间维度（物种的生殖繁衍）。从保持该物种基因库传递与表达的连续性上考虑，显然时间维度即物种群体的利益最为重要，也最能体现生物之“生”。因此，必须从遗传与生态的视角出发，从繁殖、遗传和变异、适应环境、影响环境等问题（即各版本教材中给出的后几个词汇）入手，才能有效地探究生物的本质属性。以上所述，在相对独立的植物学教学中如何体现？这是每一位教师应该思考的问题。

其二，植物界在整个生物圈中具有不可替代的地位。植物的自养机制是整个生物圈存在与发展的基础，在某种意义上讲，也是人类历史发展的“元动力”。植物是天然的太阳能转换器，能够实现物理能转变为生物能，从而也就实现了“死”物变“生”物的壮举，实现了“死”与“生”的对话。在我国科普大片

《宇宙与人》中，整个自然甚至整个人类的发展史都被定义为“固体的阳光”，可见植物之重要、植物之深邃，它值得我们认真地探索、仔细地品味。在初中阶段，单纯地要求学生记住气孔的结构，探究种子萌发的条件，显然不能满足学生的好奇心与求知欲，更不要说情感态度价值观的塑造与培养了。其实，生物的“生”，又何尝不能运用到我们的教育教学当中。回归生命的教育，这是近两三年来广大同仁普遍的呼声。对于新加入教育战线的朋友而言，可能无法在短时间内消化布卢姆、皮亚杰、陶行知等大师们的教育理念，可能在面对骨干教师们的骄人成绩时产生难以望其项背的距离感。其实教育本不难，无论学习与实践什么样的教育理念，首先都应该意识到自己和学生都是生命，都具有生物的“生”。师生最佳的成长道路，都是在一种稳态教育环境中的互动、渐进。大凡备课，先要感动你自己。作为教师，在不少情况下，这已经足够了。然而，植物让我们感动的地方在哪里？理解植物如同理解人，我们怎样做，才能通过植物去感悟科学之真与科学之美？本讲将从植物的形态、生理等各个方面，跟大家探讨这些问题。

一、植物进化中的重要生命现象

植物界是整个生物圈的基础。在最早的两界系统中，除了被子植物、裸子植物、蕨类植物和苔藓植物以外，植物界还包括细菌、黏菌、真菌、藻类和地衣。总之，在直观上能够与动物之“动”区别开来的“静”的生物，都容易被早期的分类学家划归到植物的范畴。当然，“动”与“静”的区别确实能在一定程度上反映两大生物阵营在结构与功能上的区别与联系，从而反映其在生物圈中的角色与进化地位，故在目前很多高校的植物学教材当中，仍然以两界分类系统为参照，把上述生物种类统统当作植物来讲。在这个分类系统中，我们所熟悉的苔藓植物、蕨类植物、裸子植物和被子植物，被定义为“高等植物”。很明显，两界系统中所谓的“高等植物”，恰好构成了六界系统（即初中教材里介绍的分类系统）中的“植物界”，而除此之外的细菌、黏菌、真菌、藻类，则被归入原核生物界、原生生物界或菌物界等进化上较为低等的类群（注：地衣的分类地位仍在争议中）。这说明了两界和六界系统的传承性，说明除了“静”以外，苔藓、蕨类、裸子和被子植物还具有更加实质性的、比其他“低等植物”更加进化的特征。这些特征是什么？我们将在这一节中加以分析。

（一）胚的出现——细胞分化体系的建立与完善

我们把苔藓植物看作植物进化的一个“盲枝”，因为该类群植物的孢子体世代（2n）处于劣势，而配子体世代（n）处于优势。在大多数情况下，我们见到的诸如葫芦藓、小墙藓这些矮小的植株，都是单倍体。一般而言，单倍体意味着没有杂种优势，意味着植株生活力弱，意味着该类群生物在进化上没有发展前途。但是，苔藓植物在进化上具有举足轻重的地位，因为在这个类群当中出现了胚。胚的出现，就意味着复杂、严整的细胞分化及调控体系的形成，意味着细胞分化作为一种与细胞分裂同等重要、甚至比分裂更加重要的生命机制被确定下来，从而赋予“多细胞生物”更丰富、更深刻、更具系统论性质的内涵。

当然，很多低等生物也呈多细胞的状态，比如藻类和真菌，也有不同细胞各司其职的现象。但与苔藓植物相比，这种“各司其职”的现象属于少数，在大多数情况之下，低等的“多细胞生物”还是单细胞的简单累加。如教材中介绍的水绵（原生生物界、绿藻门、水绵属），是由一列细胞构成的不分枝的丝状体，是典型的单细胞累加型生物。而在我们熟知的“接合生殖”当中，细胞原生质体缩小（放出一部分水分）形成配子，并产生结合管，最终形成合子。从营养生长到生殖生长，营养细胞发展成为“雌”、“雄”配子（接合生殖中将配子输出、最终只剩下空细胞壁的细胞被称为雄配子，接受配子最终成为合子的细胞被称为雌配子，但在水绵中，雌雄配子的性别属性并不像高等植物那样明显），而且产生了结合管。很明显，此时的细胞无论在形态结构还是在功能上，都与营养生长时期的细胞大相径庭了，应该算作是一种细胞分化现象。但这种细胞分化现象非常简单，参与分化与分化形成的细胞的种类都十分有限，仅仅是营养细胞转变为生殖细胞，仅仅是营养生长与生殖生长的单程线性循环，细胞的分化还没有体现到其他功能（诸如机械保护、营养吸收、光合作用等）的细化与相互协调上。我们甚至也可以把这种简单的细胞分化归类到细胞生长与发育的范畴之中，认为这是同一种细胞在不同时期内的不同发育状况，毕竟从营养细胞到生殖细胞的改变，本质上就是细胞内基因表达时序性的问题，即同一细胞的基因在不同时间段、不同时期的表达，造成了细胞形态结构与功能的不同。除水绵之外，教材中的海带（原生生物界、褐藻门、海带属）、紫菜（原生生物界、红藻门、紫菜属），也都属于此类情况。这一点我们在此类生物的形态上即可看出：无根茎叶的分化，营养体常为单一细胞（如水绵）或极少数种类的细胞（如紫菜、海带，有固着器）构成。与此相对应，苔藓植物及更加高等的蕨类、裸子、被子植物，则具有明显的、复杂的、系统的细胞分化，而这种更高级别细胞分化及调控体系形成的原始动力，就在于从苔藓植物开始的胚的出现。在苔藓植物中，合子（受精卵）首先不是发育成植株幼体，而是在此之前先要形成胚。对于具有更加复杂结构的高等植物而言，这个阶段非常重要，因为各个细胞的分化“指令”汇总于此，某个细胞在将来发育成什么样子、参与什么组织、构成什么器官、执行什么功能，在胚胎发育阶段统一调度。换言之，这种先有胚、后有生物体的意义，就是先勾勒好蓝图，再按照蓝图去建构。显然，生物体越复杂，就越需要事先设计好这种“蓝图”，即越需要一个高效的细胞分化调控体系。从苔藓植物开始出现，并在蕨类、裸子、被子植物中越来越复杂和完善的胚结构，恰好印证了植物从低等到高等的发展历程。需要补充说明的是，对于苔藓植物胚胎发育及细胞分化调控体系的研究，并不如高等植物进展得快，其原因也是多方面的。比如长期以来，植物学特别是植物分子细胞生物学研究领域，通常以拟南芥、水稻、番茄、玉米等被子植物作为代表性的模式植物，进行包括细胞分化在内的各种生命现象的研究。显然，这样的研究成果虽然能够说明被子植物门的一些典型问题，但在涉及裸子、蕨类植物的相关问题时则显得力不从心，更不要提差异更大的苔藓植物。另一方面，我们只能说苔藓植物中初步具备了胚的结构，但目前还不能肯定这种胚结构对苔藓的发育有哪些具体的贡献，如哪些基因控制哪些部位的形成，这些都需要进一步的研究。特别要提出的是，我们常说苔藓植物具有根茎叶的分化，但这种分化与胚结构之间的关系尚需进一步探讨。因为苔藓植物中的根茎叶形成于配子体世代，而胚形成之后首先进入孢子体世代，这和蕨类、裸子与被子植物显然是不同的，不能因为它们同属于植物界，就一概而论。

（二）维管组织的形成——植物发育与细胞凋亡

细胞的分化是一种有选择的生长，而细胞的凋亡则是一种有选择的消亡，两者相辅相成，共同形成了植物体形态建成的核心机制。细胞凋亡也是多细胞生物的标志，反映了生物的进化历程。显而易见，单细胞生物是不可能有“细胞凋亡”这个定义的，单细胞生物缺乏（或没有）细胞之间的相互作用，凋亡和死亡是同义词，没有任何更加深远的生物学意义。而多细胞生物则不然，比如高等植物，多细胞之间相辅相成，共同服务于整个植物体，其中极端的例子，就是细胞以自我灭亡的方式服务整个植物体。

植物如同其他生物，是由细胞构成的。如果要形成疏导组织这样的管状、空腔而又薄壁的结构，就必须有一套特殊的发育机制。事实上，这套机制就是细胞凋亡。在由芽到茎发育的某一特定时间段，植物体会产生一种信号分子（通常是植物激素或类似激素一样的小分子物质），并由特定的受体细胞所接收。这些受体细胞呈与茎方向平行的线性排列状态。接收到“信号”之后，细胞内容物（整个原生质体）消失，只留下细胞壁空腔；细胞之间接触部分的细胞壁也随之消失，从而打通了各个空腔，形成了一种管状的结构，即维管组织。细胞凋亡现象多在动物中进行研究，而植物的此类研究进展相对缓慢。引起凋亡的“信号”分子有哪些？什么时候产生？由哪些基因编码及调控？凋亡时原生质体消失的机制是什么？细胞壁之间打通的机制又是什么？这些问题都将随着研究的深入而得到解答。

从整体上看，细胞凋亡就是植物体中某些细胞为了植物的“整体利益”而“自杀”的现象。这种“自杀”和我们常说的“细胞坏死”是不同的。虽然两者都包含细胞死亡的过程，但“坏死”指的是将受到侵害（如动物的感染、植物的病虫害或机械损伤）后不能正常行使功能的细胞加以清除，是一种被动的异化过程（坏死的细胞不再被视为植物体的一部分，而被当作“敌人”或“垃圾”加以排除。如果细胞仍然能够正常行使功能，则不被排除，还是“自己人”）。相比之下，执行细胞凋亡的细胞，原先都是功能正常的，只是植物体的发育决定了它们不能再以原来的状态存在，为了植物这个整体的利益，植物体要主动地把这些细胞“请”出发育史。从疏导组织形成一例，我们看到了一个很有趣的悖论：一些细胞存在的最大意义，就是在特定的时间内死亡。死亡是这些细胞的生物学功能。为了整体呈现稳态与统一而牺牲了局部，这是生物学哲学研究的重要话题。

除了维管组织的形成之外，植物当中类似细胞凋亡的现象还有前文提到的苔藓植物，卵细胞上面的颈沟细胞、腹沟细胞破裂，留下一个空管道，以便精子通过后与卵细胞结合。这是一个典型的结构与功能相适应的例子。在颈沟、腹沟细胞没有破裂时，可以保护卵细胞，使其在颈卵器中顺利地发育；发育成熟后，颈沟、腹沟细胞随即破裂，给精子留出游向卵细胞的空管道。在正常状态下，颈沟、腹沟细胞“该生则生，该亡则亡”，保障了整个植物体生活史的运转。与苔藓相似的，还有丝状蓝藻中藻殖段的形成。在一个丝状蓝藻上，特定部位的细胞在蓝藻生殖生长时期死亡，从而将原来的长丝状分割成较短的片断，即藻殖段，保证了后续生殖过程的进行。当然，无论是苔藓还是蓝藻，都存在某种细胞在某个时期为了生物体的发育而自动死亡的现象，但这些现象到底是不是凋亡机制，是不是受到与维管组织形成类似的信号分子的控制，还需要进一步的研究。另外，我们可以看到，细胞凋亡是生物体发育的一个必需的过程。以维管组织的形成为例，如果凋亡机制损坏，上述那一串线性排列的细胞没有凋亡，茎结构中没有管状的疏导组织，其后果是可以想见的。

最后，我们不妨看一下动物和人类：在动物和人类中，细胞凋亡机制的损坏常常意味着发育的畸形甚至是癌症。当然，对于癌症的治疗，科学家们也试图用细胞凋亡的机理开发新的药物。比如，如果能找到一种适用于癌细胞而对正常细胞无害的凋亡信号分子，则癌症患者可能只需口服或注射一些相应的药物，癌细胞就会消亡，而不必再忍受放疗化疗的痛苦。当然寻找这类分子就是一项浩大的工程，可能要在实验动物上做无数次实验，可能要检测某些名贵中药的有效成分，也可能直接用软件设计出自然界从未存在过的分子（即药物设计或分子设计）……科学家正致力于这些研究。

（三）花、果实和种子——植物与环境的协调发展

花、果实和种子是被子植物的繁殖器官，这与苔藓、蕨类植物的孢子以及裸子植物的雄球花、雌球花等结构具有一致性。从苔藓到被子植物，遗传信息传递与表达载体的孢子受到了孢子囊（苔藓和蕨类植物）、胚珠（裸子植物和被子植物）、果实（被子植物）的层层保护，说明植物进化的判定标准之一就是生殖机制（即遗传信息传递与表达机制）的完善与可靠程度。另一方面，被子植物中的生殖机制受到"层层保护"，这并不意味着与外界环境的对立与隔绝。相反，花的形成标志着被子植物能够利用多种环境因素来实现传粉受精的过程，这就意味着被子植物显然比紧密依靠水来完成配子结合的苔藓与蕨类植物更加适应陆生生活，更加进化。而果实的形成又大大丰富了被子植物传播种子的方式，如利用风力、水流，甚至与动物建立互利互惠的关系。这种与周遭环境的深层次的"伙伴关系"使得裸子植物也相形见绌，从而奠定了被子植物门在植物界中的最高进化地位。

中学生物常常以桃花为模型来讲解花的结构与功能，理由很简单，因为桃花是完全花，结构清晰，易于讲解。花瓣可以吸引昆虫，使雌雄蕊完成传粉受精功能，这已经是老生常谈。我们不妨把目光稍微放远一些，看看另外的一些花的结构，比如兰花，了解一下在结构稍微特殊一些的花器官中，蕴藏着哪些植物与环境相互作用的奥秘。

图 2—3 中用线标识出来的部分称为"唇瓣"，是花瓣的一种特化。唇瓣以其鲜艳的颜色吸引昆虫，并作为昆虫的落脚点，昆虫落到唇瓣上，进而将头部伸向花蕊采食花蜜。由于重力的作用，昆虫压迫唇瓣向下，使得雄蕊一起向下运动，雄蕊顶部的花药正好能够落到昆虫的头部或背部，从而把其中的花粉落到昆虫的身上。当昆虫在这朵花上采完花蜜、寻找另一朵花的时候，其实也就把前一朵花的花粉传到了另一朵花上。这样，兰花以花蜜为代价，借助昆虫完成了传粉受精的工作，维持了物种的延续。从唇瓣吸引昆虫，到雄蕊受唇瓣的"连动作用"向下运动，再到花药"正好"接触到虫体，最后完成传粉受精，小小的花器官，为了传宗接代——为了维持生命之"生"，和昆虫一起构成了一个精密的系统，如同和昆虫商量好了一般，相互之间默契配合，巧妙地利用了机械力学原理，以植物和昆虫"互惠互利"的原则，达到了自己传粉受精的目的。这不能不说是大自然的鬼斧神工，不能不赞叹在花器官构造这个"冰山一角"之下蕴藏着的深层次的内涵。更有甚者，唇瓣本身的形态与花色酷似昆虫（如蝴蝶）身体的某一部分，使得昆虫将唇瓣误认为是异性，落在其上与之"交配"，发现"上当"后又飞走，而此时花粉早已落到了昆虫的身体上，等到昆虫再次"受骗"后，即完成

了植物的传粉受精的工作。生物学中这样的例子比比皆是，只是限于篇幅，我们在此仅举一例。生命本身是复杂的，但又是极度和谐的。小小的花结构，融入了遗传学、生态学以至机械力学、系统论、哲学的内容；一滴水折射太阳的光辉，看似平凡的一个教学片断，却凸显了生命之“生”，凸显了大自然的无穷魅力。作为教师，这是我们应该认真钻研的问题。

图 2—3　兰花的形态结构

资料来源：http://flower.intopet.com/49246.shtml。

我们接着来看看果实。桃子本身结构清晰，易于辨认，并且为大众所常见，不失为教学中很好的“模式果实”。那么，让我们回忆一下桃的结构吧。我们暂且不去理会描述果实用的专业术语，先从自己的实际生活出发，不难想到，我们所接触的桃子，大体上可以分成两部分——果肉和核。

对于我们来说，果肉部分是最重要的了，因为我们要吃它，注重它的食用价值。但是，如果站在桃子的立场上，什么部位最重要呢？当然是核的部分——这也不难想见，因为我们都知道，种下桃核还能长出新的植株来，所以桃核才是传宗接代的关键部位。那么这又有什么重要意义呢？在自然环境中，动物（如猴子）摘桃的果实吃，然后把对于它们而言无用的桃核部分扔掉——这就正好为桃树传播了种子，使得一个物种的后代能够撒播四方。现在我们不妨作一个说明（如图 2—4 所示）：一个桃子就是桃树的果实，而我们所说的“果肉”，其实是桃子的中果皮。果实发育的时候，中果皮肉质化，成为食用部分。外果皮就是“果肉”之外的那一层皮，上面的绒毛具有抵御病虫害的作用，吃桃很讲究的人往往把这一层皮剥下来，这正好说明外果皮和中果皮是层次分明的两部分。至于内果皮，就更加容易辨别了，就是我们看到的、“桃核”外表坚硬的壳。坚硬的“果壳”里面是桃的种子，这才是真正起到传宗接代作用的部分。可见，桃树为了传宗接代，真是煞费苦心：为了保护娇嫩的种子，先是用外果皮作“先头部队”，又用中果皮作“纵深防御”（当然，“防御”的手段主要是对取食者进行某种意义上的引诱），最后还有内果皮充当坚固的“城防工事”。植物对环境的适应，真是令人拍案叫绝。当然，最神奇之处，还要数中果皮。我们刚才介绍中果皮的作用，说它引诱“取食者”，而并没有说引诱“捕食者”。这是因为，桃果实与来吃它的动物之间不是一种单方面的贡献，而是一种“互惠互利”的关系：我给你东西吃，你帮我传播种子。仿佛猴子和桃子事先商量好了一样。如果我们不对果实的结构进行细致的研究，又怎么能够理解生物圈中这种交响乐般的神韵呢？可是，很多人把目光仅仅限于对果实结构的单纯描述上，把“生物”讲成“死物”，未免可惜可叹。

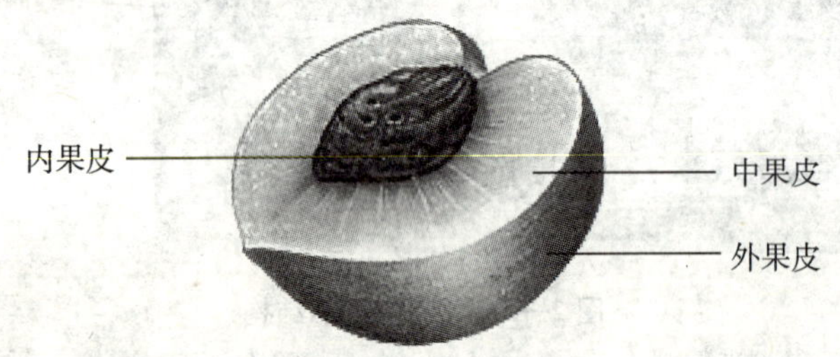

图 2—4　桃的结构

资料来源：http://hi.nipic.com/nestabao/photo_1.html。

（四）地衣——对物种定义的挑战

地衣在两界系统中属于植物界，在专业植物学教材中也被当作植物来讲，在此，我们也将其作为植物学内容来稍加分析。事实上，地衣的分类地位到现在还有争议，这可能也是为什么关于地衣的阐述在初中教材中“生物对环境的影响”一节里只有寥寥数笔的原因。

一般认为地衣是真菌与藻类的共生体，但这个定义是值得推敲的。理由是有人曾试验把地衣体的藻类和菌类取出，分别培养，结果发现藻类能够生长繁殖，而真菌被饿死。而进一步考察地衣的生殖行为，又会发现，所谓“地衣的有性生殖”，是真菌的孢子落到藻类上面继续繁衍生长。从直观上看，这种所谓的“共生”，与我们常见的橘子皮上长青霉的现象是一样的。如果把地衣单独定义为一个生物类群，则橘子与青霉的“复合体”也可以算作一种生物。所以，把地衣描述为真菌在藻类上的寄生现象也并不为过。此外，并不是任何真菌与藻类都能形成地衣，形成地衣的真菌主要来自子囊菌亚门的盘菌纲和核菌纲，此外还有少数几个种属；而藻类则包括20余个属，其中共球藻属、橘色藻属和念珠藻属约占地衣体藻类的90%。这个发现可以被解释为对宿主的特异性选择，同样能够说明真菌与藻类的寄生关系。

地衣到底是一个物种还是两个物种？造成这种争议的一个重要原因来自生物学本身的一个特点，就是到目前为止，支持这门学科的主要研究方法仍然是观察与描述。这是一个科学研究方法论中的基本命题：人类是否能够借助感官认识世界。由于是通过视觉来观察和认识生物，所以我们在给生物下定义的时候很习惯性地认为凡是生物个体都应该是有边界的、不连续的、与其他生物隔离的。但这个默认的规则是否应该、是否能够通过科学的、理性的方法加以证明，是我们应该关注的问题。学者们已经不断地对传统的生物学观点发出挑战，比如有人认为蚂蚁的个体并不是生物，对于蚂蚁而言，生物的概念应该指从蚁后、蚁王到工蚁、兵蚁这个等级分明、分工合作的整个蚁群体系。这个命题听起来似乎很不严肃，有一些科幻想象的成分，但如果我们回过头来找一找关于生命特征的基本描述，就会发现该命题已经对传统的生物定义构成了严峻的挑战。在初中教材当中(注：高中、大学的教材也大致相同)，生命的意义被规定为生存和生殖，将两个关键词展开，即我们熟知的"严整的结构、新陈代谢、生长、发育、繁殖、遗传和变异、适应环境、影响环境"等词汇。考察蚁群的生活状态，我们不难发现：兵蚁、工蚁对蚁群的生存有意义，但在生殖方面的意义几乎为零（之所以说"几乎为零"而不是完全没有，只是考虑到工蚁还负责照看蚁后所产下的卵，兵蚁在抵抗外敌中保护了卵，所以勉强地说工蚁和兵蚁对生殖有一些间接的作用）；相对地，蚁后和蚁王对蚁群的生殖有意义，但一般不负责生存问题。蚁群的这种分工合作酷似细胞分化，工蚁、兵蚁、蚁王和蚁后，只有把蚁群看作一个整体，才能完整地体现生命的基本属性；缺少哪个成分，都将使蚁群灭亡，都将使蚁群中所有的成员失去这种基本属性。所以，如果从对生命基本属性、定义的逻辑推论，而不是从观察与描述的角度来看待蚂蚁，我们就应该承认蚁群整体是一个生命，"每一只"蚂蚁的个体只是这个生命的一部分。

生物中分工合作的现象是普遍存在的，如在鸟类中，就存在一些个体自动放弃交配的机会，转而为其他夫妻（通常具有亲缘关系）照顾幼鸟。求偶是高等动物的本能，如何使一部分鸟类个体放弃这种机会，这恐怕除了在求偶竞争当中处于劣势而"被迫放弃"之外，还有激素调节的问题。如同昆虫的性外激素能够吸引异性一样，某些种群当中可能存在相反作用的激素。众所周知，激素的分泌属于细胞信号转导的范畴，故种群中的分工合作可能具有广泛的基因调控机制。把宏观的动物行为和微观的细胞分子生物学联系起来，就是新兴的分子生态学领域研究的重要内容之一。种群的分工合作就像是细胞的分化一样，缺少任何一部分，都不能完成生命的生存与生殖。生命的基本属性在种群这个层面得以表现（甚至有的学者提出“整个地球是个大细胞”的论调），而不是在生物个体层面上体现，这不能不说是对传统生物学基本概念的重大挑战。

二、植物的生理活动及调节机制

植物的生理通常包括营养生理和生殖生理两大部分，分别对应于植物生活史中营养生长与生殖生长两大时期。植物生理学与耕种、养殖有着天然的联系，所以这个领域的研究工作起源很早（大约可以回溯到 3 000 多年前，那时的人们已经在研究供水多少对庄稼生长的影响了），理论基础雄厚。分子细胞生物学兴起之后，人们又把植物生理学的研究深入到了亚细胞水平，从细胞信号转导及基因表达调控这些最基本的生命调节机制中，探寻植物生长发育、营养吸收以及生殖繁衍这些重要生命过程在分子水平上的本质性规律。本节主要从各种调节机制入手，探讨植物的一系列生命活动。

（一）光调节——古老的生命调节机制

一般而言，提到光对于植物的重要性，人们常常会想到光合作用。其实，光对植物的影响主要体现在两个方面：一是光合作用，指植物通过光能来制造营养；二是光的形态建成，指植物通过细胞中的蛋白质受体来感受特定波长的光，接收到这种“光信号”的植物才能正常生长。初学植物生理学的人容易把光的形态建成与光合作用混为一谈，认为反正都是光对植物的影响，两者在本质上是相同的。显然这种认识是十分错误的。一般说来，在光合作用中，光是一种能量，供植物体制造营养；而在光的形态建成中，光是一种信号，更确切地说，是一种指令，植物在接收到这个指令后，才进行相应的（通常是往正常、正确的方向发展的）生长发育。其实光的形态建成是很好理解的，只要明白蒜苗和蒜黄有什么区别，明白正常绿色的大豆幼苗和白色的豆芽有什么区别，光的形态建成的定义就很好理解了。值得注意的是，初中教材中在介绍植物的生长发育时，设置了“种子萌发所需要的条件”这样的实验，从种子的品质、种子与水的相对位置以及温度这三个方面探讨了种子发育的内因与外因。其实，我们不妨在此作个延伸，把光照因素也加进去。诚然，光照对于种子的萌发阶段不会有太大的影响，但对随之而来的幼苗发育阶段，光照就能够决定这个植株正常与否，是蒜苗还是蒜黄，是绿色植株还是豆芽。这对培养学生的探究意识可能会有重要作用。另外，植物的很多生理活动都直接或间接地受到光的调控。我们熟知的燕麦胚芽鞘的向光性，就是光调控的一个典型例子。燕麦胚芽鞘上存在两种感光受体——

β胡萝卜素与核黄素，两种受体接收光信号之后，才有生长素作用于胚芽鞘，引起弯曲。β胡萝卜素与核黄素两种分子在结构上与人眼中的感光物质——视黄醛类似，所以我们完全有理由作这样一个比喻：燕麦胚芽鞘能够通过特殊的光受体来“看见”光信号，进而产生相应的生理反应。还有气孔的开闭、蒸腾速率、细胞分裂、细胞核体积、叶绿体形状和结构等，这些呈现周期性变化的生理活动，通常被认为是以昼夜交替为信号进行调控的。现有实验表明，昼夜交替信号的本质就是光的有或无。

看来，光对植物的作用是广泛的，不仅仅是光合作用，相当数目的生命活动是由光信号来调控的。换句话说，植物在执行某一生理活动时，除了执行这一活动的相应器官、组织完好无损之外，还要有光信号来发出指令。没有这个指令，再完备的执行系统也不能工作。值得一提的是，在动物的细胞中，已经发现了与植物光受体结构相似的蛋白质分子，这给了我们一个重要的启示：除了视觉之外，动物的很多生命活动都可能受到光信号的调控。到底是哪些功能，我们现在还不肯定，但人们越来越相信，光肯定对动物有所管制。光调节机制具有古老的起源，所以人们推测，在人体内应该残留了很古老的、受光调控的生理机制。有研究表明，引发癌症的一个重要原因就是电灯的发明。因为电灯出现后，熬夜就是一件很方便的事情，而皮肤暴露在光下的时间也大大增加。长此以往，必将打破光调控的自然节律，使代谢紊乱，将身体带入病态。看来，人是进化的产物，进化长河中遗留下来的一些规律，如“日出而作，日落而息”，看似落后保守，却是不能够轻易改变的。

（二）激素调节——完备的分子信号应答系统

植物的五大类激素是目前被研究最多的植物信号分子，教材中也对它们有所介绍。需要注意的是，植物激素的功能十分广泛和复杂，并不与各自的名称直接对应。比如生长素，之所以把这类激素冠以“生长素”这个名字，只是因为人们是在研究燕麦胚芽鞘的生长调节机制中首次发现这类分子的，并证明这类分子与植物生长有关，所以就“顺便地”称其为生长素。生长素的发现、提纯与命名的工作完成于20世纪二三十年代，距今已有70余年。其间无数植物生理学家对生长素进行了深入的研究，发现该激素对于营养生长（如维管束分化、光合作用产物分配、叶片扩大、茎伸长、叶片脱落、根的发育等）、生殖生长（雌花增加、单性结实、子房壁生长、果实发育等）以及一些种类植物的特殊生长过程（如不定根的形成、豆科植物根瘤的形成等）都有调控作用；同时，生长素对于花朵脱落、侧枝生长、块根形成和叶片衰老还有抑制作用。这些与生长素有关的功能都是由各个实验室在反复实验中得出的事实结论，每一个结论都有直接现实性，但各个结论之间缺乏明显的、令人信服的内在联系（这不能不说是实验科学的一种缺陷。相比之下，具有强大数理逻辑背景的物理学就要好很多，数学建模与逻辑推理能够把单个的实验结论联系起来）。另外，如果我们把生长素与其他激素相比较，会发现各个激素在生物学功能上存在彼此重叠之处。如生长素对叶片脱落有作用，这一点酷似脱落酸；生长素还对果实发育产生影响，这是乙烯的主要功能；还有茎的伸长，这是赤霉素功能的重要方面。生长素诸多生物学功能都涉及细胞分裂，这是典型的细胞分裂素的功能。看来，研究激素作用机理的共性与特性，需要新的生物学思想作支撑，把单独的、支离破碎的实验现象拼接成一个完整的功能网络。细胞分子生物学的进展使得这种拼接工作成为可能。不论是什么激素、什么功能，在分子水平上都大致遵循类似神经系统的刺激—反馈机制。激素类物质作为一种信号分子，先要和细胞内的某种受体蛋白结合；受体蛋白通过构象改变、亚基的聚合或分离等把信号传递给其他蛋白质或小分子，开启信号传递的级联反应，最终把信号传递到细胞核内，影响基因的表达；最后通过基因表达产物种类与数量的改变影响细胞的功能，即对激素发出的信号作出反馈。当然，激素并不是最原始的信号，激素的产生与功能的行使是受到一系列内外因调控的，如植物生长的特定时期、特定环境、病虫害的侵袭等。激素不会无缘无故地行使功能，必须有充足的、必要的条件。看来，我们不必（也许根本就不能）从生物学功能的角度去研究激素的共性与特性，而是要深入到分子水平，看各种激素的相应受体及下游反应途径的异同，从化学层面上去研究激素的本质。

除了经典的五大类激素外，一些新发现的激素也渐渐进入人们的视野。其中最受人关注的是油菜素、茉莉酸和水杨酸。同样，这三种激素之间，以至包括五大类激素在内的一共八种激素之间，也存在着功能的重叠。比如油菜素能促使细胞分裂和伸长，茉莉酸能促进叶片的衰老与脱落，水杨酸能促进植物开花。当然，每一种激素的功能都有其特殊性，不可替代。比如，水杨酸具有抗病的作用，植物在受到病害侵袭的时候，体内会诱发水杨酸形成，在水杨酸的诱导下，形成一系列与抗病功能有关的蛋白质。我们知道乙酰水杨酸（即阿司匹林）对人体有抗病的作用，这预示着植物与动物在抗病方面的信号转导机制方面可能存在着某种共性。

有些反应还在深入的研究之中，如对重力、振动、土壤营养与水分的感知，其受体是什么，由哪种（或哪几种）信号进行调控，都在一步一步地探明。相比之下，动物的受体比植物要少很多，总体上大概是植物的一半甚至更少。受体数量的减少恰恰说明了动物处于更高级别的进化地位。因为动物可以自由运动，又具有发达的神经系统，遇到不利环境（如恶劣天气、食物稀少、污染、天敌等）可以选择逃跑，一走了之。而植物就没有这样的优势，植物固着生长的特性要求它们对不利环境要采取就地耐受、对抗的策略。含羞草是一个典型例子。初中教材中用不同质量的砝码撞击含羞草的叶片，以此来探究植物的感震运动。这个实验容易让一部分学生产生一种错觉，认为含羞草叶片下垂是为了防止经过植物体的小动物擦伤叶片、给植物带来机械损伤。其实，含羞草的感震运动是为了防止害虫对叶片的咬噬。当害虫落在叶片上时，感震运动开启，叶片下垂，害虫没有了立足点，只能飞走或摔下去。

三、植物学教学内容与实际生活的结合

无论什么学科、什么内容，与实际生活相结合都是激发学习兴趣、深化教学意义的必然要求，同时也是检测教师知识背景的重要标尺。可以说，相对于整个生物学教学而言，在植物学教学中做到与实际相结合还是很轻松的。首先，植物固着生长的特性使得植物作为观察与实验的材料，其发现与采集的难度要远远小于动物、真菌等其他生物，非常利于开展实验活动。其次，植物形态解剖的难度低，较动物解剖而言更易被学生接受。结构与功能相适应是生物学的一个基本理念，而要领会这一理念，就必须进行形态解剖的学习。一般而言，植物的解剖工序要比动物更加简单、廉价、安全，更适合初中的教育教学。最后，植物学知识已经渗透到生产生活的方方面面。植物作为蔬菜、药材、花卉甚至毒品，已经对人类产生了重大的影响，只要教师留意，就不难发现与课堂教学相关的、生动的例子。在此选列一些植物学方面的常识，供大家参考。

（一）植物的“五大科”

学者们经常以“科”这个分类级别研究植物系统分类学。综合各科植物的数量与进化地位，排名前五位的是：

1. 菊科

菊科植物的进化地位居首位，主要体现在生殖器官的构成上。菊科植物的生殖器官是“具有总苞的头状花序”，即我们通常所说的“菊花”并不是一朵花，“花瓣”的结构其实是舌状花，“花蕊”的结构其实是管状花，前者的功能是吸引昆虫，后者则传粉受精。菊科植物分布广泛，除了各种花卉、饮料与药用的菊花品种外，我们熟悉的蓟菜、蒿子秆、向日葵、蒲公英、苍耳、鬼针草、刺菜、油麦菜等都是菊科植物。

2. 兰科

在前边介绍花的结构时，已经对兰花有所涉及。兰科植物对花卉业的贡献非常突出，中国产的兰属、万带兰属、石斛属、蝶兰属、兜兰属等均为重要花卉。

此外，天麻、白芨、石斛等至今仍供药用。此外，香果兰属中有少数种类可提取香精，有较高的经济价值。

3. 豆科

豆科植物中有很多是人们常见的粮食作物和花卉品种。如黄豆、绿豆、豌豆、白芸豆、花生，以及国槐、洋槐、刺槐、龙爪槐、紫荆、合欢、含羞草、紫藤等。需要注意的是，香港的区花是“洋紫荆”，并不是这里所说的“紫荆”。“紫荆”与“洋紫荆”同科而不同属。除粮食作物与花卉植物外，紫云英、苜蓿、皂角也是常见的豆科植物。此外，根瘤菌（root nodule bacteria）是与豆科植物共生，形成根瘤并固定空气中的氮气供植物营养的一类杆状细菌。这种共生体系具有很强的固氮能力。因此，豆科植物是研究生物固氮的理想材料。

4. 禾本科

禾本科对人类的贡献主要集中于谷物上，如水稻、小麦、玉米、高粱、大麦、燕麦等。另外，甘蔗、竹、狗尾草也都是常见的禾本科植物。小穗是禾本科植物的典型特征，由颖片、小花和小穗轴组成。通常两性，或单性与中性，由外稃和内稃包被着，小花多有 2 枚微小的鳞被，雄蕊 1～6 枚，通常为 3 枚；子房 1 室，含 1 胚珠；花柱 1～3 个，通常为 2 个；柱头多呈羽毛状。

5. 蔷薇科

蔷薇科植物也对人类的生产生活起到了重要的作用。在花卉中，蔷薇、月季和玫瑰称为“三姐妹”，都是蔷薇科植物；各种绣线菊、绣线梅、珍珠梅、海棠、梅花、樱花、碧桃、花楸、棣棠和白鹃梅等，在世界各地的庭园绿化中占有重要的位置。另外，蔷薇科植物是水果的重要来源。桃、杏、李、梅、苹果、梨、樱桃、山楂、草莓等常见水果都出自蔷薇科。蔷薇科中的桃和苹果分别被作为介绍真果与假果结构和功能的理想材料，为众多大中小学教材所广泛引用。

（二）其他常见科植物举例

作为生物学教师，有必要多识记一些常见植物，以便课堂上能够灵活运用，活跃课堂气氛，激发学生的学习兴趣。如果在谈到豆科植物时，只知道黄豆、绿豆，而不知道还有含羞草、槐树等“豆”之外的植物；或在谈到菊花时，只知道山菊花、野菊花、扶郎菊，而不知道还有向日葵、蒲公英、油麦菜等“菊”之外的物种，则植物学课程难免死板、平淡。在五大科之外，还有一些常见科，现列举如下：

1. 十字花科

十字花科对人类的贡献是不言而喻的。很多蔬菜品种，如白菜、甘蓝、荠菜（注意：要分清菊科的“蓟菜”和十字花科的“荠菜”）、芥蓝、油菜等，都是健康绿色食品的象征。另外，紫罗兰、菘蓝（根可入药，即板蓝根）、二月兰、萝卜等，都是重要的十字花科植物。要注意的是，萝卜是十字花科植物，而胡萝卜则是伞形科植物，二者不可以混淆。

2. 百合科

本科包括多种花卉植物，如百合、郁金香、万年青、玉簪、萱草、芦荟等；药用植物如黄精、贝母、天门冬等；以及常见的食用植物如葱、蒜、韭菜、洋葱和黄花菜（金针菜）等。百合科里相当一部分的植物是有毒性的，如果误食会引起呕吐、腹泻、皮肤瘙痒等症状，所以，即使是药用，也必须是在医生的指导下使用。

3. 茄科

除人们所熟知的茄（茄子）、番茄之外，辣椒、马铃薯、枸杞、曼陀罗都是著名的茄科植物。茄子在保护心血管、抗衰老、防治癌症（特别是胃癌）方面有显著效果，适当食用有益于健康。但对某一部分人群具有微毒，须慎食用。特别是手术前吃茄子，麻醉剂可能无法被正常地分解，会拖延病人的苏醒时间，影响病人的康复速度。常见花卉矮牵牛也是茄科植物，但要注意的是，我们熟知的牵牛花不属于茄科，而是旋花科植物。

4. 桑科

小学科学课程中设置了桑蚕发育史和饲养蚕的课程，所以学生对桑科中的桑树并不陌生。除此之外，构树作为绿化树种，也并不少见；同属于桑科的榕树在小学语文教学中就有提及；著名的菩提树也属于桑科；而见血封喉则是桑科中著名的剧毒树种。另外，充满了人文气息的胭脂、波罗蜜，其实也都是桑科植物。

5. 葫芦科

顾名思义，葫芦科的代表植物当然是葫芦。但葫芦科并非只有葫芦，该科为我们贡献了一系列瓜果类食物。冬瓜、西瓜、南瓜、黄瓜、喷瓜、丝瓜、香瓜、哈密瓜、甜瓜、苦瓜、佛手瓜、罗汉果，都是葫芦科植物。此外，著名的药用植物绞股蓝，也是葫芦科的成员。

常见植物还有很多，希望大家能够利用网络、图书馆等资源，根据教学需要，查询相关内容。

本讲小结

本讲主要通过植物的系统发育、生理活动等方面说明生命基本特征（严整的结构、新陈代谢、生长、发育、繁殖、遗传和变异、适应环境、影响环境）在植物界中的体现。生物学的主要研究方法是观察与描述，这一点在关于地衣、植物激素等相关章节中已经讨论论过。而生物学本身又不仅仅是对生物体结构与功能的描述，还必须深入到自然界运动的高级形态中去，从遗传、进化、生殖、生存方面来解释结构与功能。生物教学要突出生物之“生”，而不能局限于“物”。本讲以植物学为例，在若干教学重点上作了发掘生物之“生”的尝试，希望能和广大教师深入全面地探讨这个问题。

思考与活动

1. 举例说明如何在植物教学中突出生物之“生”。

2. 查询相关文献资料，从形态结构、生理特征、用途、栽培等方面对某一种重要或熟悉的植物（如药材、蔬菜、花卉等）进行综述。

参考文献

1. 刘恕，许琼主编. 生物教育与素质教育. 北京：中华工商联合出版社，1999

2. 陆时万，徐祥生，沈敏建编著. 植物学（上册）. 北京：高等教育出版社，1991

3. 潘瑞炽主编. 植物生理学（第四版）. 北京：高等教育出版社，2001

4. 冯建军等. 生命化教育. 北京：教育科学出版社，2007

5. 吴国芳等编著. 植物学（下册）. 北京：高等教育出版社，1992

6. 李家成. 关怀生命：当代中国学校教育价值取向探. 北京：教育科学出版社，2006

7. 周云龙主编. 植物学. 北京：高等教育出版社，1999

8. 翟中和，王喜忠，丁明孝主编. 细胞生物学. 北京：高等教育出版社，2001

[作者简介]

靳飞，男，北京教育学院实验中心实验师，主要从事中学生物实验教学的研究。发表论文《植物 COP9 信号复合体的结构特征和功能》、《继续教育中开展生物学实验的意义》等。

第三讲
基于课程标准的“生物圈中的人”的内容分析

北京教育学院　胡玉华

从生物圈或周围环境的角度分析人体的生命活动，进而认识人的活动与环境的相互关系，理解人与自然和谐发展，是义务教育《生物课程标准》中关于“生物圈中的人”的核心目标。教师应该怎样从生物圈的高度引导学生认识人体的结构及其生命活动，探究人与生物圈的关系？这正是本讲要探讨的内容。

一、从人体的基本生命活动认识“人”

人体是由细胞→组织→器官→系统构成的一个巨系统。在这个巨系统内不停地进行着各种生命活动（见图 2—5）。

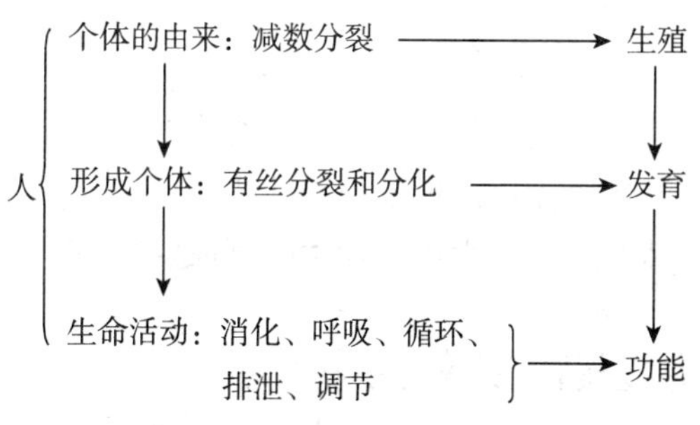

图 2—5　人的生命过程

（一）新陈代谢

新陈代谢是机体在与其周围环境之间不断地进行物质交换和能量转换的基础上进行的自我更新过程。它包括合成代谢和分解代谢两部分。合成代谢是指机体在生命活动过程中，不断地从外界摄取营养物质，并将其转变成自身的组成成分，以实现生长、发育和组成成分的更新，同时储存能量。合成代谢又称同化作用。分解代谢是指体内的组成成分不断地被分解，转化成代谢终产物，并将其排出体外，同时释放能量，供机体利用。分解代谢又称为异化作用。

人体内的物质不断分解、合成并相互转化，如果分解代谢大于合成代谢，人就会瘦；如合成代谢大于分解代谢，人就变胖。因为能量储存的方式主要是脂肪。脂肪最终可转化成糖而分解，而糖过多，同样也可转化为脂肪；因此，长年吃素的人，体内也存在脂肪。减肥的正确方法当然需要改变食谱、控制饮食，但不主张“饥饿疗法”。科学的方法是增大运动量，消耗能量，从而达到减肥之目的。

（二）兴奋性

当机体内、外环境的变化达到某一阈值时，其功能活动也会发生相应的变化。通常把引起机体组织发生反应的环境变化称为刺激，机体组织接受刺激后所出现的功能活动变化称为反应。机体或组织所具有的对刺激发生反应的能力或特性称为兴奋性，如神经传导加速，腺体分泌增多，肌纤维的收缩增强，这些现象是兴奋的表现；与兴奋相对的则为抑制。机体对刺激反应的基本形式就是兴奋和抑制。当接受刺激后，机体由生理静息状态转变为活动状态，或生命活动由弱变强，该反应称为兴奋；反之，机体接受刺激后，由活动状态转为生理静息状态，或生命活动由强变弱，该反应称为抑制。

（三）生殖

任何生物个体的寿命都是有限的，一切生物体生长发育到一定阶段后，都能够产生与亲代相似的子代个体，使种系得到延续繁衍，这一过程称为生殖。人体生殖是从精子与卵子结合后形成受精卵开始的有性繁殖。

二、从生物圈角度理解“人的生命活动”

（一）人从生物圈中摄取各种各样的营养物质

人的食物来源于生物圈，食物中的营养物质和能量是人体细胞内物质和能量的来源，食物中的营养物质要经过消化和吸收才能被细胞利用（见图2—6）。

（二）人体生命活动的能量供给

人从生物圈中摄取的营养物质和氧气，需要经循环系统运送到身体的各种组织、器官，人体产生的代谢终产物，也需通过循环系统、呼吸系统和泌尿系统等

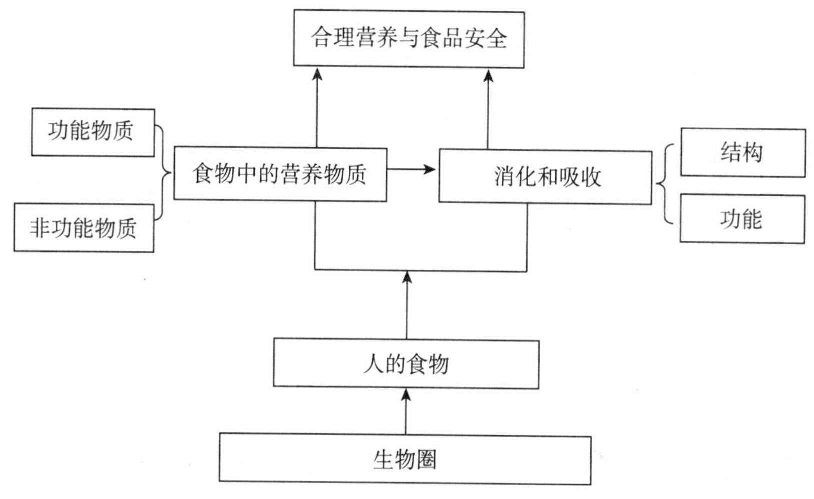

图 2—6 人的营养物质供给

的协调活动排入生物圈中（见图 2—7）。

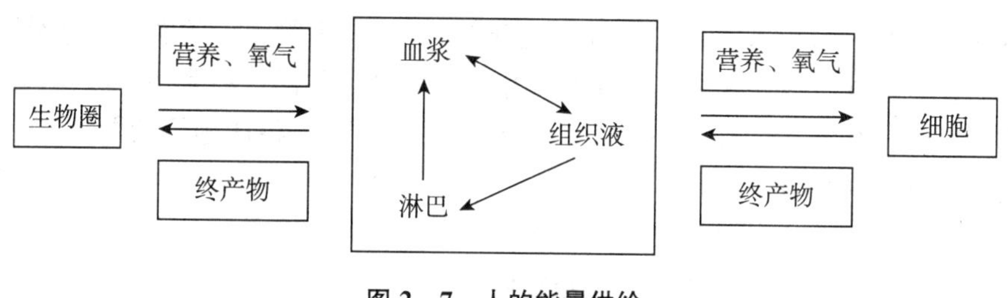

图 2—7 人的能量供给

（三）人将代谢废物排入生物圈

人体内废物排出体外的方式一般有两种，即排泄和排遗。

排泄是人体将代谢的终产物（包括二氧化碳、无机盐、尿素、水等）排出体外的过程。

排遗是将未消化的食物残渣及其他物质排出体外的过程，如人体排便。

人体代谢废物排出的途径有四种，包括：人体中除二氧化碳以外的大部分代谢终产物通过泌尿系统排出体外；二氧化碳的排出是由呼吸系统来完成的，同时也排出了少量的水分；出汗也是一种排泄方式，可排出少量的水、无机盐和尿素，并且出汗还具有调节体温的作用；通过粪便排出的主要成分是食物残渣（见图 2—8）。

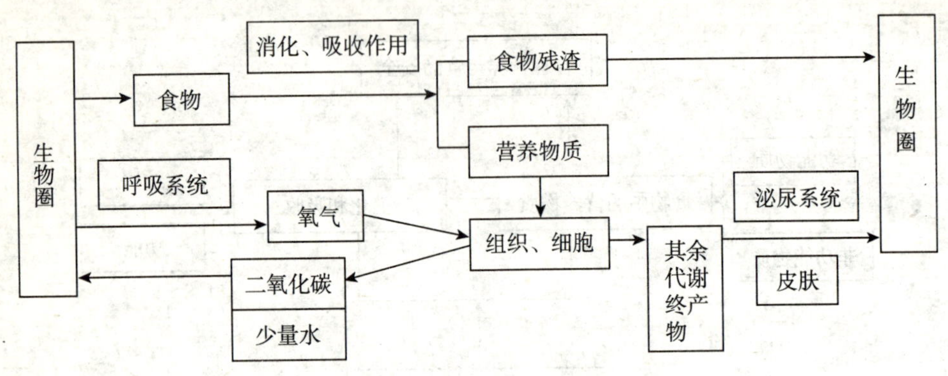

图 2—8 人体代谢废物的排出

三、从“单元”角度进行“生物圈中的人”教学设计

（一）如何看待新教材中的“单元”

初中生物学新教材（人教版，义务教育课程标准实验教科书）采用单元—课题式编排结构，共编入了 8 个单元。这些单元是：“生物和生物圈”，“生物和细胞”，“生物圈中的绿色植物”，“生物圈中的人”，“生物圈中的其他生物”，“生物的多样性及其保护”，“生物圈中生物的延续和发展”，“健康地生活”。其中每个单元都由几个相关课题组成。这些单元都有一个共同点，就是以某一方面的知识内容或专题为主，也就是说组成单元的每个课题之间都有共同的、相互联系的内容，这就体现了单元构成的目的性与整体性。

从生物学课程标准来看，有关“生物圈中的人”的内容（见表 2—4），不仅为学生学习生物概念、形成生物学的基本观念提供了感性基础，也为学生了解生物与日常生活、生物学与社会发展之间的密切关系提供了丰富的素材，另外，关于人的营养物质、我国人口增长趋势、空气质量与健康等方面的内容，也为学生进行实验探究提供了课题。课程标准这样的处理，突破了传统的只讲述人体结构和生理的模式，而是从生物圈的高度，将人体的内容放在生物圈或周围环境的背景中，引导学生分析人体生理或人类活动与环境的相互关系，使学生认识到人类依赖的自然环境和人为环境都是生物圈的组成部分，意识到生物圈中的人对生物圈应尽的责任。

因此，不能仅从人体的结构和生理功能的角度来看待“生物圈中的人”这部分内容，不能只把学习重心放在人体的组成、结构、功能等知识的记忆上，而是要在获得以上知识以及卫生保健知识的同时，引导学生开展人和生物圈关系的多种探究活动，使学生享受到探究的乐趣，初步学会运用所学的人体知识分析和解决某些生活、生产或社会实际问题（如我国人口的增长趋势与计划生育国策），初步形成对生物学学科的核心概念和思想方法的认识。

表2—4　　课程标准中与“生物圈中的人”相关的内容

内容标准		与“生物圈中的人”有关的主要内容
一级主题	二级主题	
科学探究	增进对科学探究的理解 初步形成科学探究的能力	初步了解和体验科学探究的价值、过程和方法
生物体的结构层次	细胞是生命活动的基本单位	人体细胞的结构与功能
	细胞分裂、分化形成组织	认识人体的几种基本组织
	多细胞生物体的结构层次	描述人体的结构层次：细胞、组织、器官、系统、个体
生物圈中的人	人的食物来源于环境 人体生命活动能量的供给 人体代谢废物的排出 人体通过神经系统和内分泌系统调节生命活动 人是生物圈中的一员	人体需要的营养物质及营养物质的消化与吸收 血液循环及循环系统 呼吸系统及气体交换过程 泌尿系统与尿的形成与排出 神经系统及其调节方式 激素对生命活动的调节 人类的起源与进化 人对生物圈的影响 探讨我国人口增长趋势及对策
生物的生殖、发育与遗传	人的生殖和发育	生殖系统的结构与功能 胚胎发育过程
健康地生活	健康地度过青春期	青春期发育特点 青春期卫生保健

从这个角度来看，生物学新教材中的“单元”，就不仅仅是“知识与技能”单元，也是“过程与方法”单元，同时也是“情感态度与价值观”单元。

（二）关于“生物圈中的人”的单元教学

单元教学的着眼点是“单元”。从教学内容看，它以一个“单元”为相对独立的教学单位，强调从单元这个整体出发设计教学，突出内容和过程的联系性和整体性。从教学目标看，单元教学是一个相对完整的过程，在这个过程中，三维目标的有机融合和有效落实问题可以分散、逐步地实现。

“生物圈中的人”单元是一个相对独立的体系，有其内在的知识结构。进行单元教学设计时，可将单元知识内容按其内在联系和规律进行梳理和提炼，引导学生将零散的知识整体化、条理化，形成知识结构，以此提高学生对本单元知识的理解力。

单元教学设计的一般流程可以分为：分析、设计、实施、反思与再设计几个环节，其主要内容见表2—5。

表2—5　　单元教学设计的主要内容

步骤	环节	主要内容
分析	教材分析与课标分析	1. 知识类型、水平与知识结构的分析 2. 知识价值的分析（这是教学活动设计的重要依据，直接反映教师把知识作为目的还是作为手段）
	学生分析	1. 学生已有认识基础的调研 2. 学生学习本单元可能出现的问题探查
设计	单元教学目标设计	1. 在前期分析的基础上整体制定单元教学目标 要考虑： (1) 学科角度：理解学科的概念原理，把握知识的前后联系，识别核心的学科思想与学科的脉络，形成结构化的知识 (2) 方法角度：进行超越事实的抽象思维，有序进行学科思维和技能方法的学习 (3) 情感角度：要始终考虑“激发和保持对生物学的兴趣和热情” 2. 将单元教学目标合理分解到单元课时中
	单元学习活动的设计	1. 整体设计结构化的单元学习活动要考虑： (1) 以核心概念、原理或方法的建构为目的和方向，从学生思维发展和方法的学习角度考虑学习活动的设计 (2) 考虑如何通过设计情境、素材或活动把核心概念或方法转化为学生容易理解和接受的内容。应注意概念的学习、技能的学习、微观的建立等不同类别的知识应该怎样逐渐展开 (3) 把学生的困惑和问题转化成“脚手架”式的问题串，以一系列问题推动教学的展开 (4) 通过活动使学生体验相关的概念原理和科学方法 2. 确定单元课时中的关键活动
	单元学习评价设计	注重多样化的作业或练习的设计 从课时到单元：难易梯度、思维和方法训练

续前表

步骤	环节	主要内容
实施	单元教学实践	进行教学实践，可结合具体情况进行过程中的动态调整
反思与再设计	单元教学反思与再设计	1. 通过单元教学之中和之后的学生调研来进行反思 2. 从自身的角度反思 3. 进行单元教学设计的调整或再设计

进行单元教学设计，必须注意以下几个关键问题：

第一，学生调研是进行单元教学不可缺少的环节，是有效落实三维目标的基本前提。从单元教学的角度看，学生调研贯穿单元教学的始终。学生调研是制定单元教学目标、设计教学过程、进行教学评价的重要依据之一，也是诊断学生学习情况、进行单元教学反思与再设计的重要方式之一。将学生调研贯穿于单元教学的始终，可以有效落实“关注每一个学生发展”的教育理念。

第二，单元是实现教学目标的载体和过程，教学目标是单元教学设计的灵魂。在新课程实施中，需要把握多维目标的内涵，理清三维目标之间的关系，要全面关注三维目标，并将它们整合于统一的单元教学过程中。

第三，在一个单元教学中，应该整体设计结构化的学习活动，这是体现单元整体教学的关键所在。所谓单元结构化的学习活动，可以从以下几个方面来理解：

（1）不同类型、水平的知识需要不同的学习方式和活动。

（2）活动必须是有效的，内容选择从学生实际出发，活动内容真正触及学生认识中待发展的问题，活动过程和学生的认识真正发生作用。

（3）活动与活动之间有明确的内在线索，即用知识结构统领教学过程，根据学生的困惑来建构学生的认知结构。

（4）活动与活动之间是相互关联和影响的。从一个活动到下一个活动，学生认知和情感发展脉络是连续的，并且是上升爬坡、不断递进的过程。单元结构化学习活动设计的关键是，需要思考如何将单元的知识逻辑结构与学生的认知结构和谐地结合起来，即用知识结构统领教学过程，根据学生的困惑来建构学生的认知结构。

“生物圈中的人”单元是一个相对独立的体系，有其内在的知识结构。在认识“生物圈中的人”时，要站在不同的角度，如系统的角度（人是一个“巨”系

统）、功能的角度、基本生命活动的角度。人是生物圈中的人，因此要站在生物圈的高度理解人的各种生命活动。从教学内容看，“生物圈中的人”以一个“单元”为相对独立的教学单位，强调从单元这个整体出发设计教学，突出内容和过程的联系性和整体性。

思考与活动

1. 怎样从生物圈的角度理解人的生命活动？
2. 请对“生物圈中的人”进行单元教学设计。

参考文献

1. 中华人民共和国教育部. 生物课程标准. 北京：北京师范大学出版社，2003
2. 朱正威，赵占良. 生物学（义务教育课程标准实验教科书）. 北京：人民教育出版社，2002

第四讲
初中生物课堂教学策略

北京市西城区教育研修学院　张　怡

义务教育《生物课程标准》所倡导的理念是："面向全体学生；提高生物科学素养；倡导探究性学习。"生物教师是《生物课程标准》的执行者，要在生物课堂教学中贯彻这些理念，就需要生物教师将其转化为具体的教学行为。在"课程理念"指导"具体教学行为"的实践过程中，教师对教学的整体设计及工作思路，即教师的"教学策略"能力决定了教学的成效，也可以说决定了贯彻课程理念有效程度的高低。

我国是在2001年开始实施新《课标》的，在生物新课程实践中，很多教师面对生物课程改革，面对《生物课程标准》的实施，更多的是愿意观摩其他教师的教学实录，听骨干教师介绍教学经验，翻阅成套的《生物课程教学案例》，上网下载现成的教学设计、演示稿及各种教学资源。在生物课程实施初期，"拿来主义"使教师更容易应对课程的变化。但是我们很快发现一个教学上的问题：生物课堂的个性化教学正在消失，大量"克隆课"使我们难以欣赏到教师个性化教学智慧的精彩。究其根源，在生物课程改革初期，教师更多的是考虑"课程标准要求教什么"，而对"我应该怎么教"缺乏整体考虑和科学思路。随着课程改革的深入推进，教师的注意力必然转移到如何建构一个既能够有效落实"课程理念"，又能够体现出"教师个性化"的教学策略设计的模型。因此，引导生物教师在头脑中建立一个"课程标准要求教什么"和"我应该怎么教"的工作框架，形成一个思考教学问题、进行教学策略设计的一般程序，是提高教师实施生物课程能力的有效途径。

一、教学策略

（一）什么是教学策略

对于什么是教学策略，国内外有多种看法，还没有形成统一认识。有的学者认为，教学策略是为达成教学目标而进行的一整套教学行为的策划，它是教师在教学实践中依据教学的计划、学生的身心特点对教学规律、教学原则、教学模式、教学方法的一种变通性的应用。也有的学者在参考现有各种关于教学策略的定义的基础上认为："所谓教学策略，就是以一定的教学观念和教学理论为指导，为完成特定的教学目标或教学任务，充分关注学生的学习，对影响教学的各个要素进行系统化的总体评析、研究，并最终策划、形成可以具体操作的整体化实施方案，在此基础上，通过教学过程中的监控和调节，来保证教与学生动、活泼、主动而高效地进行。"对于指导教学实践，后者更为具体，更便于理解和执行。

（二）教学策略具有的特点

从上述关于教学策略的概念可以看出，教学策略不等同于教学方法，它的外延比教学方法宽泛，层次比教学方法高。教学策略不仅包括对教学方法的选择，而且包括对教学组织形式、教学媒体的选择等内容，同时在具体的教学方法及其组合上也存在着策略问题。教学策略是教学实施的总体谋划与控制，不是抽象的教学原则，它有具体明确的内容，具有可操作性。教学策略的特点是：

1. 针对性

在《生物课程标准》的实施中，课堂教学必须依据生物课程的具体内容标准制定教学目标，同时根据学生的实际情况、教学内容的特点，确定恰当的教学方法，选择不同的教学手段，对教学程序进行合理设计，突出策略的针对性。

2. 灵活性

教学策略必须根据不同的教学目标、学生情况、教学内容等，灵活地确定教学组织形式，选择教学方法和手段。因此在课堂教学中，教学策略不可能刻板、机械地执行。

3. 多样性

人们常说："教学有法，教无定法。"其实教学策略也是这样，可以说不存在"能够实现各种教学目标的最佳教学策略"。生物《课标》中有十个一级主题及近百个具体内容标准，表明了初中生物丰富的教学内容，因此教学策略也是多种多样的。

4. 协调性

教学策略是以教学活动组织、教学方法确定、教学手段的选择为载体的，没有具体的教学方法、教学手段及教学活动的组织，教学策略就无从落实。这就预示着，教学策略必须依据这些因素进行调整和监控，保证教学有效地进行，更好地达成教学目标。

二、生物课堂教学策略类型及案例

从学生和教师两个方面去考虑，生物课堂教学策略可以分为以下三种：学生自主式教学策略、教师主导式教学策略、师生互动式教学策略。下面我们就结合初中《课标》的实施情况，以案例的形式探讨适合初中生物教学的策略。

（一）学生自主式教学策略

在本书第二编第三讲“基于课程标准的‘生物圈中的人’的内容分析”中对“生物与环境”的具体内容标准进行了详细的分析，我们注意到，《课标》对学习内容及教学建议有这样的表述：任何环境中都有多种多样的生物。每种生物都离不开它们的生活环境，同时，又能适应、影响和改变环境。生物与环境保持着十分密切的关系，并形成多种多样的生态系统。生物圈是最大的生态系统。教师应指导学生通过对一片草地、一个池塘、一块农田等环境的研究，学习调查和观察的方法，加深对生物与环境关系的认识。生物与环境关系的知识，对学生形成热爱大自然、爱护生物的情感，理解人与自然和谐发展的意义以及提高环境保护意识十分重要。在教学实践中，教师可多采用自主式教学策略实现《课标》的要求。

案例一　　**调查我们身边（校园）的生物**

教学目标：

1. 知识方面：说出调查的一般方法。

2. 能力方面：尝试观察记录身边的生物和它们的生活环境。

3. 情感态度与价值观：积极参与“调查我们身边的生物”的小组活动，学会与同学分工合作；关注周围生物的生存状况，逐步形成保护生物资源的意识。

教学重点：

初步学会设计和实施调查方案，会做观察记录；能够在小组活动中发挥作用，学会与同学分工合作。

教学难点：

记录调查活动中观察到的生物。

课前准备：

做好校园植物的分类并挂牌，了解校园中其他生物的分布情况；帮助学生分组，确定调查范围。

教学程序：

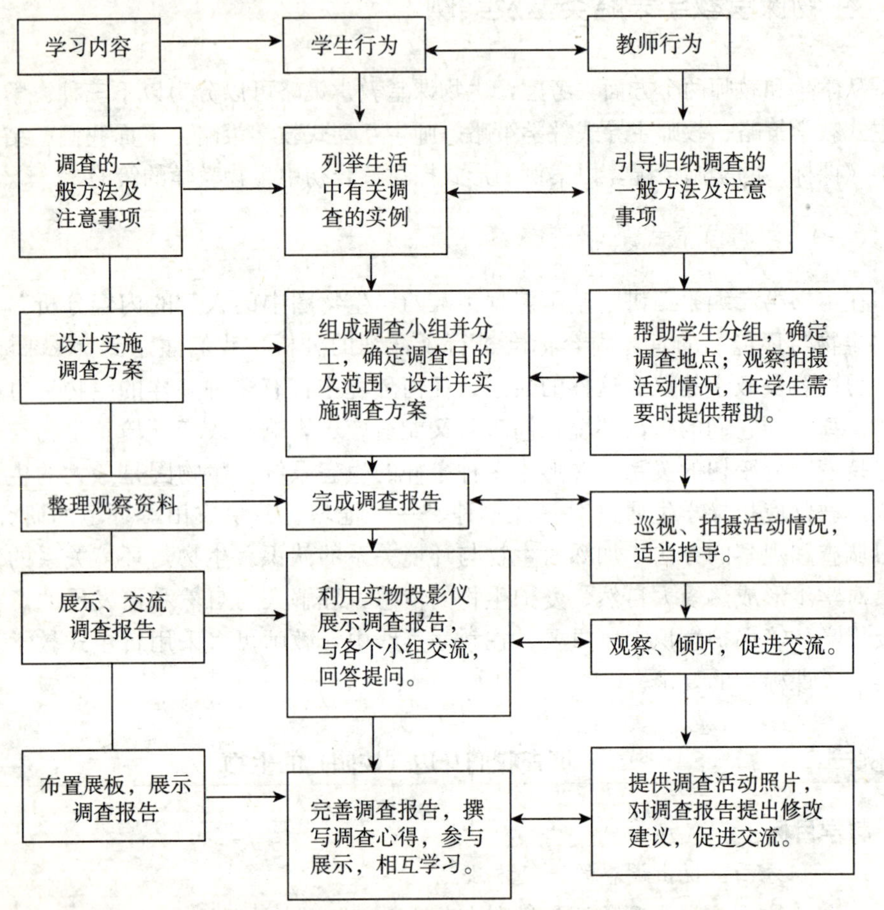

从上述教学策略实施过程可以看出，学生是作为学习的主体来确定学习目标、对教学内容进行组织、确定学习程序的。学生不但要自己安排学习内容、控制学习时间，而且对于各种信息资料要自己进行处理，形成有自己特点的知识结构。

实际上，这种方式更适合研究性学习课程，但是我们也看到，在初中生物课程中的专题调查活动、资料收集等学习内容，教师们也采用了学生自主式的教学策略。由于在实施此教学策略中是学生自己确定学习任务及目标，因此该教学策略有利于学生学习兴趣的培养；在学生制订学习计划并有步骤地进行落实的过程中，该教学策略对其学习能力的提高大有益处；在上述过程中，教师常常作为学习的促进者，在学生需要时提供帮助。

可以看出，这种教学策略的成功实施对学生已有的知识和能力要求很高，通常完成专题调查、资料收集等学习内容时，需要学生投入较多的时间和精力。因此在课堂教学中实施起来有一定难度。

在初中生物课程中，适合采用学生自主式教学策略的内容有：调查、收集生物圈的相关资料，模拟召开“国际保护生物圈”研讨会；调查“生产中利用植物光合作用和呼吸作用原理的有关措施”；调查班级近视率并分析原因；调查人类活动破坏生态环境或改善生态环境的实例；收集交流关于“人类基因组计划”的资料；调查当地食用菌的种类及生产情况；调查当地主要传染病等。

（二）教师主导式教学策略

案例二　**观察植物细胞**

教学目标：

1. 知识方面：说出植物细胞的基本结构。

2. 能力方面：使用显微镜观察多种植物细胞的临时装片；根据观察，尝试归纳植物细胞的结构，推测植物细胞功能，模仿绘制植物细胞结构图。

3. 情感态度与价值观：制作临时装片，养成细致认真的实验习惯。

教学重点：归纳、描述植物细胞的结构。

教学难点：制作临时装片和使用显微镜观察的技能。

课前准备：

1. 教师：演示文稿、植物细胞立体模型、洋葱鳞片叶内表皮细胞显微摄影图片，黑藻叶片、黄瓜、番茄、清水、碘液、载玻片、盖玻片、吸水纸、显微镜。

2. 学生：准备的植物材料（如番茄、黄瓜、苹果、梨、菠菜等）

教学程序：（见下页）

这种教学策略是以教师给学生提出教学目标为主，根据课程内容及学生实际情况确定学习内容、选择教学方法及教学手段，通过一定的教学程序指导学生进行学习，达成教学目标。它是在常规教学中运用较为广泛的教学策略。与学生自主式教学策略比，在课堂教学中，教师主导式教学策略效率更高，而且对于学习能力一般的学生指导作用更为显著。

由于在本教学策略实施中，教师对教学目标的提出、教学内容的选择、教学活动的组织起着主导作用，学生的智力活动及学习能力的锤炼不如自主式教学策略；另外，教师的主观设计与学生的实际需求及兴趣也会存在一定的差距，有时

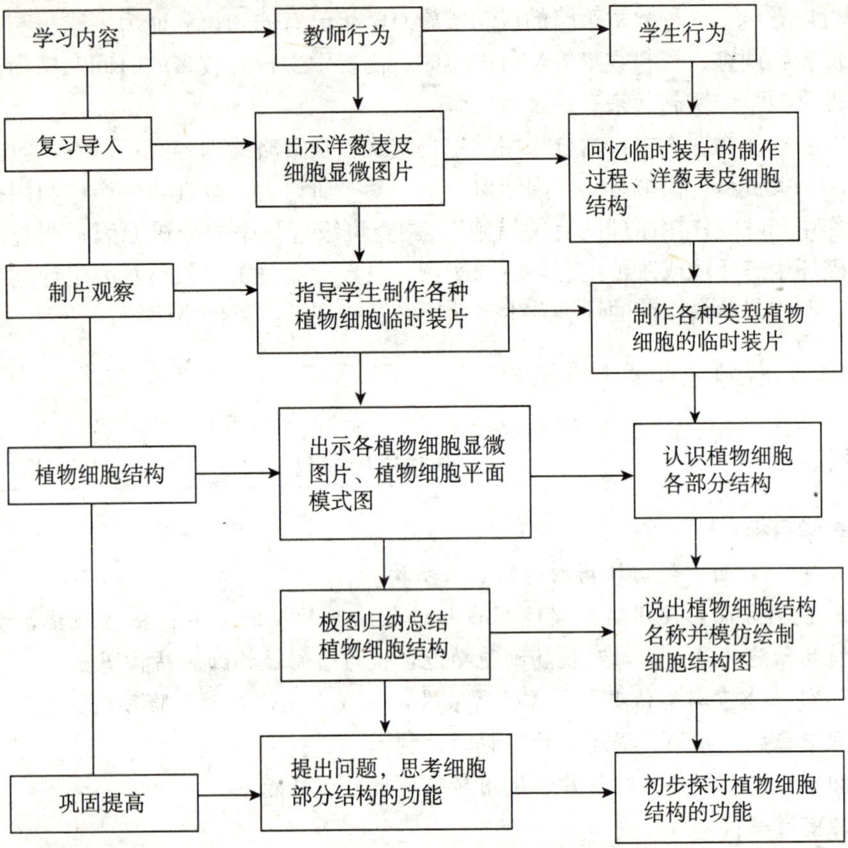

学习内容	教师行为	学生行为
复习导入	出示洋葱表皮细胞显微图片	回忆临时装片的制作过程、洋葱表皮细胞结构
制片观察	指导学生制作各种植物细胞临时装片	制作各种类型植物细胞的临时装片
植物细胞结构	出示各植物细胞显微图片、植物细胞平面模式图	认识植物细胞各部分结构
	板图归纳总结植物细胞结构	说出植物细胞结构名称并模仿绘制细胞结构图
巩固提高	提出问题，思考细胞部分结构的功能	初步探讨植物细胞结构的功能

这会影响到对学生的学习能力的培养。但是从上述案例可以看出，如果教师在主导式教学策略实施中注重学生活动的设计，尤其是有针对性地启发学生思考讨论问题，如“探讨细胞结构的功能”，也是能够达到提高学生思维能力的目标的。

在初中生物课程中，多数内容适合采用主导式教学策略达成课程目标，如“生态系统”、“开花和结果”、“血液循环”、“动物的行为”、“基因在亲子代之间的传递”、“传染病及预防”，等等。

（三）师生互动式教学策略

案例三　探究尿的形成与排出

教学目标：

1. 知识方面：说明肾单位的结构及各部分功能，说出尿液形成的大致过程。

2. 能力方面：利用物质交换的知识，推测形成尿液的结构及尿液形成的大致过程，并清晰表达。

3. 情感态度与价值观：在学习肾单位的结构及功能特点的基础上，初步形成生物体结构和功能相适应的基本观点。

教学重点：肾单位的结构及各部分功能。

教学难点：通过已知尿由泌尿系统排出的事实和生物体内进行物质交换的结构特点，推测形成尿液的结构及尿液形成的大致过程。

课前准备：

教学演示文稿，代谢过程图片，肾单位模式图，肾单位显微图片，“血浆、尿液的主要成分比较”表。

教学程序：

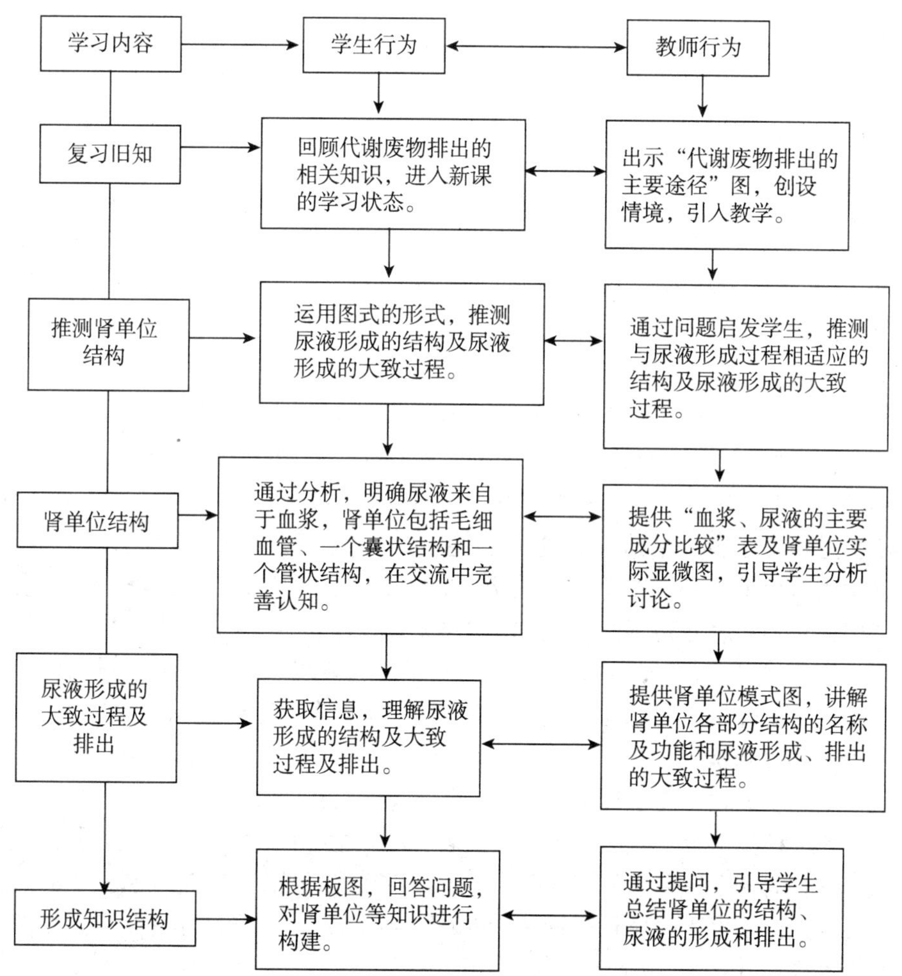

案例四 探究馒头在口腔中的变化

教学目标：

1. 知识方面：说出馒头在口腔中的变化。

2. 能力方面：设计对照实验，探究唾液、舌、牙齿在“馒头在口腔中发生变化”中的作用，并能清晰表达自己的设计和实施情况。

3. 情感态度与价值观：在小组合作完成“探究馒头在口腔中的变化”中，积极主动参与，对形成探究方案及实施作出贡献。

教学重点：探究唾液、舌、牙齿在“馒头在口腔中发生变化”中的作用时，确定变量，设计对照实验；说出馒头在口腔中的变化。

教学难点：探究唾液、舌、牙齿在“馒头在口腔中发生变化”中的作用时，确定变量，设计对照实验。

课前准备：

教学演示文稿，消化系统结构图片，试管若干，试管架，消毒口杯，玻璃棒，小刀，蒸馏水，碘液，馒头等。

教学程序：（见下页）

师生互动式教学策略也是以教师给学生提出教学目标为主，但是学习内容往往根据课程标准要求及学生的实际需求来确定，通常采取的是探究教学并以多媒体辅助教学，由于学生是通过探究完成学习的，所以教学程序不但有教师的指导，更有学生的主动学习，教学目标的达成过程突出了师生的互动。如探究馒头在口腔中的变化时，不同小组的学生可以分别探究“唾液”、“舌”或“牙齿”在“馒头在口腔中发生变化”中的作用，设计的方案也有区别，所以在教学过程中学生的主动、自主、合作更加突出。又如肾单位结构的学习，是学生利用对血液循环、组织的物质交换、物质吸收等知识的理解，推测尿形成的结构，再通过肾单位显微结构图，“血浆、尿液的主要成分比较”资料的分析，最终获得肾单位结构及尿液形成的知识。这体现了学生作为学习主体的自主、探究、合作的学习过程，同时，教师在提供学习材料、促进思考讨论中，深入理解学生形成知识的过程。

师生互动式教学策略是在生物新课程实施中能够有效落实课程理念的教学策略。与前两种教学策略向比，在课堂教学中，师生互动式教学策略使教师的主导作用与学生的自主探究学习结合起来，不但在单位时间内使学生获得生物知识，更重要的是让学生通过探究活动感知知识形成的过程，对学生学习情趣、学习能力的培养更加有效。

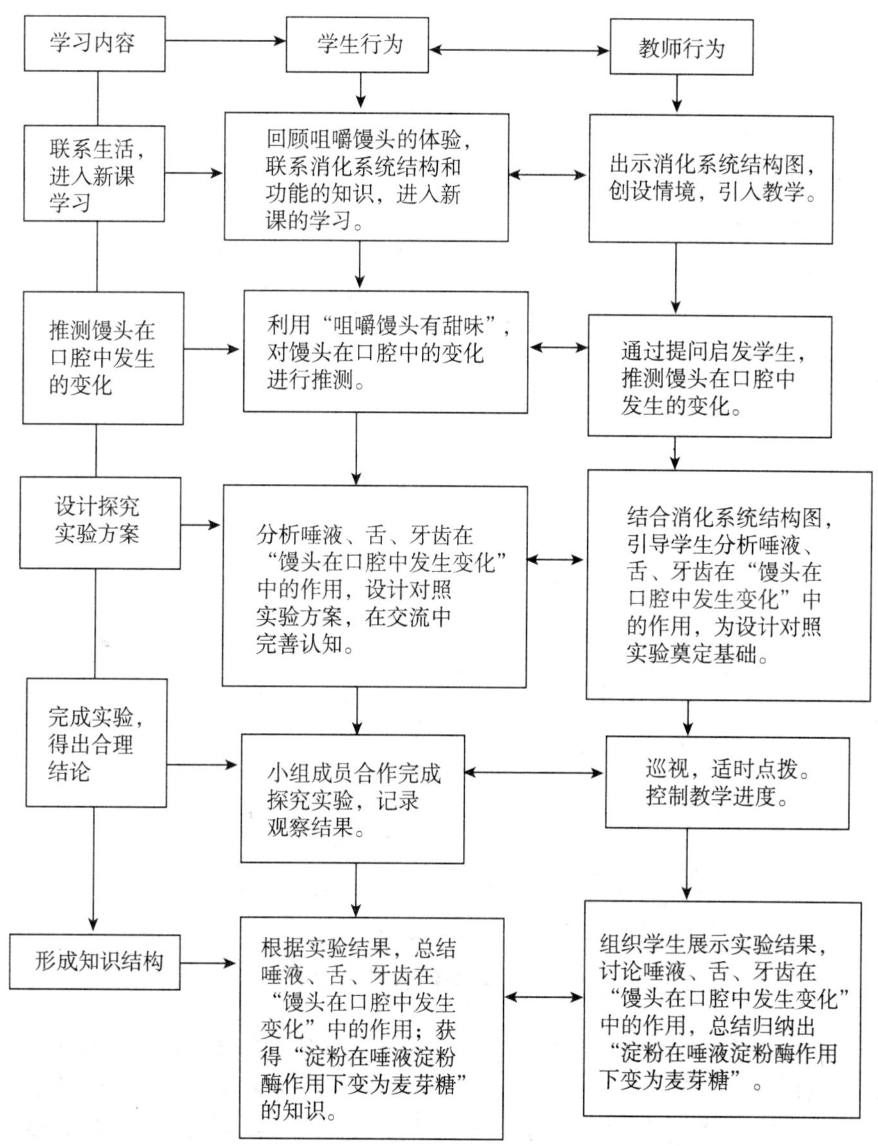

此教学策略成功的关键在于教师对学生的了解、对生物探究活动的设计及实施能力。这对教师的教学素养要求很高。

“探究种子萌发的环境条件”、“探究二氧化碳是否是光合作用的必需原料”、“探究晚育的意义”、“探究鸟适于飞行的特点”、“探究酒精或烟草浸出液对水蚤心率的影响”适合采用师生互动式教学策略。

三、生物课堂教学策略设计程序

无论是哪种教学策略，都可以看出教师在教学策略设计中是处于主导地位的，即使是自主式教学策略，在课堂教学实施中仍然有教师的主导作用。可以将教学策略设计程序归纳为以下几个步骤（见图 2—9）。

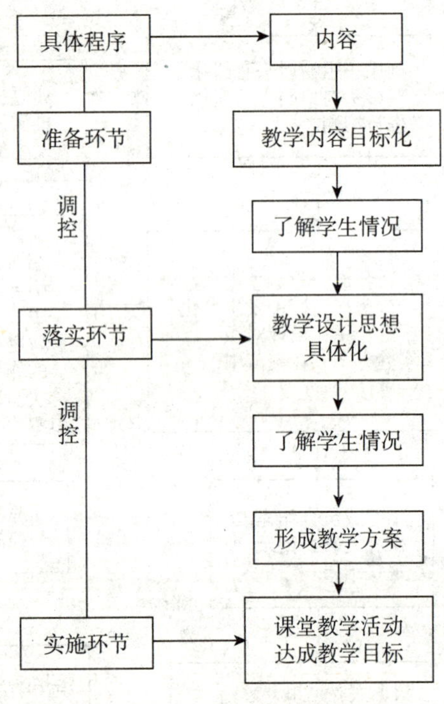

图 2—9　教学策略程序示意图

（1）准备环节：教师应根据《课标》及教学内容确定教学目标，依据或运用教育理论形成教学的指导思想，深入了解学生实际情况，为教学设计奠定基础。

（2）落实环节：将教育理论指导下的教学设计思想具体化，从而初步形成教学的方案。包括创设能引导学生主动参与的教育环境，激发学生的学习积极性；处理好传授知识与培养能力的关系，注重培养学生的独立性和自主性，引导学生质疑、调查、探究，在实践中学习，促进学生在教师指导下主动地、富有个性地学习；紧密联系社会生活实际，培养学生掌握和运用知识的态度和能力，使每个学生都能得到充分的发展。

（3）实施环节：在课堂教学过程中，教师应与学生积极互动、共同发展，要关注个体差异，根据学生的学习情况调整教学进程，使教学满足不同学生的学习需要。通过多样的学习活动和反馈达成教学目标。

当然，在确定和实施教学策略的过程中，应根据教学的具体情况进行全程调控，以使教学策略最优化。

通过对教学策略定义的学习，我们知道了教学策略是指导教师策划教学的方法。在初中生物课堂教学策略的筹划中，体现出教学策略的针对性、多样性、灵活性、协调性等特点，对教师的教学智慧提出了更高的要求。要想在生物课程改革中获得更多具有“个性化”的教学成果，需要教师充分发挥教学策略的特点，在创新实践中成为“生物课程的建设者”。

参考文献

1. 李芒主编. 现代教育技术. 长春：东北师范大学出版社，1999
2. 时俊卿. 我们需要什么样的教学策略. 中国教育报，2007－11－03

[作者简介]

张怡，女，北京市西城区教育研修学院生物教研员、学科室主任，北京市骨干教师。从1992年开始从事生物教学研究及教师继续教育工作，多篇教学研究论文在全国生物教学研究会、北京市生物教学研究会论文评比中获奖，辅导的教师多次在全国和北京市生物学科教学评比活动中获奖。从2000年起，被人民教育出版社聘为国家生物课程标准《生物学》教材的编委、培训专家，承担国家实验区初高中生物教师的培训。

第三编

初中生物学教学设计的理论与实践

加涅在《教学设计原理》一书中指出："教学设计是运用现代学习与教学心理学、传播学、教学媒体论等相关的理论与技术，来分析教学中的问题与需要，设计解决方法，试行解决方法，评价试行结果，并在评价的基础上改进设计的一个系统过程。它既具有设计的一般性质，又必须遵循教学的基本规律。"进行教学设计的根本任务是通过发现、分析和解决教学问题，来帮助学生更有效地进行课堂学习，这正是本编的核心。

第一讲
生物学教学设计的理论

首都师范大学生命科学学院 毕晓白
河南省新密市教师进修学校 杨梅玲

现代教学设计是一个分析教学问题、设计解决方法、对解决方法进行试行、评价试行结果，并在评价基础上修改方法的过程。这是一个系统计划的过程，有一套具体的操作程序，所以现代教学设计又称为系统教学设计。从系统论的观点来看，学科教学是一个系统，是由一定数量的相互联系的组成部分有机结合起来、具有某种教学功能的综合体，它包括教师、学生、教学媒体等多种要素。而它本身又是学校总体教育教学工作系统中的一个子系统。学科教学设计又可以看作是整个学科教学系统中的一个子系统。系统论认为，一切子系统的工作都要围绕着系统总目标的实现而展开。因此，教学设计必须在系统论的指导下，运用现代教学论、学习心理学理论研究的最新成果，借助于教学设计者的经验和创造性劳动来实现。

一、教学设计的定义

教学设计是20世纪50年代以后逐渐发展成熟的一门综合性学科。它既是教育技术学的主要领域，又是教育科学的重要组成部分。

从此意义上，可以给教学设计下一个定义：教学设计是在对教学系统中的各种要素（教师、学生、教学目标、内容、教学媒体等）进行科学分析的基础上，运用现代学习心理学理论，设计规划学习的程序、学习内容的呈现方式及学习结果的评价标准的过程。由此可以看出，一个完整的教学设计过程一般包括前期分析（学习需要分析、学习内容分析、学习者分析和学习环境分析）、确定目标、制定策略、选择媒体或资源、试行方案、评价和修改等过程。

二、生物学课堂教学设计的操作方法

不同的学习理论流派支撑下的教学设计也大不相同。基础教育课程改革一个很重要的理论基础就是建构主义学习理论。建构主义者更加关注学习者如何以原有的经验、心理结构和信念为基础来建构知识，更加强调学习的主观性、社会性和情境性。

其基本观点为：(1) 学习是学习者主动建构内部心理表征的过程。(2) 学习中的建构是双向的。学习中的建构一方面是对新信息意义的建构，同时也是对原有经验的改造和重组。建构主义者对后一种建构更加重视。

近年来，一些学者将建构主义理论应用于教学设计的原则概括如下：

(1) 强调以学生为中心。

(2) 强调“情境”对意义建构的重要作用。

(3) 强调“协作学习”对意义建构的关键作用。

(4) 强调对学习环境（而非教学环境）的设计。

(5) 强调利用各种信息资源来支持学生的“学”。

(6) 强调学习过程的最终目的是完成意义建构，而非完成教学目标。

一般的教学设计，都要包括如下基本内容：

1. 教学内容分析

教学内容就是学生要学习的内容，是为实现教学目标而要求学习者系统学习的知识、技能和行为经验的总和。对教学内容的分析主要从两个维度进行：一是看本部分内容的教学在学科总体教学目标达成中的作用如何；二是看本部分内容的教学活动会对学生的一般发展起到怎样的促进作用。这是制定本部分教学目标的总的指导思想和依据。

具体分析可从下列角度进行：

(1) 学习类型分析。

尽管从表面上看，教学所用的材料（教科书、辅助资料、教学媒体等）是一样的，学生的初始水平也相当，但不同教师的教学结果却大相径庭。其原因之一是不同的教师对教学的着眼点不同。这与对学生学习类型的分析是否到位有关。我们提倡依据加涅的学习结果分类理论和现代教育心理学的知识分类理论分析学习类型。具体分类内容见前所述。就目前的教学情形来看，虽然同一个知识单元在言语信息方面的价值是固定的，但它所负载的智慧技能和策略价值有待于教学设计的研究和开发。加涅的学习结果分类理论对于指导我们的教学设计是很有意义的。

(2) 结构分析。

系统论指导下的教学设计要求将每一阶段的教学都放到总的教学系统中加以分析。这就是对教学内容进行结构分析。结构分析有两个方面的含义：一是指教材本身的知识结构体系分析，二是指结合学生的发展状况进行的学习目标分析。

(3) 重点、难点分析。

一部分教学内容或一堂课的教学目标可能有若干层次，但根据学生的认知发展规律，总有一项是最突出、最重要的，教学中必须给予特别关注，这一条目标达不成的话，整个教学过程的效果就会变得几乎为零。这种教学“点”，我们称之为教学重点。

教学内容中总有些是学生已有知识经验中不具备的，有些甚至是与学生已有的知识经验相抵触的，教学设计中必须认真加以研究，设置合适的知识台阶，引导学生去跨越，这样的知识点，我们称之为教学难点。但是，只要教学设计合理，教学难点应该是不存在的。

2. 学习者特征分析

在现代教学中，学生是学习的主体，他们是以自己的特点来进行独立学习的，因此，要取得好的教学效果，在教学设计中，必须注重对教学对象——学生的分析。对学生的分析一般从以下几个方面进行：

(1) 学生的一般特征分析。

目前我们所实行的是班级授课制，同一班级中的学生往往年龄相近，认知结构相似，学习经验和生活经验也十分接近。因此，对学生的一般特征进行分析，了解学生群体的一般心理特征，是进行科学的教学设计的最基本要求。传统教育学和教学论中主张的“量力性原则”、“可接受性原则”，以及教师备课中要“备学生”，都是指要对学生进行一般特征分析。

中学阶段，在认知方面，学生的思维能力得到迅速发展，思维形式逐步由形象性转向抽象逻辑性。表现出如下特征：1) 能通过假设进行思维；2) 具有一定的预计能力；3) 不仅仅依靠事实经验，基本实现了思维的形式化；4) 思维过程中的自我意识和监控能力较强；5) 思维的求异性较强。

当然，初中生与高中生还有较大的区别。初中生的逻辑思维虽占优势，但很大程度上其逻辑思维还属于经验型，需要感性经验的直接支持；而高中生的抽象逻辑思维则具有理论特征，他们能够掌握基本的辩证思维方法，如由一般到特殊的演绎思维、由特殊到一般的归纳过程等。在情感发展方面，初中生和高中生有着明显不同。初中生富有激情，喜欢冲动和幻想，他们开始重视社会道德规范，但对人和事的评价往往由于认知结构的不完善而导致简单化和片面性，在他们的自我调控中，意志行为逐渐增加，抗诱惑力不断增强，但高层调控仍不够稳定。高中阶段，独立性和自主性是学生情感发展的主要特征，高中生更倾向于追求真理、正义和美好的东西，大多数行为表现为意志行为，高层自我调控在行为控制中占有主导地位。从初中到高中，学生的学习动机逐步由外在的兴趣型转向内在的信念型。

(2) 学习风格分析。

虽然现代学校教学主要是以班级授课制的形式进行的，但这并不能否定和排除学习者个别差异的存在。学习者的个别差异表现在多个方面，如遗传因素导致的智力条件的差异、已有知识基础的差异、成就动机及相应个性特征的差异和学习风格的差异等。为使教学活动对每一个学生更加有效，就有必要对学生的个别差异进行分析。学习风格的分析是其中的重要方面。

学习风格是学习者持续一贯的、带有个性特征的学习方式，是学习策略和学习倾向的总和。包括学习者在信息接收、加工方面的不同方式；对学习环境和学习条件的不同需求；在认知方式上的差异，如场独立性和场依存性、沉思型和冲动型等；在某些个性意识倾向性因素上不同；在生理类型的因素方面不同，如左右脑功能优势方面有差异等。研究学生学习风格的目的在于改善教学设计，使其更加具有科学性。应当注意，任何一种学习风格，既有其长处，也有其不足。我们的教育的最终目的是要扬长补短。因此，适应学习风格差异的教学设计应包含两方面的内容：一是采用与学生学习风格相一致的"匹配策略"；二是针对学习风格中的短处，实施弥补性的"故意失配策略"。匹配策略固然有利于学生的学习，但却无法弥补学生学习机能上的不足；有意识的故意失配策略在实施之初可能会在一定程度上影响学习的效率，但坚持使用可以弥补学习方式上的不足，使学生的心理机能得到全面提高，有利于学生以后的学习和发展。因此，在当前以班级授课制为主要形式的学校教学中，分析学生学习风格的目的，并不仅仅是为了顺应每个学生的不同风格，更重要的是培养学生合理有效的学习风格。

(3) 学生起点学习能力分析。

学生在进入新的学习单元或命题之时，其原有的学习习惯、学习方法、知识和技能等对将来学习的成败起着决定性的作用。著名教育心理学家奥苏伯尔认为，学习就是把新知识和已有知识联系起来，将新知识纳入学生已有的认知结构中去的过程。加涅也认为，在传授新知识之前，首先必须激活学生头脑中相关的已有知识。因此，教学设计中对学生起点学习能力的分析是十分重要的。

一般来说，学生起点学习能力分析包括三个方面：一是对新知识的学习所需要的预备知识和技能的分析。二是对目标能力的分析。即了解学生是否已完全或部分掌握教学所要达到的目标，以及达到的程度如何。因为班级授课制中，一名教师同时对几十名学生进行教学活动，而学生的基础水平有时差别较大，了解这些差异对于整体教学设计是十分有益的。三是了解学生对所学内容的态度如何，如是否存在偏见或误解等。

对学生起点学习能力的分析主要通过调查的方法进行。调查可以有多种途径和方式，通过传统教学中的“摸底测验”、教师对学生的个别谈话、学习情况调查座谈等，皆可以获得全面的信息。

3. 教学目标的制定

教学目标是指预期的学生学习结果或教学活动要达到的标准。作为规定教学活动方向的重要指标体系，它既是评价教学过程的标准，又有指导教师进行教学策略选择、引导学生学习活动的功能，是教学活动的出发点和归宿。因此，确立合理、良好的教学目标是教学设计最重要的任务之一。教育心理学家们提出的教学目标分类理论和技术（主要有布卢姆的教学目标分类体系和加涅的学习结果目标系统），对教学目标的确立和设计具有重要的借鉴意义和参考价值，成为教学目标设计的心理学理论基础。关于教学目标分析与教学目标陈述的具体方法，参见本编第二讲。

4. 教学策略的设计

教学策略是对完成特定的教学目标而采用的教学活动的程序、方法、形式等要素的总体考虑。教学策略具有指示性和灵活性，而不具有规定性。好的教学策略可以发挥教学理论具体化和具体教学活动方式概括化的作用。没有任何一种单一的教学策略能够适合所有条件下的教学活动，最好的教学策略就是在一定的具体情况下达到特定教学目标的最为有效的方法论体系。

教学方法是教师和学生为了达到教学目标，在教学原则的指导下，借助一定的教学手段（工具、环境）而进行的师生相互作用的途径、方式等，包括教师教的方法和学生学的方法。方法的选择和运用要受到教学目标、教学内容和学生认知基础的制约。采用和选择适当的教学方法，目的在于用恰当的、学生最容易接受的方式呈现教学内容，强化和调节学生的学习行为，获得最优化的教学效果。

常用的教学方法有讲授法、演示法、谈话法、讨论法、练习法、实践法、引导—探究法、提纲—自学法和尝试法等。

“教学有法”，而又“教无定法”。以上介绍的都是一些单一的教学方法，实际教学中，一堂课的教学不可能仅仅使用一种单一的教学方法，而要根据教学目标、教学内容的特点，学生的年龄、心理特征等因素，对各种教学方法进行比较，并在此基础上进行选择和组合，获得理想的教学效果。

需要注意的是：现代教育的最终目的不是教给学生更多的知识，而是教学生学会学习，所以在教学方法的选择和运用过程中，还应注重对学生学习策略的指导；另外，较长时间采用单一的教学方法往往容易造成学生的疲劳，降低学生的学习效率，所以，我们一般提倡将多种学习方法灵活地组合使用。

5. 教学媒体的选择与设计

正确选择和使用教学媒体，可以大大提高教学效率。因为教学媒体在教学中具有固定性、可重复性、扩散性、通用性、能动性、直观性和趣味性等特性。所以，根据教学的需要，对各种媒体进行适当的选择、组合，是教学设计的重要任务之一。

选择和设计教学媒体的指导思想，应当是有利于教学目标的达成，而不是为使用技术本身而使用技术。在选择和设计中，可以运用先进的教学媒体来优化教学设计，这是当今中学教学改革的重要方面。教学实践表明，从抽象到抽象的认知过程不符合中学生的年龄和心理特点，往往使学生产生厌学、惧学情绪，或在学习中生搬硬套、生吞活剥，不利于知识的掌握和能力的培养。

对于媒体的认识，存在较大分歧。这里我们引述贝茨的观点。贝茨认为，在传递知识信息方面，媒体并不是一个无足轻重的因素，传递方式会对传播效果产生重要影响。(1) 媒体一般是灵活的、可替换的，问题的关键是在给定的条件下采用何种媒体最合适。(2) 每种媒体都有内在的规律，即有一套充分发挥其功能的固有法则，必须正确地对其加以利用。如果使用不当，再好的媒体也发挥不出好效果。(3) 计算机可以把文字、声音、图像、光线、色彩等多种媒体综合起来，能够把抽象的问题直观化、形象化、立体化、动态化，帮助学生理解、认识、升华为理性认识。

在教学媒体的选择和设计方面，还应注意：(1) 媒体始终只是媒体，利用它可以提高教学的效果，但代替不了教师对作为人的学生的综合影响，不能过分夸大媒体的作用，一味依赖媒体。(2) 媒体的使用不可追求形式化，应根据实际情况对媒体的优先级进行排序，一般来说，直观、简单、低耗值、高性能的媒体应优先使用。另外，在使用中应发挥不同技术各自的优势。

6. 教学评价的设计

教学评价是教学系统的重要组成部分，它不仅是检测教学目标是否达到的手段，更是达成教学目标必不可少的重要步骤之一。对于课时教学设计来说，教学评价主要包含两部分：

(1) 教学过程的评价：教师在教学过程中，通过课堂教学问题的设计来评价教学目标实施的效果；根据实际情况，对学生的表现适时进行鼓励性评价，尤其对学生的思维成果进行鼓励性评价。这对于更好地完成教学任务，具有重要的意义。

(2) 一节课的终端评价：通过反馈练习，巩固重点知识，突破难点知识，来评价学生获得和掌握知识的情况。练习的设计要遵循由简到繁、由易到难、由模仿到变式的原则，面向全体学生，使大多数同学都有获得知识的成功感。从教材的要求和学生的实际出发，遵循因材施教的原则。通过练习，教师可以收集反馈信息，及时补救教学，同时可以使学生巩固所学知识、强化记忆，并运用所学知识分析解决实际问题。

三、生物学教学设计的类型

（一）以传授生物学知识为主的教学设计

课堂教学是教学工作的中心环节，肩负着传授知识和培养能力的双重任务。二者相互渗透，共同提高，才能为学生的可持续发展打下基本的科学素质基础，而传授生物学知识乃是生物学教学最基本的任务。以传授生物学知识为主的教学设计策略可从以下几个途径入手：

1. 精心组织教材，建立系统的知识网络

认真分析组织教材是课堂教学的首要任务。所谓精心组织教材，一要分析教材有哪些知识点，重点和难点是什么。二要揭示各知识点之间的有机联系、相互转化和相互制约的环节，因为任何章节的知识点之间都具有很强的内在逻辑性，所以，要寻找各知识点之间以及知识与实践之间的契合点，从而建立起本节课的知识网络，并通过精心组织，用或“点”或“线”或“面”，或“文字”，或“图表”等形式，形成知识链和知识网。三要分析学情，要依据学生的年龄、心理和认知特点等进行教学过程的设计。

2. 精心设计教法，提高教学科学性

针对不同的教学内容选择运用灵活多变的教学方法，这是决定教学成败的关键。教师应根据不同的课型、授课内容等，采用不同的方法进行教学。在传授知识时，或用讲授法，使学生在一定的时间内获取较为系统的理论知识；或用比较法、启发法、讨论法等，调动学生的学习积极性，激发其学习兴趣；或用导学式教学方法，即由老师引导—学生自学—解疑—精讲提示等一系列活动，充分调动学生的主体参与意识。多种教学方法的结合可使学生分析问题和解决问题能力得到很大提高。

3. 优化教学媒体，提高教学效果

根据教学内容，精心设计教学媒体的运用，是有效完成课堂教学目标的重要保障。课堂教学媒体的选择不应拘泥于一种形式，而应本着低消耗、高产出、合理性、科学性原则，把多种媒体有机地结合起来。媒体的选择使用，首先是为一定的教学目标服务的，并且课堂教学中还要充分发挥现代教育技术的优势，通过制作CAI课件，把所要传授的知识通过“文、图、形、色、声、动画”等形式，变静为动，变微观为宏观，变抽象为形象，生动而直观地呈现给学生，在完成新知识传授的同时，培养学生的观察、对比、思维等多种能力，提高教学效率和教学效果。

4. 注重知识传授和实践的结合，培养学生的能力

在对生物学知识、原理进行教学时，由于这部分知识理论性强，又涉及许多概念和名词，如果按课本知识逐一介绍，学生会感到枯燥乏味，因此在教学设计时应尽可能寻找知识与实践的契合点，把所学的知识与现实生产生活实际相联系，让单调的知识内容变得生动具体。这样不仅能激发学生的学习兴趣，提高学生感知的效率，同时还能在实践中强化对知识的理解、学习和巩固。如，在学习遗传时，预测某种人类遗传病在后代出现的几率，理解近亲婚配的意义，杂交育种、诱变育种知识在生产实际中的应用等丰富的实践知识，让学生意识到生物学知识与生产、生活息息相关，在学习知识的同时，提高了学生分析问题、解决问题和理论联系实际的能力。

下面，我们列举了一个教学设计案例——“‘血液循环’一节的教学设计”。这个案例是一线教师经过认真研究精心设计的，反映了设计者的教学理念和教学思想，具有一定的典型性。这个案例作为教学研究的素材，并不是完美无缺的。因为受个人因素的影响，受本地或本校教学条件的制约，它存在一定的局限性。但这丝毫不影响我们进行教育“会诊”和研究教学问题。正是这个案例中所蕴涵的设计思想、教学方法、媒体的选择和运用等方面的独到之处，及其体现出的个性特征，为教师们开展教学研讨、进行“反思性学习”提供了丰富的素材。案例中的优点可以给教师们以启发，也可以在一定条件下被模仿。案例中存在的不妥或有争议之处，可以为教师们从不同角度分析、判断教学问题，进而在自我反思的基础上提出自己的改进意见提供很好的素材，正所谓“旁观者清”。这个案例还对我们研究以传授生物学知识为主的教学设计，尤其是应用多媒体教学手段和利用CAI课件优化教学，使教学锦上添花，起到较好的帮助和借鉴作用。

案例一 “血液循环”一节的教学设计

一、教学指导思想

本节教学突出以教师为主导，以学生为主体，以探索导学为主线的教学思想，根据教材的特点和学生的实际，运用现代教学手段，教师组织、启发、鼓励、指导学生按正确的思维方向、路线，探求未知领域的知识，使学生尽可能独自去开掘知识宝库，充分调动学生学习的自觉性、主动性、独立性和创造性，教师达到“教”是为了“不教”，学生达到“学”是为了“更好地学”这一目的，实现主导与主体作用的有机结合，“教”与“学”的最佳结合。

二、教材分析

1. 教材的地位及知识的前后联系。

“血液循环”是九年义务教育初中生物教材第二册第四章“体内物质的运输”的第三节。该章前两节分别讲述了“血液”、“血管和心脏”，为“血液循环”的讲授打下了基础。“血液循环”是该章的重点内容，因为人体细胞需要的氧气、养料，细胞产生的二氧化碳等废物是通过血液循环来运输的，而且后面要学习的“呼吸”、“食物的消化和吸收”、“排泄”等章，都要以本节课为基础，所以，“血液循环”一节又起着承上启下的作用。

2. 教学重点、难点。

本节课的教学重点：体循环和肺循环的途径及血液成分的变化。

教学难点：血液在循环途径中成分的变化；血压的知识。

三、分析学情及学法指导

我国著名的教育家陶行知说：“所谓教学，不是教书，不是教学生，而是教学生学。”初中生好奇心强、好动、思维活跃，教师要抓住这一契机，细心研究学生思维的规律，教会学生怎样学习和思考。根据学生情况，我设计了以下学法指导：

1. 采用多媒体电教手段，制作大量动画，同时配以模型、挂图等直观教具，使知识信息的传递立体化，综合利用学生的视觉、听觉等多种认识功能，培养学生敏锐的观察能力。

2. 采用启发诱导式教学方法，培养学生的思维能力。

3. 教会学生如何带着问题阅读教材，讨论、回答、解决问题，培养学生的自学能力。

四、教学方法

运用CAI课件，采用探究式、启发诱导式为主，学生自学讨论及教师讲解为辅的主体教学法。

五、教学目标设计

基于上述分析，本节课的教学目标为：

1. 知识目标。

1）理解血液循环的概念。

2）掌握体循环和肺循环的基础知识。

3）了解血压和脉搏的基础知识，以及出血的初步护理知识。

2. 能力目标。

培养学生的观察能力、思维能力、自学能力及创新能力。

3. 情感目标。

1）通过体循环和肺循环知识的学习，使学生树立结构与功能相适应的观点。

2）通过“切脉”等知识点的学习，培养学生的爱国思想。

六、教学媒体选择

遵循“用简不用繁，用易不用难”的原则，从本节课的教学内容和目标出发，用血液循环模型直观演示血液在心脏、血管中流动的方式引入新课。用CAI课件展示动态的心脏、血管图，动态的体循环和肺循环途径及微观的物质交换过程。

七、教学过程设计

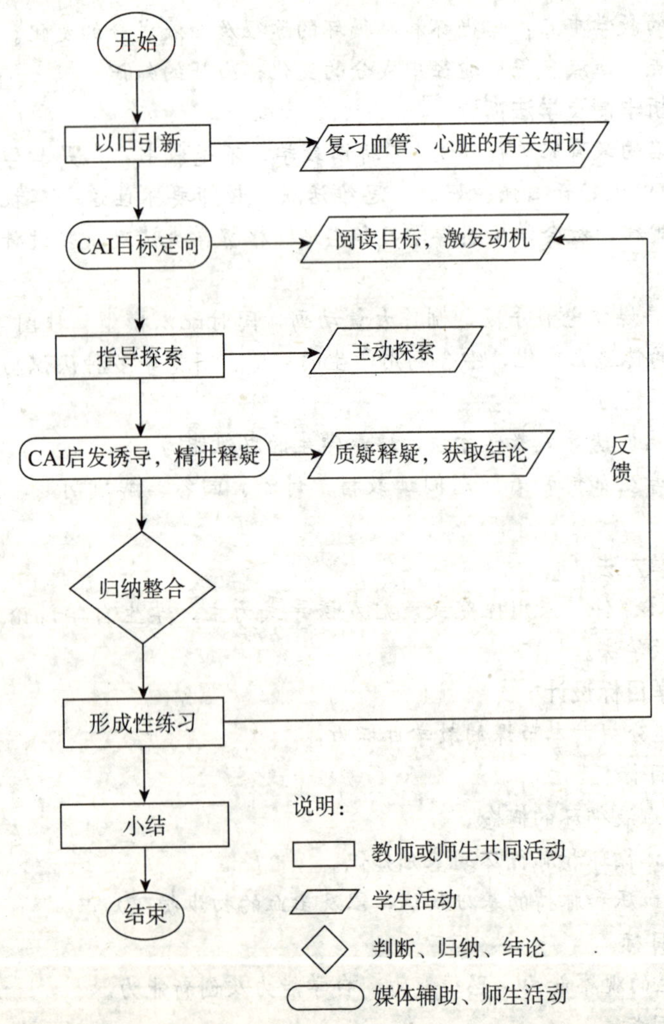

八、教学过程分析

教学过程		教学主导作用	学生主体活动	设计指导思想
以旧引新		CAI展示动态的心脏、血管图。 提出问题： 1. 什么是动脉、静脉、毛细血管？ 2. 什么是动脉血、静脉血？ 3. 心脏的四个腔以及相连的血管名称各是什么？	学生观察、讨论、思考、回答。	“温故而知新”，复习学过的内容，起到承上启下的作用。
引入课题		模型展示： 血液循环的动态过程。 教师启发诱导。	明确课题。 激发兴趣。	激发兴趣是培养学生创新思维的基础。
新课	提出探索目标	1. 什么叫血液循环？ 2. 血液循环的具体路线是什么？ 3. 在血液循环过程中，血液成分发生什么变化？ 4. 人体为什么离不开血液循环？	明确目标。 阅读课文。 思考问题。 主动探索。	突出了学生的主体地位，提高了教学的针对性，克服了学生学习的盲目性和随意性。
	启发诱导	1. 体循环。 CAI展示体循环的动态图。 教师讲述体循环的途径。 问题探究： 体循环过程中，血液成分发生了什么变化？ CAI展示物质交换的微观图，指出：从左心室射出的动脉血，流经全身组织细胞间的毛细血管网时，与组织细胞进行物质交换，将运来的氧、养料交给组织细胞供细胞利用，把细胞产生的二氧化碳等废物运走，交换后，动脉血变成了静脉血，经上下腔静脉流回右心房。	学生观察动态的体循环图。 在教师的点拨、释疑下，理解并掌握体循环的途径及血液成分发生的变化。	本环节内容既是重点，又是难点，为真正体现学生的主体作用，整个教学过程贯穿质疑、释疑和过程探索活动，教师要针对学生学习中暴露出的问题，精讲点拨，不要面面俱到。
	问题点拨	2. 肺循环。 CAI展示肺循环的动态图。 问题探究： (1) 肺循环的具体途径。 (2) 肺循环的起点、终点。 (3) 肺循环的过程中血液成分发生了什么变化？	学生观察后，由学生来讲解肺循环的途径，其他同学补充。学生思考、推理、独立地探求问题和答案。	给学生创造自由的学习氛围和广阔的思维空间，使他们的个性心理得到自由发展，独立性、自主性、创造性得到充分发挥。
	归纳反馈	让学生整体看板书，使学生明白体循环和肺循环在心脏处汇合在一起，组成一个完整的循环途径。 问题探究： 人体为什么离不开血液循环？ 反馈： 1. 写出体循环的循环途径。 2. 起点和终点分别是什么？ 3. 血液在循环途径中发生了什么变化？	学生归纳总结出血液循环的意义。 学生练习。	为使学生更好地掌握重点，加深印象，巩固所学知识，发现问题，及时进行补偿教学，达到预定的教学目标。
	自学讨论	投影：自学提纲。 1. 什么叫血压？测量血压的部位在哪儿？ 2. 什么叫收缩压和舒张压？其正常值是多少？ 3. 什么是高血压？什么是低血压？ 4. 脉搏是怎样形成的？ 5. 创伤外出血有哪三种？怎样护理？ 录像：血压的测量方法，创伤外出血的护理知识。	学生以提纲为线索，有目的地阅读教材内容，同桌之间展开讨论。 结合录像，理解这部分内容。	本环节内容属于一般了解内容，采用“自学讨论”的教学方法，让学生带着问题阅读教材，思考回答解决问题，培养学生的自学能力。
小结		让学生整体看板书，引导学生归纳。	学生总结	使学生从知识上归纳，从学习方法上总结，促进学生对本节课知识的掌握，培养学生的总结概括能力。

九、教学评价的设计

本节课的整个教学过程贯穿着质疑释疑和过程探索活动，对基本知识和技能的教学，不是仅仅停留在教师对知识技能的分析、总结归纳和结论上，而是引导学生通过探索研究发现知识技能发生发展的过程。为此，我设计了下面的基础知识训练、能力培养和探究性试题。这些试题能及时评价和反馈学生对本节课教学目标的落实情况，培养学生分析问题和解决问题的能力。

1. 基础知识训练。

1）体循环是指血液从左心室流入（　　），流经（　　）、（　　）、（　　），经上、下腔静脉，流回（　　）的循环。

2）在体循环中，血液成分的变化是由（　　）血变成（　　）血。

3）肺动脉里流（　　）血，肺静脉里流（　　）血。

4）血液循环的动力来自（　　），它不停地有节律地（　　），推动着血液在心脏、血管中往复流动。

2. 能力培养。

1）某人静脉注射某种药物，根据所学知识，请你推断最先在心脏的哪个腔中发现该药物。

2）写出下肢的骨骼肌活动产生的二氧化碳被送到肺部的途径。

3. 探究性问题。

1）人每天吸入的氧气是被肺部消耗掉了吗？二氧化碳是怎么产生的？

2）为什么人在下蹲后突然站起会感到头晕，两眼发黑？

十、板书设计

第三节　血液循环

一、什么叫血液循环

血液在心脏和全部血管所组成的管道中进行的循环流动，叫作血液循环。

二、血液循环的途径

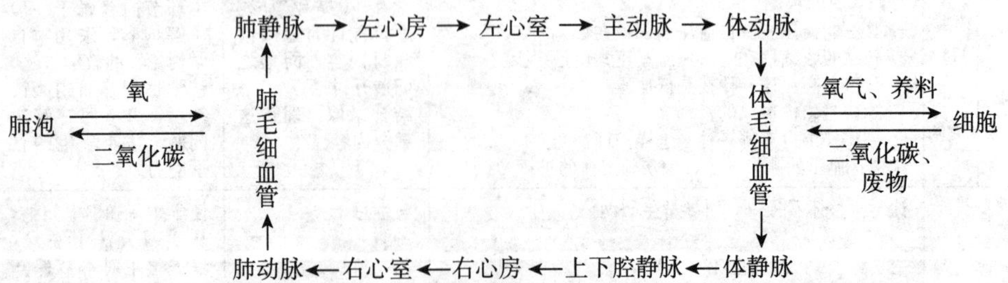

三、血压、脉搏及出血的初步护理知识（略）

点评：本节课的教学依据教材、大纲及学生实际，运用启发、诱导、探究式的教学模式进行设计。对基本知识和技能的教学，不是仅仅停留在教师对知识技能的分析、总结归纳和结论上，而是引导学生通过探索研究发现知识技能发生发展的过程。在设计教学方案时，注意对每一个问题的引入和启发，对每一个环节的点拨和释疑，充分发挥学生学习的主动性、创造性，努力营造一个平等、民主、和谐、融洽的氛围，在教学过程中，对能够提出新颖性、创造性的问题和在探索中取得进步的同学，教师都应鼓励、肯定，让学生树立发现问题、解决问题的自信心，强化创新的自觉性。教师在传授知识的同时，注重了多种能力的培养，很好地落实了教学目标。

（二）以培养科学方法为主的教学设计

生物学作为一门以实验为基础的科学课，不仅要向学生传授生命科学的基础知识，更重要的是要培养学生具有一定的生物学基本素养，包括科学知识、科学方法、科学思维、科学态度和科学精神、价值观等。科学素质的教育已成为当今科学教育的重要组成部分。但由于教材、考试制度、传统教育观念和模式以及教师自身素质等因素的影响，科学方法教育在中学生物学教学中非常薄弱，亟待加强。

要想在中学生物课堂教学中突出科学方法教育，可从以下几个方面去探索：

1. 从分析教材入手，确定科学方法教育的目标

在进行教学设计时，首先要认真分析教学内容，挖掘教材中的科学方法因素，结合具体内容特点，制定出科学方法教育的明确而具体的目标，恰当地渗透科学方法教育。根据一个单元或一节课的内容和目标，可有侧重地渗透一种或几种科学方法教育，如实验、观察、测量、比较、分类、归纳与演绎、类比等科学方法。

2. 结合教材内容，渗透科学方法教育

在课堂教学设计中，要把科学方法教育和教学内容有机地结合在一起，渗透科学方法教育。具体做法可以从以下几个方面考虑：

（1）介绍科学家的工作方法，创设情境让学生去体会、模仿。在课堂教学中，科学方法教育属于教材中的隐性教学内容，需要教师认真分析教材的有关知识内容，介绍科学家们在探索这些知识过程中所采用的科学方法，并对学生进行适时点拨和指导，让学生去体会和感悟科学的认知规律。同时，还可以利用现代化教育手段，结合教材，尽可能地创设情境，精心设计，化隐为显，引导学生去探究、模拟科学研究的过程，把科学教育渗透到概念、原理等知识的传授过程

中。如用多媒体软件展示植物生长素的科学发现过程、噬菌体侵染细菌的实验过程等。再如，用彩色橡皮泥（或彩色曲别针、彩色塑料小夹子）等材料让学生模拟减数分裂中染色体的变化规律，DNA结构和复制、转录等过程，让学生去大胆模拟、实践、想象、推理，从中领悟科学研究的方法。模拟本身就是一种现代科学方法。

(2) 通过介绍生物科学史，渗透科学方法教育。生命科学作为一门自然科学，其本身的发展就是运用科学方法的结晶。在课堂教学中，应充分利用和挖掘这些知识素材，介绍科学家们典型的、有代表性的研究发现问题的方法和思维过程，以启迪培养学生的科学兴趣，同时使学生接受科学方法的教育。如光合作用的系列经典实验及研究方法，孟德尔豌豆杂交实验中的数学统计方法，生命起源中米勒的模拟实验方法，动、植物学中的分类方法，等等。总之，每一个知识、原理的发现无不渗透着科学的研究方法。

(3) 实验课教学是实施科学方法教育的重要途径。生物学是一门实验性科学，每个生物学实验中都包含着科学方法。因此，在生物科学教育中，重视实验、观察、测量等，就是进行科学方法的训练，但这个训练并不限于显微镜的使用、装片的制作、标本的采集制作等操作技能的训练，更重要的是要培养学生掌握科学方法来解决问题，通过观察发现并提出问题——拟订假说——作出预测——搜集资料和证据——设计实验方案——选择实验材料——控制实验因子——进行实验——记录实验结果——分析结果——得出结论等一系列科学研究的程序，提高学生科学工作的过程技能。

实验的目标可以定位于以下几个方面：准确地观察和描述生物体及有关的现象；选择和组织有关资料去解答问题；拟订假设及设计实验，并能在适当时运用对照实验；阐释资料，并用作评述及推理的基础；用直接或间接的证据得出结论。总之，实验课不能只是为了观察而观察，也不能只是为了验证某一生物知识而实验，而是要让学生真正在实验中体会、理解科学的方法，尝试体验“科学探究”的过程，加强科学方法的训练。

（三）以学生自主学习为主的教学设计

建构主义学习理论认为：学习是学习者主动地建构内部心理表征的过程，它不仅包括结构性的知识，而且包括在具体情境中形成的大量的非结构性的经验背景。学习者在一定情境中借助他人帮助，利用必要的学习资料，通过意义建构来获取知识，掌握解决问题的程序和方法，优化完善认知结构，获得自身发展。建构主义学习理论把情境、协作、会话和意义建构作为学习所必需的四大要素。在强调学生是认知主体的同时，并不忽视教师的指导作用。教师要为学生创设良好的学习情境，提供多样化的信息来源，教师是意义建构的帮助者、促进者、支持者、引路人和评价者。学生应该认识到自己拥有解决问题的自主权，通过独立探究、合作学习等方式，努力使自己成为知识的积极建构者，逐步提高自控能力，学会自主学习，为终身学习打下良好的基础。

自主学习教学模式要求教师精心创设情境，启发引导学生充分参与，主动探究生物界的生命现象及其规律，教与学和谐统一，体现过程式、情境化的教学。

具体设计应该从以下几方面着手：

1. 教学目标分析

在以学为中心的教学设计中，进行教学目标分析的目的，是为了确定当前所学知识的“主题”。

2. 情境创设

创设与当前学习主题相关的、利于学生自主学习的、尽可能真实的情境。

(1) 创造民主、平等的师生交往和生生交往的新型关系，重建新型师生关系，创设自主学习氛围，充分发挥学生的自主性和创造性。

(2) 创设最佳的学习情境，激发学习动力系统。

教学的每一个策略，首先要考虑学生怎样学，深入研究学生的心理特征和思维规律，创设自主学习情境，激发学生的学习动力，因势利导，有效地促进学生自主学习，促进学生身心发展。

1) 创设客观探究情境，包括各种实验情境、直观情境、自然情境和社会情境等。学生在这种情境中，学得生动活泼，学得主动，智能得到发展。

2) 创设智力情境，包括各种问题情境等。教师要研究学生的“最近发展区”，找到新旧知识的最佳结合点，确定学生的“最佳发展高度”。设置问题情境，可促进新知识迅速同化于原有知识结构中。例如，如果从离体心脏的上腔静脉灌水，用绳扎住下腔静脉，水从哪个血管流出？从肺静脉灌水，水从哪个血管流出？从主动脉和肺动脉灌水，结果怎样？上述设问为血液循环途径的达标奠定了认知前提。除设置同化情境外，还可创设矛盾、不协调的情境，使学生产生巨大的内驱力，促进探索、思考等活动的开展，促进认知结构的修正与完善。例如，学生往往把单子叶植物须根中的小侧根（俗称毛毛根）误认为是根毛，可就此设置情境，试让学生从小麦须根系中找根毛，结果98%的学生找错了。学生异常惊讶，这时教师拿出根毛分布状态良好的小麦幼根让学生观察，结果在矛盾的心态中，学生的探索活动异常认真。

(3) 创设充分参与的情境，实现有意义的自主学习。

自主学习的重要特征是学生的全员参与、全程参与、全方位参与。

1) 给学生留出自主学习的时间，让学生有充足的时间去操作、思考、交流。

2）还给学生质疑的权利。教师要鼓励学生质疑问难，欢迎学生争辩、发表独立见解，保护学生的创新精神。

3）指导学生求知方法。达尔文说："最有价值的知识是关于方法的知识。"

4）开放自主学习的空间，如改变传统座位排序，采取马蹄型、花朵型等座位排列，创造民主、和谐的学习氛围。针对特定的学习内容，确定最佳的合作学习形式。如学习发散思维的内容，以小组内部的协作为宜。

3. 信息资源设计

信息资源设计是指确定学习本主题所需信息资源的种类和每种资源在学习本主题过程中所起的作用。对于应从何处获取有关的信息资源，如何去获取（用何种手段、方法去获取）以及如何有效地利用这些资源等问题，如果学生确实有困难，教师应及时给予帮助。

4. 自主学习设计

自主学习设计是整个以学为中心教学设计的核心内容。在以学为中心的建构主义学习环境中，常用的教学方法有支架式教学法、抛锚式教学法和随机进入教学法等。根据所选择的不同教学方法，对学生的自主学习应作不同的设计。

(1) 如果是支架式教学，则围绕事先确定的学习主题，建立一个相关的概念框架。框架的建立应遵循维果斯基的"最近发展区"理论，且要因人而异（因为每个学生的最近发展区并不相同），以便通过概念框架把学生的智力发展从一个水平引导到另一个更高的水平，就像沿着脚手架一步步向上攀登那样。

(2) 如果是抛锚式教学，则根据事先确定的学习主题，在相关的实际情境中选定某个典型的真实事件或真实问题（"抛锚"），然后围绕该问题展开进一步的学习，对确定的问题进行假设，通过查询各种信息资料和逻辑推理对假设进行论证，根据论证的结果制订解决问题的行动计划，实施该计划，并根据实施过程中的反馈，补充和完善原有认识。

(3) 如果是随机进入教学，则要创设能从不同侧面、不同角度表现学习主题的多种情境，以供学生在自主探索过程中随意进入其中任意一种情境中去学习。

不管是采用何种教学方法，在自主学习设计中均应认真考虑以下三个方面的问题：

1）要在学习过程中充分发挥学生的主动性，要能体现出学生的首创精神。

2）要让学生有多种机会在不同的情境下去应用他们所学的知识（将知识内化）。

3）要让学生能根据自身行动的反馈信息来形成对客观事物的认识和解决实际问题的方案（实现自我反馈）。

以上三点，即发挥首创精神、将知识内化和实现自我反馈，可以说是体现学生自主学习的三个基本要素。

5. 协作学习环境设计

设计协作学习环境，是为了在个人自主学习的基础上，通过小组讨论、协商，以进一步完善和深化对主题的意义建构。整个协作学习过程均应由教师组织引导，讨论的问题皆由教师提出。

6. 学习效果评价设计

包括小组对个人的评价和学生本人的自我评价。评价内容主要围绕三个方面：

（1）自主学习能力。

（2）协作学习过程中作出的贡献。

（3）是否达到意义建构的要求。

应设计出使学生不感到任何压力，他们乐意去进行，又能客观、确切地反映出每个学生学习效果的评价方法。

7. 强化练习设计

应根据小组评价和自我评价的结果，为学生设计出一套可供选择并有一定针对性的补充学习材料和强化练习。这类材料和练习应经过精心的挑选，既要反映基本概念、基本原理，又要能适应不同学生的要求，以便通过强化练习纠正原有的错误理解或片面认识，最终达到符合要求的意义建构。

以学生自主学习为主的教学设计是一种较好地体现终身学习、可持续发展等先进教育思想和理念的新型教学程式。目前，它在国内外都受到各方面的关注。它从某种意义上改变了教和学的方式，有助于实现学习方式的根本转变，值得研究和探讨，更值得在实践中尝试。

教学设计是在对教学系统中的各种要素（教师、学生、教学目标、内容、教学媒体等）进行科学分析的基础上，运用现代学习心理学理论，设计规划学习的程序、学习内容的呈现方式及学习结果的评价标准的过程。生物学教学设计的类型包括以传授生物学知识为主的教学设计、以培养科学方法为主的教学设计、以学生自主学习为主的教学设计等。每种类型教学设计的实际操作方法各不相同，但核心目标都是为了帮助学生更有效地进行课堂学习。

思考与活动

1. 为什么要进行教学设计？生物学教学设计的核心是什么？

2. 请你针对“以培养科学方法为主的学习内容”设计一个教学片段。

参考文献

1. 胡玉华. 初中生物课堂教学设计. 北京：同心出版社，2007
2. 王文胜. 生物新课程教学设计与案例. 北京：高等教育出版社，2003

[作者简介]

毕晓白，男，首都师范大学生命科学学院副教授。主要从事中学生物教学法的理论研究和教学工作。近年来，发表的论文有《关于程序探索教学的实验研究》、《培养学生科学探究能力初探》、《生物课堂教学中培养学生提出问题能力研究》等。

杨梅玲，女，河南省新密市教师进修学校高级讲师，主要从事中学生物学教育教学研究工作。近年来已发表两篇论文：《生物教学中元认知监控技能训练研究》及《〈普通高中生物课程标准〉与香港〈生物课程指引〉的比较及评析》。

第二讲
生物教学目标的设计

河南省新密市教师进修学校　杨梅玲
首都师范大学生命科学学院　毕晓白

教学目标的设计是教学设计的重要环节，是设计教学策略、检测教学效果、调控教学过程所不可缺少的基础性工作。在教学实践中常常有这样的情况，有的教师认为教学目标的设计可有可无，只是有时出于教案格式的需要，参照教学大纲或教学参考书中的教学目的要求列上两三条，而在教学过程中教学目标则被束之高阁；有的教师仅仅根据教材来设计教学目标，而对学习环境、学生基础等缺乏必要的分析，造成不同地区、不同学校的教师就某一节课所设计的教学目标千篇一律的情况；有的教师仅仅是在课堂上把教学目标告诉学生，或写在黑板的显要位置，然而并没有将目标作为设计和开发教学的关键成分，使目标游离于教学内容之外。鉴于以上状况，本讲主要谈谈如何科学地进行教学目标分析、如何规范地表述教学目标以及在制定教学目标时应注意处理好的几种关系。

一、教学目标概述

（一）教学目标的定义及层次体系

1. 教学目标的定义

教学目标是指教学中学生经过教学活动后要达到的预期的学习结果与标准。它是1934年美国俄亥俄州立大学的泰勒首先提出的。

2. 教学目标的层次体系

教育目的是通过许多具体的教学目标实现的。教学目标是一个多层次的教学目标体系，可以分成课程教学目标、单元教学目标、课时教学目标等不同的层次（见图3—1）。

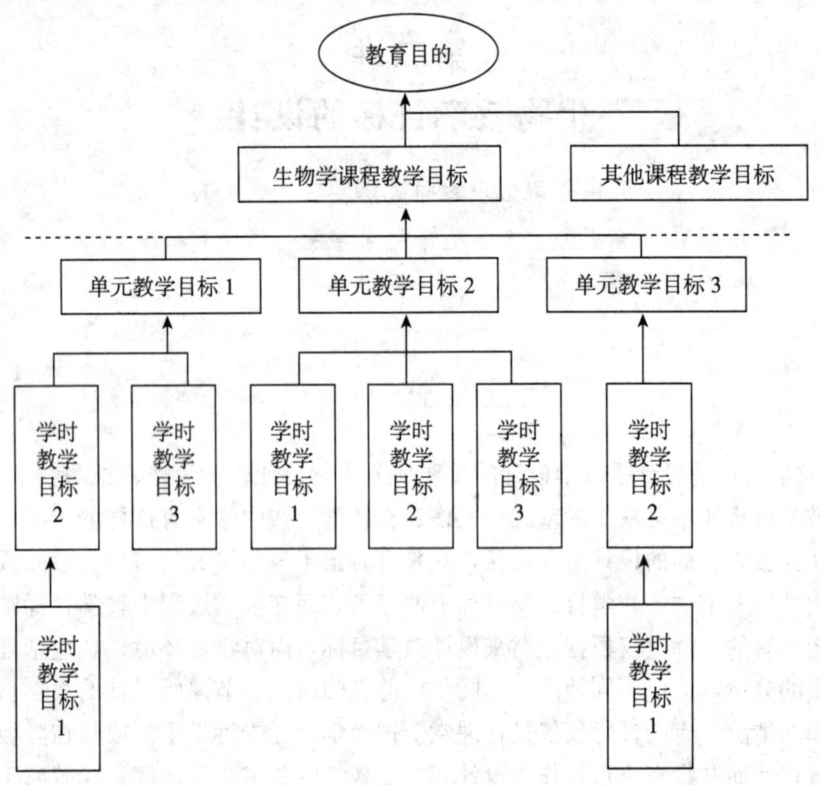

图 3—1　生物学教学目标体系图解

二、教学目标的功能

(一) 指导教学过程的功能

教学目标有指导教学过程的功能。明确详细的教学目标表明了学生学习之后要达到的“目的地”。而不够明确具体的教学目标则会使教学或学习误入其他地方，而本人还不知道走错了路。因此，合理制定教学目标能优化教学效果。达成目标后，还能增强学习者的成就感。

(二) 管理控制的功能

学校的教学管理也是围绕教学目标的实现进行的。通过考试等各种信息反馈，纠正教学中出现的偏差。教学活动应以教学目标达成为“度”，可以避免教师的时间、教学设备、教学经费的浪费和学习负担过重等问题，也可以防止教学投入过少，不能很好地完成教学计划、实现教学目标的情况发生。

（三）评价的功能

教学评价是提高教学质量和教师教学水平的重要一环，而教学评价是以教学目标为根据的，如高中毕业会考按照教学大纲中规定的目标进行。

教学目标的功能也有一定的局限性，如有人提出，事先明确具体的教学目标，有悖于发现法教学；还有人认为，以适度规范的形式编写的教学目标通常适用于较简单的低层次的学习，有些教学内容和许多心理过程，特别是一些较高层次的认知能力和情感因素是不能完全通过外显行为表现出来的。

三、布卢姆的教育目标分类理论简介

不同的教育心理专家对教学目标的分类是有所不同的。美国布卢姆的教育目标分类理论对我国教育教学目标的分类有着很深的影响。布卢姆将教育目标分成三个领域：认知、动作技能和情感领域。

（一）认知领域的目标分类

认知领域教学目标分为六级：

1. 知道

指对先前学习过的知识材料的回忆，包括具体事实、方法、过程、理论等。“知道”是这个领域中最低水平的认知学习结果。它所要求的心理过程主要是记忆（相当于加涅的分类中的言语信息），相当于初中《生物课程标准》中的“了解”水平。

2. 领会

指把握知识材料意义的能力。领会超出了单纯的记忆，是一种低水平的理解。这个层次对应了我国初中《生物课程标准》的“理解”水平。可以借助三种形式表明对知识材料的领会：

(1) 转换：即用自己的话或与原来的表达方式不同的方式表达，是一种最低层次的理解。

(2) 解释：用图表、数据等对一项信息进行说明或概述。

(3) 推断：即预测发展趋势。

3. 运用

把学到的知识用到新的情境中去。它包括概念、原理、方法和理论的应用。运用是高水平的理解。“运用”应以“知道”和“领会”为基础。

4. 分析

指把复杂的知识整体材料分解成组成部分，并理解各部分之间的联系的能力。如叶的结构分析，要求学生能分出叶的表皮、叶肉与叶脉，分辨出它们在形态结构功能上的差异，还能分析它们在功能上有什么联系。

5. 综合

将所学的知识各部分重新组合，形成一个新的知识整体。如对某科植物的不同属的特征进行比较后，提出这个科的进化趋势。又如，认识到生态环境因素会对叶的解剖结构产生影响，这就是综合的过程。

6. 评价

指对材料进行评价，如对生物学实验结果的分析、研究报告、论文等进行评价。如评价一个实验是否设计合理，实验数据是否可信，结论是否正确，一项研究具有什么样的价值等。评价是最高水平的认知结果。因为它要求超越原先的学习内容，并需要基于明确标准的价值判断。虽然我国的《生物课程标准》只有“了解”、“理解”、“应用”这三个层次，但分析、综合与评价等认知领域的目标分类都包括在其中了。

（二）动作技能领域的目标分类

动作技能涉及骨骼和肌肉的使用、发展和协调。动作技能是实验课、体育课、职业培训和军事训练科目中主要的教学目标。

动作技能教学目标分为七级：

1. 知觉

指运用感官获得信息，以指导动作。主要了解某动作技能的有关知识、性质和动作等。如在有关显微镜使用的技能中，认识显微镜的结构，了解有关显微镜操作的步骤及要求等就是“知觉”这一教学目标的要求。

2. 准备

指对固定动作的准备，包括心理定向、生理定向和情绪准备（愿意活动）。“知觉”是其先决条件。我国也有人将“知觉”和“准备”两个阶段统称为“动作技能学习的认知阶段”。

3. 有指导的反应

指复杂动作技能学习的早期阶段，包括模仿和操作错误。如学生学习使用显微镜时，一步一步地跟着教师操作，及学生在模仿过程中难免出现的错误操作。

4. 机械动作

指反应已经形成习惯，能自如地完成基本动作。这个阶段的学习结果涉及各种形式的操作技能，但动作模式不很复杂。如学生能自如地调节显微镜粗准焦螺旋，而不会出现调节方向与自己的意愿相反的错误，或能按照正确的方向移动载玻片。

5. 复杂的外显反应

指包含复杂动作模式的熟练动作，操作熟练、精确、迅速、连贯、协调和轻松稳定。如能熟练地使用显微镜，能很快地调节照明、焦点，找到样品。

6. 适应

技能的高度发展水平，学生修正自己的动作模式，以适应特殊的装置或满足具体情境的需要。如学生在熟练使用单目显微镜后，换成双目显微镜也能熟练使用。又如在光照较暗的条件下，能很好地调节显微镜的各种装置，以得到足够明亮的照明效果。

7. 创新

创造新的动作模式，以适合具体情境，强调以高度发展的技能为基础进行创造。如对动物进行手术的实验中，在熟练操作的基础上，用一种更合理的操作方法使切口更小、手术操作更精确等。

（三）情感领域的目标分类

情感领域的目标分为五级：

1. 接受和注意

学生愿意注意某些特定的现象或刺激。如乐意听教师讲保护动物的问题。该层次从低到高，又可以分为察觉、愿意接受、有控制的选择或有意的注意三个亚层次。

2. 反应

指学生主动参与，积极反应，表示较高的兴趣。如完成教师布置的观察校园植物的作业等，在课堂上愿意发言，认真做实验，按要求使用显微镜等。该层次从低到高，又可以分为默认的反应、愿意的反应、满意的反应。

3. 价值的评价

指学生用一定的价值标准对特定的现象、行为或事物进行判断。如对保护动物的问题有一定的见解，愿意把家长饲养的小鸟放生；崇敬生物课上所了解的科学家，愿意学习生物学知识，在与学习有关的行为上表现稳定性和持久性。该层次从低到高，又可以分为价值的接受、对某一价值的偏好、信奉三个亚层次。

4. 组织

指学生在遇到多种价值观念呈现的复杂情境时，将价值观组织成一个体系，对各种价值观加以比较，确定它们的相互关系及它们的重要性，接受自己认为重要的价值观，形成个人的价值观体系。如为保护环境，愿意少用或不用塑料袋和一次性用品。建立一种与个人的价值观体系协调的生活方式等，如建立在可持续发展价值观基础上的节俭的生活方式。但个人建立的价值观会因新的价值观的介入而改变，如为了方便高效而改变原有的节俭生活方式。该层次从低到高，又可以分为价值概念化、价值体系的组织两个层次。

5. 价值与价值观体系复合体形成的性格化

通过价值观体系的组织，各种价值被置于一个内在的和谐的构架之中，各种价值观的层级关系已经确定。个人的言行受其价值观的支配，观念、态度、信仰等融为一体，最终的表现是世界观的形成。这个阶段的行为是一致的和可以预测的。如在集体中表现合作精神，有责任感，坚持实事求是的科学态度等。该层次从低到高，又可以分为泛化心向、性格化两个亚层次。

四、我国生物学教育目标分类体系

我国基础教育课程改革提出了三维目标：知识与技能，过程与方法，情感态度与价值观。初中生物学课程标准中提出了知识、能力、情感态度价值观三维目标，其本质是相同的。

（一）国内学者对认知领域目标的研究分类

在中学生物学教学实践和研究中，许多教师和教学研究人员学习和借鉴国外知识目标分类体系的成功经验，并结合我国实际国情和生物学科本身的特点，尝试认知目标的研究工作。表3—1、表3—2展示了国内两种认知目标分类体系。

表3—1　　汪氏生物学认知目标分类体系

	类	亚类	目标行为特点
生物学认知领域	知识	再认、再现	记忆经验材料
	理解	转换、说明、推断	表达经验材料
	应用	事实原理性、原理事实性、原理应用性	将概念和原理应用于具体情况
	分析	要素分析、关系分析、价值分析、模式分析	对一个原有的整体材料加以分解
	综合	独特交流、方案设计、推导模式	将素材组成一个新的整体（创造性）

表 3—2　　周美珍生物学课程知识目标分类体系

	层次	含义
生物学知识领域	识记	对各类知识的回忆、辨认和保持
	理解	转换知识表达形式或作出解释
	应用	应用知识于新情境，解释新现象或新问题
	分析综合	对知识剖析、比较、重组和灵活运用

结合上述我国生物学知识目标分类体系，在笔者与笔者的学生的共同努力下，借鉴布卢姆认知领域的分类层级并将其细化，尝试构建了以下生物学知识目标分类体系（见表 3—3）：

表 3—3　　生物学知识目标分类体系

	层级	亚层级	基本含义
知识目标体系	记忆	再认	知识再次呈现的识别和辨认
		再现	知识的回忆
	理解	转换表达形式	图文转换、文图转换和其他符号形式的转换
		解释说明	知识的加工、整理和重排
		推测外延	根据内涵，逻辑推理外延
	应用	解释现象	运用所学知识，解释生物学现象
		解决问题	将所学知识运用于新情境，解决新问题
	分析	要素分析	分析内容的各个组成部分
		关系分析	分析各部分之间以及各部分和整体之间的关系
		组织原理分析	分析内容的组织方式和排列结构
	综合	进行独特的交流	将各要素组合成一个新的整体
		制订计划或操作程序	提出工作计划或操作计划
		推导出一组抽象关系	从一组命题或关系推导出另一组命题或关系
	评价	依据内在准则	根据内在逻辑的一致性判断
		依据外在准则	根据某一公认的准则判断

（二）初中《生物课程标准》的教育教学目标

1. 课程总目标

通过义务教育阶段生物课程的学习，学生将在以下几方面得到发展：

获得生物学基本事实、概念、原理和规律等方面的基础知识，了解并关注这些知识在生产、生活和社会发展中的应用。

初步具有生物学实验操作的基本技能、一定的科学探究和实践能力，养成科学思维的习惯。

理解人与自然和谐发展的意义，提高环境保护意识。

初步形成生物学基本观点和科学态度，为确立辩证唯物主义世界观奠定必要的基础。

2. 课程具体目标

（1）知识。

获得有关生物体的结构层次、生命活动、生物与环境、生物进化以及生物技术等生物学基本事实、概念、原理和规律的基础知识。

获得有关人体结构、功能以及卫生保健的知识，促进生理和心理的健康发展。

知道生物科学技术在生产、生活和社会发展中的应用及其可能产生的影响。

（2）能力。

正确使用显微镜等生物学实验中常用的工具和仪器，具备一定的实验操作能力。

初步具有收集和利用课内外的图文资料及其他信息的能力。

初步学会生物科学探究的一般方法，发展学生提出问题、作出假设、制订计划、实施计划、得出结论、表达和交流的科学探究能力。在科学探究中发展合作能力、实践能力和创新能力。

初步学会运用所学的生物学知识分析和解决某些生产、生活或社会实际问题。

（3）情感态度与价值观。

了解我国的生物资源状况和生物科学技术的发展状况，培养爱祖国、爱家乡的情感，增强振兴祖国和改变祖国面貌的使命感与责任感。

热爱大自然，珍爱生命，理解人与自然和谐发展的意义，提高环境保护意识。

乐于探索生命的奥秘，具有实事求是的科学态度、一定的探索精神和创新意识。

关注与生物学有关的社会问题，初步形成主动参与社会决策的意识。

逐步养成良好的生活与卫生习惯，确立积极、健康的生活态度。

五、学习（教学）目标的分析与描述

学习目标是指预期的学生学习结果或教学活动要达到的标准。对于教师而言，学习目标常被叫作教学目标。作为规定教学活动方向的重要指标体系，它既是评价教学过程的标准，又有指导教师进行教学策略选择、引导学生的学习活动的功能，是教学活动的出发点和归宿。

（一）学习目标的分析

一般说来，目标分析通常从提出问题入手，然后以解决问题为目的收集各方面信息，最后在分析这些信息的基础上制定教学活动的目标体系。具体来说，目标分析过程可以归纳为下列步骤：

1. 建立目标

即围绕教学内容，按照布卢姆或加涅等的目标分类体系，建立一系列具体的相关教学目标。

2. 提炼目标

即将前面建立的全部目标进行分类和比较，去掉那些重复和相似的目标，提炼那些模糊的目标。

3. 排列目标

即按照一定的标准（通常是目标对于实现目的的重要性程度）对提炼后的目标进行选择和排列，区别主要目标、核心目标与次要目标、支持目标，并明确它们之间的关系。

4. 再次提炼目标

即再次对目标进行提炼，确保目标的价值。这主要从两个方面入手：一方面，将已经确定的目标与现实教学活动一一进行比较，确定两者之间的差距，从而保证目标的必要性和可行性；另一方面，将已确定的目标与本学科总的教育目标进行对照，确定二者之间的相关性，以保证每个目标确实是围绕某个共同的目的而设计的。

5. 再次排列目标

即对目标进行最后的排列，形成教学设计的目标体系。

（二）学习目标的描述

明确了教学活动要达到哪些目标之后，紧接着要解决的问题是：如何科学地陈述这些教学目标，以保证所制定的教学目标是明确的、具体的、有效的。这是教学设计必须解决的重要技术问题。对此问题，教学设计者一般认为，教学设计中的教学目标必须是行为目标，因为只有行为术语才能够清楚、具体地表述学生通过教学以后能够做什么。教学目标的陈述应注意以下三点：（1）教学目标陈述的是预期学生学习的结果，包括认知、情感、动作技能三个领域。（2）教学目标的陈述应力求明确、具体，可以观察和测量，尽量避免用含混不清或不切实际的语言陈述目标。（3）目标的陈述应反映学习结果的类型：从目标导向教学设计的全过程考虑，宜采用加涅的学习结果分类理论；从目标导向教学结果的评价来考虑，可以采用布卢姆的教育目标分类理论。

1. 案例分析

请你阅读下面这个案例，找出其教学目标表述中存在的问题：

案例一　　初一生物 “探索生物的奥秘”

教学目标：

1. 了解大自然的多姿多彩与神奇奥秘，激发学生对生物的兴趣。
2. 为什么要学习生物。
3. 怎样学习生物。

通过上面这个案例，我们可以看出许多一线教师在教学目标的表述上还存在许多问题。教学目标的行为描述方法将教学的结果表述为一系列可以直接观察的行为，因此有利于教师进行教学过程的控制、教学方法的选择，以及对教学结果的检测。但是，如何能用准确的行为动词来描述教学目标呢？

2. 马杰的教学目标表述 ABCD 法

我们可以用这样的话来描述“识记动物细胞的结构”这个教学目标：“学生能够对照没有注解的动物细胞模式图，说出图中各个结构的名称，不发生错误。”这句话通过教学对象（Audience，A）、行为（Behaviour，B）、条件（Condition，C）、水平或标准（Degree，D）四个组成部分描述了一个具体的教学目标，句型一般为“教学对象在一定条件下，完成某个行为，并达到一定的水平或标准”。如果学生能够完成这种行为，则认为已经实现了教学目标，这种描述教学目标的方法称为 ABCD 法。

由于教学目标可以分成知识、能力、情感等多个领域，而对于每个领域又有不同的掌握水平，因此描述这些不同层次的目标，就要用到不同的动词。在表 3—4、表 3—5 中给出了描述不同领域、不同层次的教学目标的一些常见行为动词，老师们在编写教学目标时可以借鉴。

表 3—4　　初中《生物课程标准》中的各领域目标及行为动词

动词类型	各水平的要求	内容标准中使用的行为动词
知识性目标动词	了解水平：再认或回忆知识；识别、辨认事实或证据；举出例子；描述对象的基本特征等。	描述，识别，列出，列举，说出，举例说明
	理解水平：把握内在逻辑联系；与已有知识建立联系；进行解释、推断、区分、扩展；提供证据；收集、整理信息等。	说明，举例说明，概述，区别，解释，选出，收集，处理，阐明
	应用水平：在新的情境中使用抽象的概念、原理；进行总结、推广；建立不同情境下的合理联系等。	分析，得出，设计，拟定，应用，评价，撰写
技能性目标动词	模仿水平：在具体示范和指导下完成操作。	尝试，模仿
	独立操作水平：独立完成操作；进行调整与改进；与已有技能建立联系等。	运用，使用
	经历（感受）水平：从事相关活动，建立感性认识。	体验，参加，参与，交流
情感性目标动词	反应（认同）水平：在经历基础上表达感受、态度和价值判断；作出相应反应等。	关注，认同，拒绝
	领悟（内化）水平：具有稳定的态度、一致的行为和个性化的价值观念等。	确立，形成，养成

表 3—5　　布卢姆的认知领域层次及行为动词

学习目标层次	可参考选用的动词
知道	为……下定义、说出（写出）……的名称、复述、排列、背诵、辨认、回忆、选择、描述、标明、指明
领会	分类、叙述、解释、鉴别、选择、转换、区别、估计、引申、归纳、举例说明、猜测、摘要、改写
运用	运用、计算、示范、改编、阐述、解释、说明、修改、制订计划、制定……的方案、解答
分析	分析、分类、比较、对照、图示、区别、检查、指出、评价
综合	编写、写作、创造、设计、提出、组织、计划、综合、归纳、总结
评价	鉴别、比较、评定、判断、总结、证明、说出……的价值

3. 内外结合法描述教学目标

很多知识领域的教学目标可以用简单的行为描述方法来进行阐明，但是能力、情感领域的教学目标难以做到这一点，因为能力或情感是内化于学习者自身的，并不一定通过外显的方式表现出来。因此，有时需要在描述外在行为的同时，描述学习者的内在变化。

比如，描述“培养热爱自然的情感”这个教学目标，就可以采用下面的方法：“培养学生热爱自然的情感，使学生能够喜欢在自然环境下活动，喜欢饲养并照料动物或植物，对破坏自然的行为产生反感的情绪并予以制止。”这样，就在描述一个内在情感变化的同时，用一些外在的行为对其进行了说明，使教学目标得以精确化。这种内外结合的方法特别适合于描述情感、能力领域的教学目标。

六、生物教学目标设计应注意的问题

（一）教学的总体目标与具体目标之间的关系

每一门课程都有其总体目标，总体目标的达成依赖于教学过程中各个单元的教学效果。这里所说的总体目标相当于我国中学生课程标准中的总体目标，前文已有陈述。这样的总体目标要靠一个个教学单元来落实。而就某个具体的教学单元来说，这些总体目标显然又过于宏大和遥远，这就需要就该单元制定更为具体的教学目标。这里所说的教学目标，是指预期学生在完成一个学习单元的学习后所获得的学习结果。

例如，初中“生态系统”一节的教学目标包括：用语言描述草原上草、食草昆虫、兔、食虫鸟、杂食性鸟和鹰等生物之间的相互关系；用自己的语言说明生态系统的含义；对于给定的生态系统中的各种生物，辨别哪些是生产者，哪些是消费者，哪些是分解者；用自己的语言解释生态平衡；举出生态平衡遭到破坏的实例；对于教师或学生提供的行为实例，鉴别哪些行为有利于保持生态平衡，哪些行为会破坏生态平衡。

教学目标是课程总体目标在特定教学单元中的具体体现。根据教学内容体系的不同，不同单元的教学目标既可以是彼此并列、共同从属于总体目标，又可以是彼此之间有一定的上位和下位关系，按照教学顺序，逐渐靠近总体目标。前者如某些以社会问题为中心的课程，还有我国新近开发的综合实践活动课程；后者如传统的学科课程。

上面所说的教学目标与总体目标的关系似乎是显而易见的。但是在教学过程中，除知识和动作技能目标外，不少教师所设计的教学目标其实都是总体目标，如"培养学生的观察能力、实验能力"，"培养学生实事求是的科学态度"等，有的甚至将创新精神和实践能力当作一堂课的教学目标。

（二）目标的全面性和时空的有限性

我国中学《生物课程标准》列出的课程目标包括知识、态度观念和能力三个方面。这些目标固然不能在一节课或一个教学单元中全部体现，比如有关动作技能的目标就很难在没有实验的教学单元中体现；但是，一节课或一个教学单元的教学目标又是多方面的，大都包括知识、态度观念和能力三个方面。一个教学单元的教学目标是全方位的，但是，教学单元的教学内容、教学时间和活动的空间等都是有限的。教学目标的全面性与时空的有限性之间存在着矛盾。如何妥善地处理好这一对矛盾，实现二者的对立统一，是进行单元教学设计时不可回避的问题。

首先，应当确定该单元的首要目标，这要通过对具体教学内容作深入的分析，在不同教学目标间进行权衡才能做到。例如，初中"种子的萌发"一节，可以将"通过实验，说出影响种子萌发的外界条件，并作出有说服力的解释"作为主要目标，显然，这一目标属于智慧技能目标。整个教学设计就可以围绕着这一主要目标来进行。如果将"列举影响种子萌发的外界条件，并举实例说明"作为主要目标，教学设计就会走向另一轨道，因为这一目标是属于言语信息领域的，仅靠教师讲授或学生阅读有关信息就可以达成，做实验反而多余了。

其次，对其他目标也不能忽视。其他教学目标与首要目标之间有着密切的关系。其中有的可能是首要目标的前提或条件，可称之为先决技能目标。例如，在"种子的萌发"一节中，"种子的概念"、"种子的结构"等言语信息就属于先决技能，教师在课堂上不必讲授，是否让学生回忆，可以视学生情况而定。有的可能对首要目标起支持作用，可以称之为支持性目标。例如，在"种子的萌发"一节中，学生做实验的有关动作技能、是否喜欢做这个实验以及观察是否仔细等态度，都是支持性目标，教师在这些方面制定明确而合理的目标，有利于在教学设计中有的放矢，设计好有关教学环节，从而较好地达到首要目标。

（三）目标的指向性和可检测性

这里牵涉到目标的表述问题。总体目标可以是高度概括，以求提纲挈领之功效，但较为模糊，只能为教学设计提供宏观指导，而不可能直接成为教学设计的具有操作性的指令。要搞好教学设计，必须将总体目标转化为教学目标，表述要详细、具体，并且要用行为术语。之所以要用行为术语来描述，是因为行为是可观察、可测量的，这样表述的目标才能使教师较好地测量学生的学习成绩，知道什么时候目标已经达到，当然也有利于学生进行自我检测和评价。

用行为术语表述认知领域和动作技能领域的教学目标比较容易，用行为术语表述智慧技能领域和态度领域的教学目标则稍有难度，需要教师深入分析学生在这两个领域可能表现出的各种行为，从中选出只有达到教学目标后才能表现出的行为，再用这种具体行为来描述目标。例如，在进行使用显微镜的教学时，学生应有的态度之一是爱护显微镜。但是，如果直接将“爱护显微镜”作为态度目标，则仍嫌笼统，不能表明怎样才能观察到学生是否达到了这一目标。如果将目标表述为“对显微镜做到轻拿轻放，使用完毕，做到将显微镜小心地放回原处”，就比较容易观察、便于检测了。关于教学目标的设计，还有一些问题需要考虑，如教学目标对学生的针对性、教学目标的层次性、各领域目标的联系和互动等，本讲限于篇幅，不再一一赘述。

教学目标是指教学中学生通过教学活动后要达到的预期的学习结果与标准。生物学课程目标可以分为不同的层次体系。在制定目标时，可以借鉴布卢姆的教育目标分类体系，运用马杰的ABCD目标编写法，编写出具有针对性、操作性、可测量的学习目标。设计目标时，要兼顾总体目标和具体目标的关系，要注意目标的全面性和时空的有限性，考虑目标的指向性和可检测性。

思考与活动

1. 请对布卢姆的认知领域层次中的可操作性行为动词进行丰富和补充。
2. 请任选初中生物学的一节课，制定出科学规范的学习目标。

参考文献

1. 王文胜. 生物新课程教学设计与案例. 北京：高等教育出版社，2003
2. 赵占良. 关于生物学教学目标设计的几个问题. 生物学通报，2001（6）

第三讲
生物教学内容的设计

北京教育学院 许 琼

要上好一节课，首先要有明确的教学目标，要实现这一目标，还需要对课堂教学有整体的规划，力求预先制定的目标顺利实现。合理安排教学过程中的各个内容（知识点）是教学设计的主要工作内容，也是作为课堂教学的设计者——教师投入时间精力最多的部分。能够做到对课堂上各个内容知识点的掌握、操纵心中有数，需要教师带着脚本（教案）上场，而这个脚本的出台需要教师具备一定的驾驭课堂的技巧和能力，只有通过科学合理地进行课堂教学设计，才能让这些技巧和能力有效地发挥作用，使课堂上呈现环环相扣、按部就班、起伏有度、衔接自然的愉悦场面。

一、确定一节生物课的总体思路

作为一节课的主导者——教师，在教学目标确定之后，在进行教学内容设计的整个过程中，首先要明确一节课的总体思路，即这节课的主线是什么。这个主线既由生物教材的文字内容所决定，又由这部分内容在生物学科研究中的地位所决定，还由教材选取这个内容的用意所决定。把这些明确了，教师才能进入对各个教学知识点的分析，才能对各个教学内容进行合理教学步骤设计。

（一）明确生物教材编写的主线

不同版本的生物教材，章节名称及编排顺序的区别很大，有的是按人体、植物、动物、微生物、生态、进化的顺序，以生物学科的不同学科分支为依据进行编排；有的是按生物的生存方式，如食物营养获取、消化、呼吸、物质运输、运动、生殖、生长和发育的顺序编排的。

20 世纪尤其是 1949 年以来，一般编写生物教材的主线以“进化”的观点串联，90 年代以后，新的中学生物教材中增加了“生态”的主线，出现了两条知识主线并存的局面。概括起来，教材中这两条主线即为：进化的主线和生态的主线——前者是教材中隐含的理解生物学实质的时间线索，后者是教材中隐含的理解生物学实质的空间线索。

先来回顾一下“进化”。自1859年达尔文在其著作《物种起源》中公开其研究的主要论点——“进化论”之后，科学界就已经将其与生物学的另一重大理论“细胞学说”，加上物理学的“能量守恒”，并列为20世纪的三大科学发现，其理论价值不言而喻。其实在人类目前研究的认识阶段，使生物学不同分支学科联系起来的唯一重要的主题就是——进化。这一理论不仅推动了人类认识世界的步伐，而且将生物科学研究提升到一定的理论高度。

进化论所传达的观念是“变化”与“发展”。其主要观点可以表述为：所有的生物都是由祖先经过长时间地适应环境并做相应的变化发展而来；这些变化会造成一些有机体灭亡，也会造成今天的生物多样性。观点中，“适应环境”和“造成多样性”是我们理解教材内涵的着眼点。

进化论中最为人们所熟悉的就是“物竞天择、适者生存”这八个字，其所表达的含义在生物学研究中举足轻重。在初中阶段的生物学学习中，当简述进化的总体趋势时，生物的变化和发展规律一般可以描述为：“从简单到复杂，从水生到陆生，从低等到高等。”

那么什么是“生态”？生态就是生物生存的环境。没有一个生物能够离开空间的某处，完全不依赖于其他生物或周围环境，而自己孤立地生存。生物在一生中需要与环境不断地交换物质和能量。只要是活的生物体，就具有与周围环境相互作用、移动和适应的能力，就能够自我调控、代谢和生长。

至此，我们已经看出，生物学科的这两条主线，包括了时间线（进化过程）和空间线（生态环境）两个方面。因此在进行初中生物课堂教学内容设计时，不论要讲的内容是哪个具体章节，头脑中要有对这两条主线的把握，因为它们一直就包含在教材内容中。

（二）明确生物教材内容的主题

生物科学是自然科学中的基础学科之一，是研究生物现象和生命活动规律的一门科学。那么，什么是生命？生命是地球上化学进化到一定阶段才出现的特殊系统，是物理运动的高级形式。它建立在物理、化学的规律上，但又不是完全归结为物理、化学的规律。恩格斯曾经给生命下过一个定义：生命是蛋白质的存在方式，这种存在方式本质上就在于这些蛋白质的化学组成部分的不断的自我更新。

什么是生物体？生物体由物理化学物质组成，并表现出高度复杂性，可以自我调控，具有代谢能力，并可以随时间推移延续自己。活的生物体是由大分子物质，如蛋白质、脂质、核酸、多糖，和更小有机分子及无机分子，经高度精细的排列而组成的。活的生物体建立起调节机制，与外界环境相互作用，维持其结构和功能的完整性。

什么是生物学（生物科学）？它是研究生命的科学。它既研究生命的形态、结构、分类、化学组成与代谢变化、生理功能及其调节控制、生长发育、遗传变异等生命现象的本质，又研究生命之间、生命与环境之间的相互关系以及生物的胚胎发育、种系演变的规律和机理等。同这些研究内容相对应，生物学的研究划分为上百个分支学科。

而生命科学是综合运用现代科学探讨生命本质，特别是人类各种生命活动本质的科学。严格来说，它不仅包含生物科学的各个分支领域，而且还与环境科学和社会科学有着密切联系。

中学生物学教学要履行科学教育的职责，要完成公民对生物学知识有正确认识的任务。因此，我们一方面要将生物学放在科学的范畴，去理解它的学科地位，另一方面又要找到生物学不同于化学、物理学等其他自然科学的学科价值。在明确生物与非生物区别的基础上，进一步明确在进行生物学研究时既可以运用自然科学研究的理论和方法，又要突出生物学有别于其他自然科学研究的独有方法和条件。

生命活动的本质是生存和生殖。生存无外乎是通过各种方式获取营养，比如：吸收水和矿物质，采集植物与捕食猎物。生殖无一例外是围绕着如何将后代更多、更好地延续下去的目的。生物体与自然界其他事物相互区别的特征，即生物体通常都具有的特征（即生物与非生物的区别），被研究者归纳为以下几点：

（1）生物能够运动（垂直方向与水平方向的移动）；

（2）生物具有应激性（对刺激有反应）；

（3）生物能够生长和发育；

（4）生物能够适应环境；

（5）生物能够繁殖与自己相像的后代；

（6）生命活动表现出新陈代谢过程（呼吸、循环、排泄、消化等）。

上述特征以及未详细列出的特征，在生物的一生中并非同时出现，有时随着生长和发育顺序出现，有时随季节与环境而表现明显或不明显。尽管我们在研究生物时，往往从某个器官或结构着手。但当我们提到生物时，应当把它作为一个整体来看待。因此，当学生问“种子或果实算不算生物”时，教师应该回答：只有种子萌发成为幼苗——新植物体，才算生物。

思考一下，对于研究者归纳的生命的基本特征，你的理解是否与之有出入。如果专家的概括还有可补充之处，请在讨论与交流的基础上达成共识。

在初中《生物课程标准》中，为生物教学确立了生物教学内容的十个一级主题：即

（1）科学探究；

（2）生物体的结构层次；

（3）生物与环境；

（4）生物圈中的绿色植物；

（5）生物圈中的人；

（6）动物的运动和行为；

（7）生物的生殖、发育与遗传；

（8）生物的多样性；

（9）生物技术；

（10）健康地生活。

对于《生物课程标准》中确立的十个一级主题，你有什么自己的想法？这十个主题是否覆盖了生命所有的基本特征？你自己的意见如何？

（三）明确这节课在科学课程中的地位

多数情况下，我们在设计一节生物课时，教学目标的确定可以借助教学参考书中的描述。其实，教参中的描述也是起始于《生物课程标准》的说明。因此，最有效的教学目标应该是在充分理解《生物课程标准》说明的基础上完成。通过《生物课程标准》中较为宏观的说明，更容易理解一节课的知识内容在整个教学活动中的地位。

其实对于"知识"，当前国际社会也有新的认知，出现了新的定义。比较被认可的是世界经济合作与发展组织（OECD）对知识做的如下分类：

"知道是什么"的知识 know-what（知事之知）；

"知道为什么"的知识 know-why（知因之知）；

"知道怎样做"的知识 know-how（知窍之知）；

"知道是谁"的知识 know-who（知人之知）。

1996 年，OECD 在科学与技术和产业展望的报告中强调，"一个崭新的"以知识为基础的经济时代正在到来。以往人们只注重事实方面的知识（know-what）、原理和规律方面的知识（know-why），而时代要求人们掌握上面提到的四种知识。知道怎样做的知识（know-how）是做某些事情的技巧、诀窍和能力；涉及知道谁和知道怎样做的知识（know-who，know-how）是如何做某些事情的信息，它包含了特定社会关系的形成，即有可能接触有关专家，并有可能有效地使用他们的知识。

由于前两种知识可以用语言、文字、符号、图形等手段或载体显示，学习者可以通过收集、阅读、聆听等手段习得；

后两种知识则存在于知识拥有者的头脑中，是知识拥有者隐含经验类知识的体现，难以编码化，因此常常难以交换和传递。

依照这样的观念，在生物教学的课堂上，“是什么”的知识，对应的是介绍生物学基本事实、概念、原理的知识；“为什么”的知识，对应的是对于“生物体变化规律、演变过程”进行解释的知识；“怎样做”的知识，对应的是“相关的结构所表现的生物学功能的知识”以及如何解决问题的知识；“知道是谁”的知识，可以理解为与生物科学家及生物科学发展史有关的知识，以及有问题应该向谁请教的知识。

教师在课堂上最不会忽略的是“知道是什么”的知识，即生物学事实性的知识；能够注意到的是“知道为什么”的知识和“知道怎样做”的知识；而对于“知道是谁”的知识，在以往的课堂上，教师甚至没认识到这也属于知识范畴，是可以通过教学活动教给学生的。

对于以上四类知识，在进行教学内容设计时，思路应该有所不同。教师应该如何着手操作呢？出发点还应该是《生物课程标准》。

首先，《生物课程标准》中明确提出，课程的总目标是：

通过义务教育阶段生物课程的学习，学生在以下几个方面得到发展：

1. 获得生物学基本事实、概念、原理和规律等方面的基础知识，了解并关注这些知识在生产、生活和社会发展中的应用。

2. 初步具有生物学实验操作的基本技能、一定的科学探究和实践能力，养成科学思维的习惯。

3. 理解人与自然和谐发展的意义，提高环境保护意识。

4. 初步形成生物学基本观点和科学态度，为确立辩证唯物主义世界观奠定必要的基础。

其次，在课程的具体目标中又有如下说明：

1. 知识

获得有关生物体的结构层次、生命活动、生物与环境、生物进化以及生物技术等生物学基本事实、概念、原理和规律的基础知识。

获得有关人体结构、功能以及卫生保健的知识，促进生理和心理的健康发展。

知道生物技术在生活、生产和社会发展中的应用及其可能产生的影响。

2. 能力

正确使用显微镜等生物学实验中常用的工具和仪器，具备一定的实验操作能力。

初步具有收集和利用课内外的图文资料及其他信息的能力。

初步学会生物科学探究的一般方法，发展学生提出问题、作出假设、制订计划、实施计划、得出结论、表达和交流的科学探究能力。在科学探究中发展合作能力、实践能力和创新能力。

初步学会运用所学的生物学知识分析和解决某些生活、生产或社会实际问题。

3. 情感态度与价值观

了解我国的生物资源状况和生物科学技术发展状况，培养爱祖国、爱家乡的情感，增强振兴祖国和改变祖国面貌的使命感与责任感。

热爱大自然，珍爱生命，理解人与自然和谐发展的意义，提高环境保护意识。

乐于探索生命的奥秘，具有实事求是的科学态度、一定的探索精神和创新意识。

关注与生物学有关的社会问题，初步形成主动参与社会决策的意识。

逐步养成良好的生活与卫生习惯，确立积极、健康的生活态度。

从以上内容，我们可以确定生物学的事实、概念、原理和规律的知识，培养能力的内容，以及情感态度价值观的内容，即通常所说的三维目标，但是在进行教学设计时，在完成不同维度的目标时，采用的教学策略和方法、课堂组织的方式、媒体的配合应该有所不同。与此同时，每一章内容中的每一小节及其中的小标题，所要突出的主题和介绍的知识可能会有所不同，在教学设计时也要区分开来。

例如：北京版教材《生物》（七年级上册）第四章第二节“人和动物的营养”的教材内容，其各个内容知识点相互之间的关系如图 3—2 所示：

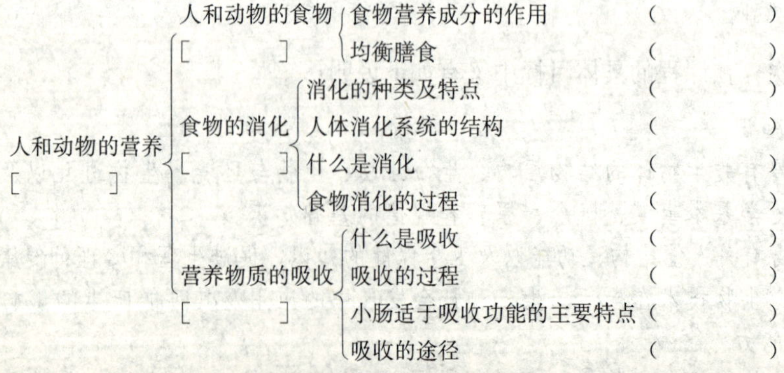

图 3—2　人和动物的营养

针对第四章第二节“人和动物的营养”的编排思考以下问题：（1）该节内容涉及了《课标》中“十大主题”的哪些部分？（2）从中可以看出生物教材包含的两条主线吗？（3）在“[　]”中写出该标题要强调的概念主题是什么？（4）在“(　)”括弧中写出该标题要讲解的重要内容是什么？（5）本节内容在北京版教材的“本章提要”模块中，用了与节标题略有出入的“人和动物的消化与吸收”。这是为什么？说出你的想法。（6）用同样办法对其他章节进行归纳。

二、分析教材内容的基本方法

（一）归类分析法

将学习内容归类，确定其中的知识点。用这种思路考虑的是各个知识点相互并列，基本没有从属关系、包含关系的教学内容。

例如：人教版《生物》（八年级上册）第五章“细菌和真菌在生物圈中的作用”的学习内容归类（见图3—3）：

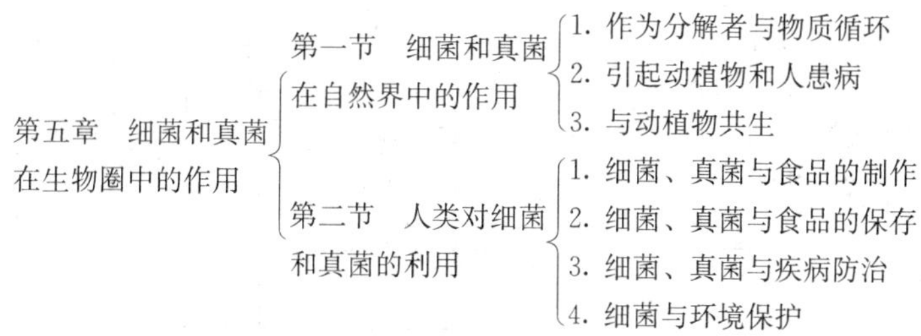

图3—3　细菌和真菌在生物圈中的作用（归类分析法）

对于教师备课，这种归类分析法至少可以使你上课时不会漏掉知识点；对于学生学习、复习及应考，也同样在复习或做类似“简答：细菌和真菌在自然界中的作用”的考试题时，不会漏掉答题要点。

（二）图解分析法

用联络图的方式，勾画某节、某章或某个单元的知识点之间的关系。一些教师要求学生画思维导图，以检测学生理解的程度，其实，对教师自身而言，在进行教学的内容设计时，画联络图也是一个好的方法。

例如：人教版《生物》（八年级上册），第二章“动物的运动和行为”的学习内容按第一个“归类分析法”呈现如图3—4所示的情况：

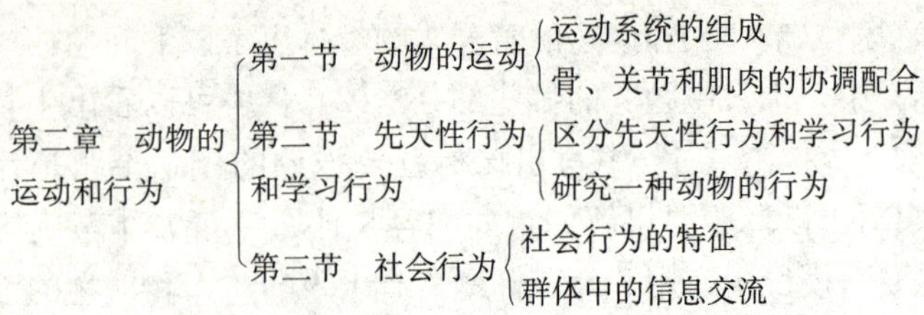

图 3—4 动物的运动和行为（归类分析法）

如果按图解分析法，对教材的理解可以更深入，梳理教材可以更符合逻辑（见图 3—5）。

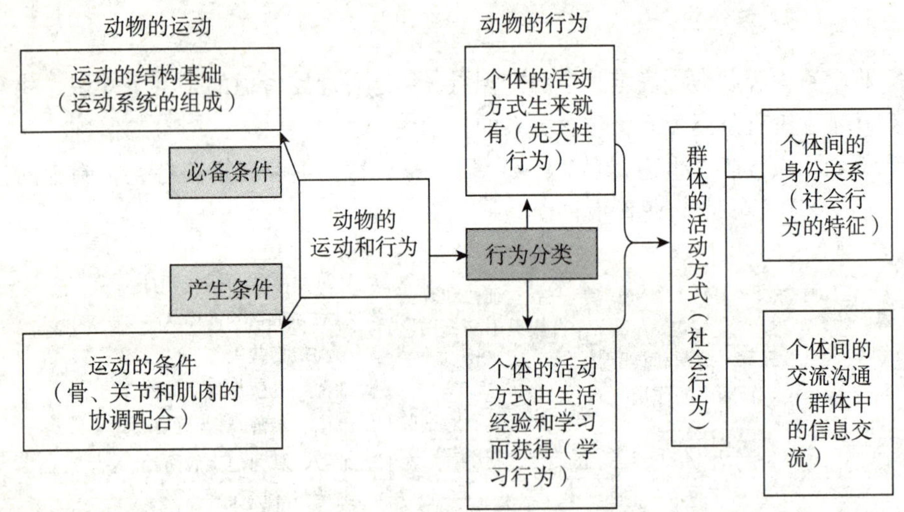

图 3—5 动物的运动和行为（图解分析法）

（三）层级分析法

用这种方式分析教材时，先要判断教材内容是否可以找出内在的联系。如对于生物学研究的层次，从微观到宏观，可以归纳成如图 3—6 所示关系：

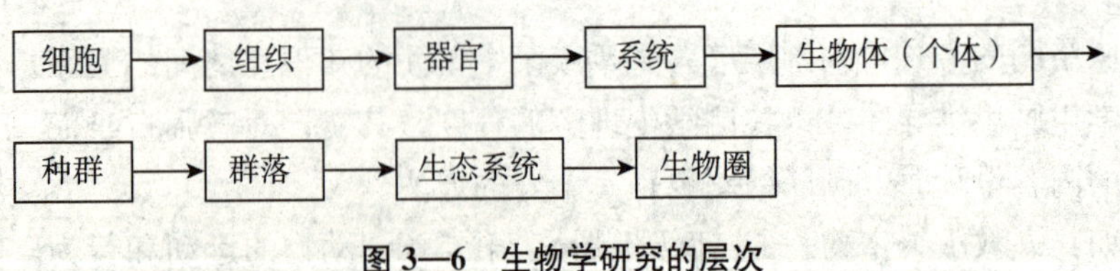

图 3—6 生物学研究的层次

继而找寻教材内容是否有上位知识和下位知识之间的关系，如果有，是谁和谁。例如进化的观点，包括哪些具体内容——“适者生存，不适者被淘汰”、“自然选择”、“低等到高等”、“适应”，等等。区分其中哪些是生物学事实，哪些是生物学概念。

（四）信息加工分析法

信息加工分析法强调学习者学习时的心理过程，重点在于了解使学生出现学习困难的关键点在哪里。该方法的实施过程也可以简单地认为是教学设计时找教学难点的过程。

在实际工作时，对一节课的分析，通常需要不止一种方法，这是因为：首先，每位教师的思维方式不同，对教材的看法就会不同；其次，教材的具体编排不同，对内容的因果关系的解释也会不同；最后，学生的理解能力也不尽相同。因此，分析教材的方法的名称不是最重要的，最重要的是，教师自己的思路有条理，逻辑关系明确。

三、教学环节的设计

决定教学效果的因素非常复杂，教学目标设定之后，还要保证如何更好地控制教学目标的指向，以及各个内容的有条不紊的操作，这就要求教师要有对事物综合、系统地考虑的能力，将错综复杂的线索整理出清晰的脉络，协调各内容之间的关系，这时的教师如同决策者或战略家。

教学过程的内容编排是教学设计的主体，作为课堂教学的设计者——教师，在此处投入的时间和精力最多。关于对教与学的活动进行计划安排的观点早已有之，然而争议也一直存在。一开始，教师和教育研究工作者把主要精力放在探索学习机制和教学机制方面，因此对教学过程中涉及的教师、学生、教学内容、教学方法、教学手段等环节以及各个环节之间的关系、相互作用进行了较为细致、长期的研究，但是对于在整个教学活动中各个环节的配置、协调，一直以来仅仅按照以往的教学习惯，经验式地去安排和计划。如何将各个环节合理科学地设计编排，如何才能既要遵循教育理论的研究结果，又要联系学生实际，还要把临堂积累的有关经验实施进去，这是我们需要一直探索的。

（一）教师思维的过程——教学设计在课堂实践中的一般程序

有一种较为适用于课程、教学单元和课堂教学的教学设计程序，如图 3—7 所示：

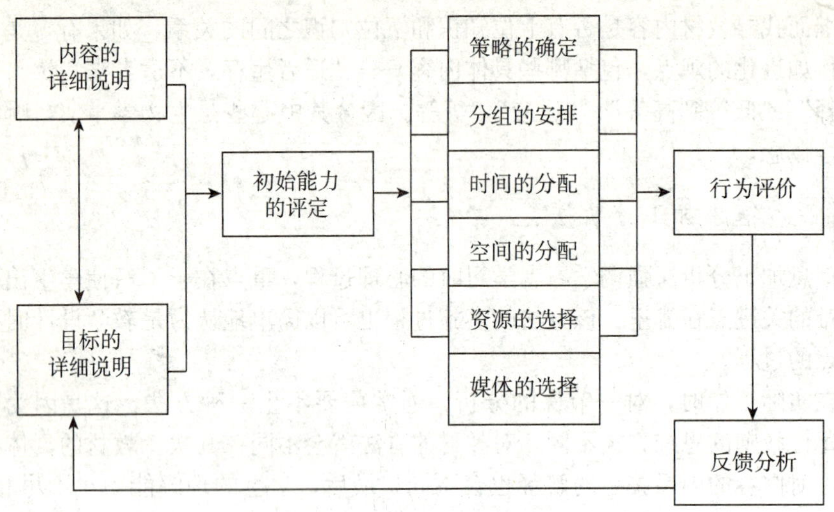

图 3—7　教学设计程序

在图 3—7 所示的程序中，包含了教学设计的三个基本思维流程：

（1）教学目标——我们期望学生学会什么？

（2）教学策略和教学媒体——为达到预期目标，教师将如何完成教学任务，学生将如何进行学习？

（3）教学评价——在进行学习的过程中，我们如何及时获取反馈信息？

关于“我们期望学生学会什么”，即有关教学目标确定的问题，我们已经进行过探讨。对于教学评价的研究，也会出现在其他讲之中。在此，我们着重探讨“为了达到预期的目标，教师将如何完成教学任务，学生将如何进行学习”的问题。

怎样理解“教学设计”，各个时期的研究者有各自不同的解释，国际上著名的教育心理学家加涅在其著名的《教学设计原理》一书中，以及在我国学者何克抗、乌美娜教授的论文中都对“教学设计”进行过解读。综合各家阐述，可以将“教学设计”理解为：“教学设计是运用系统方法，将学习理论与教学理论的原理转换成对教学目标（或教学目的）、教学条件、教学方法、教学评价等教学环节进行具体计划的系统化过程。”

这个定义的内涵所包括的基本属性为：

（1）教学设计的研究对象是用系统方法对各个教学环节进行具体计划的过程。

（2）指导计划过程的主要理论基础（即教学设计的主要理论基础）是学习理论和教学理论。

教学设计本身并不研究教学的本质和教学的一般规律，它只是在教学理论、学习理论的指导下，运用系统方法对各个教学环节（教学目标、条件、方法、评价等）进行具体的设计与计划，换句话说，它是介于教学理论、学习理论与教学实践之间的桥梁或环节。它被教学研究者称为“桥梁学科”，即理论与实践之间的桥梁，是对各个教学环节进行具体设计与计划的应用性学科。

（二）教师要控制的因素——教学内容设计的总体流程

这里要探讨的是，教学内容设计在理论研究水平上的一般程序。教学设计的程序因设计任务及设计者的不同而呈现多种形式。对整个教育系统设计和课堂教学设计均适用的是美国教育心理学家加涅和布里格斯的教学设计程序。他们把教学设计程序分为 14 个步骤。这一程序分别在教育系统级、课程级和课堂级的水平上进行。它们是头脑中思维过程的流水线。

（1）分析需求、目的及需要优先考虑的部分；

（2）分析资源和约束条件及可选择的传递系统；

（3）确定课程范围和顺序，设计传递系统；

（4）确定某一门课的结构和顺序；

（5）分析某一门课的目标；

（6）确定行为目标；

（7）制定课堂教学计划；

（8）开发、选择教学材料和媒体；

（9）评定学生行为；

（10）教师方面的准备；

（11）形成性评价；

（12）现场试验及修改；

（13）总结性评价；

（14）系统的建立和推广。

在中国实施时，有人整理出以下具体环节：激发学习动机——复习旧课——讲授新课——巩固运用——检查。

在这个教学的流程中，教师需要考虑添加的因素可以有很多，但是基本的环节一定不能缺少“导入、展开、结束”这三个步骤。下面我们分别探讨这三个步骤。

1. 导入

新的课程标准强调“教师为主导，学生为主体”的教育观念，那么对于“主导”应该怎样去理解？“主”有负责任的意思，教师在课堂要负责去“导”，那么

“导”的内容是什么？由“导”我们可以联想到“领导”、“指导”、“引导”、“开导”，“导向”、“导航”、“导出”、“导游”、“因势利导”，这些词汇中的每一个词单独存在时，都可以是上课时教师所处的一种工作状态，而所有的词也可以是上课时教师必须体现的工作内容。

导入既在教学过程的开始，又随时出现在讲课的过程之中，教师在课堂上处于不断“导思”的工作状态之中。

导入是上课开始或进入新一课题时的一种教学技能，其目的是引起学生对即将学习内容的注意，从而唤起学生的学习动机。心理学研究表明，人之所以能够积极行动，是因为内心有一种推动力量，这种推动力量就是动机。导入的技巧就在于教师根据每一节课的内容及其与上一节课的关系，设法创造一种教与学的情境，诱导学生而又不易被学生察觉，使其自然介入，并达到介入的最佳状态——期待新知识的学习。

导入的方法多种多样，采用什么方法导入，既要根据学习对象，又要根据具体的教学内容，还要根据教师要达到的不同目的进行设计。

（1）开门见山。这是一种简单的直接切入主题的方法。给高年级学生上课，学生学习积极性强，学生非常关注的课题用此法导入最为适合。如生物课在讲授“生殖和发育”时，可以直接切入主题：“我们都很关心自己是怎样来到这个世界的，又是怎样长大的，今天我们就来学习人体的生殖和发育。”

（2）以旧拓新。通常教师通过对学生上节课学习过的内容提出问题，引发出新问题。对于教师来说，如何选择复习内容，使其与将要学习的内容有一个紧密的结合点是很重要的。同样在讲授“生殖和发育”时，前一节课刚刚讲完“植物的生长和发育”，通过温故知新引出话题是不错的选择。

（3）质疑。根据学生的好奇心，提出带有悬念的问题，进行导入。这样的问题针对学生已有知识和新知识之间有落差或缺损的内容，这种问题既是学生感兴趣，又是以往的知识结构无法解释的，因此它容易激发学生的学习兴趣。还是以讲授“人的生殖和发育”为例，学生关注“第一个人来自于哪里”的问题，教师就可以依据这一点设计问题提问。

（4）借助生活中的事例。生活中有不少的现象，学生能感觉到它的存在，但不知道这些简单的现象也蕴涵着知识点。如果能从理论上解释清楚这些现象，则会引起学生的学习兴趣。比如还是在讲授“生殖和发育”时，在讲授鸟类的“发育”过程时，教师画一个“鸡的生活史的循环”图（见图3—8），然后教师可以提问学生“先有鸡还是先有蛋”。

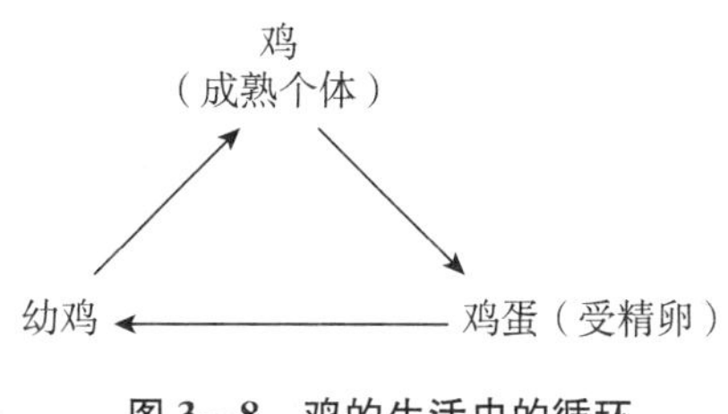

图 3—8　鸡的生活史的循环

思考一下，你在设计教学内容时，经常使用哪种导入方式。

2. 展开

展开部分是一节课用时最多的地方，重点和难点都将在这里出现，教学任务完成与否，也要看展开的效果好坏。

作为教学内容的设计者，至少应具有这样的一些基本经验：

教师应该体验丰富。要想教会别人，自己首先要对某个知识点的理解有切身体会。在积累经验的同时，拥有自己对事物的感悟。在设计一堂课的教学内容时，不妨回顾一下自己求学时所喜欢的教师及其讲课风格，同时换位思考一下学生的处境，一堂课上，如果没有能够引起兴奋的刺激点，学生又怎能老老实实地坐 45 分钟呢？对于一个知识点的介绍，假如没有融入你自己的亲身感悟，对学生而言无疑难以引起好感和共鸣，所讲内容的重要性对学生来说照样是事不关己。

教师手中应拥有大量信息。教师应通览报纸、杂志和各种文件，手中要拥有大量备课资料作为支持，话题才会丰富而不单调。只有拥有大量的信息资源作为支持，才有可能从中筛选出最优的、最有利于达成教学目标的内容展示给学生。

教师的目光应该犀利。对于大量的信息，教师要有鉴别、鉴赏的能力。擅长把握信息中规律性的内容，具有一定的预见性。只有学会对手上的资料去伪存真、去粗取精，才有可能保证上课的质量。

教师自身求知欲强。培养自己成为一个对所有事物都有兴趣的人，涉猎广泛，随时能引经据典，努力构建生物课堂的文化氛围，而不仅仅局限于本专业的知识。

教师在课堂上要富有想象力，不因循守旧，不拘泥于某种习惯方法，勇于创新，同时还要树立“一个作品（教案）如果不能感动自己，又如何感动学生”的理想情怀。

教师在内容设计时要保持旺盛精力，对于课的内容设计要演练、实际操作一下，不断修改与完善。还要与他人更多交流，使内容设计更加完美。要想获得最佳的课堂教学效果，也可以借鉴相关的教育理论进行思考。已有研究者借用“传播理论”的观念，将教学内容设计上升到更高水平。

人类对传播理论的研究，在20世纪40年代就迅速发展，建立了传播过程的模型，并用“5W”公式清晰地描述了信息传播过程中的五个基本要素和直线式的传播模式。“5W”是指：

Who	谁	在课堂上是指：教师或其他教学信息源
Says What	说什么	在课堂上是指：教学内容
In Which Channel	通过什么渠道	在课堂上是指：教学媒体
To Whom	对谁	在课堂上是指：教学对象
With What Effect	产生什么效果	在课堂上是指：教学效果

即谁⟶说什么⟶通过什么渠道⟶对谁⟶产生什么效果。也就是传播者⟶信息⟶媒体⟶受体⟶效果。

当然，教学过程是一个复杂的动态过程，教学的最终效果不是由某一个部分决定，而是由组成传播过程的信息源、信息、通道和受者四部分以及它们之间的关系共同决定的。而传播过程中每一组成部分又受其自身因素的制约。

如从信息源和信息接受者看，至少有四个因素影响信息传递的效果：(1) 传播技能。传播者的表达、写作技能，受者的听、读技能都会影响传播效果。(2) 态度。包括传者和受者对自我的态度、对所传递内容的态度、彼此间的态度等。(3) 知识水平。传者对所传递内容是否完全掌握，对传播方法、效果是否熟知，受者原有的知识水平是否能接受所传递的知识等。(4) 社会及文化背景。不同的社会阶层及文化背景也影响传播方法的选择和对传播内容的认识和理解。

再从信息的角度看，信息传递效果也会受信息内容、信息要素，以及对信息的处理、结构安排、编码方式等因素影响。

从信息传递的通道看，不同传播媒体的选择以及它们与传递信息的匹配，也会对人们的感官产生不同刺激强度，从而影响传播效果。

教学内容设计正是在这一论点的基础上把教学传播过程作为一个整体来研究，为了保证教学效果的优化，既注意每一组成部分（信息源——教师、信息——教学内容、通道——媒体、接受者——学生）及其复杂的制约因素，又对各组成部分间的本质联系给予关注，并运用相同的方法在众多因素的相互联系、相互制约的动态过程中探索真正导致教学传播效果的原因，而最终确定富有成效的设计方案。教学内容设计在一定程度上不应该回避“投其所好”，这里的“其”是你的听众——学生。如果学生爱听“戏说清史”，那么我们应通过“因势利导”将其兴趣引导到“正史”上；如果学生爱听“养生”之道，那么我们应通过“因势利导”将其兴趣引导到“生命”结构功能的研究上。这样做可能事半功倍。

3. 结束

自然科学的特点决定了它的每一个知识内容都不是孤立的。尽管按照课程的要求，需要有相对独立的单元、章节及片断，但如果教师能把握好结束的技巧，就可以起到承上启下的作用，不仅可以帮助学生明确一节课的知识重点，还能使学生建立起自然科学的知识系统。好的结束还会使学生在心理上产生一种对旧课的回味和对新课的渴望，如同评书的“且听下回分解”。

结束的方法包括总结性结束和开放性结束。

（1）总结性结束。这种方法是以巩固学生所学到的知识为目的的结束。教师的技巧体现在对学习内容的概括和对重点知识的强化上，因此要有意把学生的注意力集中到课程的要点上去。总结性结束主要包括：1）对本课知识内容要点进行概括性的说明；2）通过课堂作业巩固所学的知识。

（2）开放性结束。在课程结束时，把学生所学的知识向其他方向延伸，引起学生对所学习的知识或将要学习的知识产生浓厚的兴趣。开放性结束主要包括：1）提出需要应用本课知识解决未知事物的思考题或课外实验；2）引导学生对与所学知识有联系的下一个单元的知识内容产生兴趣，这需要抓住前后知识内容之间的联系，以及所学知识与学生身边事物的联系。

教学不仅是一项工作，同时是一门技术，也是一门艺术。好的教师应该是充分把握教学艺术的人。而教学艺术的含义广泛，教学艺术需要教师具备精准的本学科专业知识，又需要将学科专业知识灵活机智地应用于实际；需要教师本人有广博的知识，还需要有正确的看待世界的眼光；具备教学艺术需要严谨的推理，也需要幽默的灵感和联想，还要能够触景生情或借题发挥；与此同时，对待他人要有诚恳之心，也要给予学生充分的信任。把你具有的优势都倾入到教学内容设计中吧，好的教学内容设计一定在前面等待！

思考与活动

1. 根据自己的授课进度，分别用归纳分析法和图解分析法列出这节课的知识点，并标注其中的重点和难点。

2. 传播理论的“5W”公式清晰地描述了信息传播过程中的五个基本要素和直线式的传播模式。这“5W”分别是什么含义？

3. “好的开头，等于成功了一半。”请大家共同分享自己曾用过的某一次课的导入，记录所有人的发言。

参考文献

1. [美] Jerome S. Bruner. 教学论. 北京：中国轻工业出版社，2008

2. [加] 马克斯·范梅南. 教育机智：教育智慧的意蕴. 北京：教育科学出版社，2001

3. [英] 达尔文. 物种起源. 西安：陕西人民出版社，2001

4. 胡玉华. 初中生物课堂教学设计. 北京：同心出版社，2007

第四编

初中生物学教与学的评价

生物学课堂教学评价是生物学教学过程的一个重要环节，是对教学质量作出质和量的全面的、科学的估量的过程，是课程评价中最核心的部分，也是新课程改革中教师最关心的内容。这种评价就是按照一定的标准，对所实施的教育活动进行测量和评价，比较并分析教育现状所达到教育目标的程度的过程。

第一讲
初中生物学课堂教学质量评价方法与改进建议

北京市海淀区教师进修学校　周　然

人们时刻都在不断地认识着客观世界，而学生学习的过程也是不断认识客观世界的过程。所不同的是：学生主要是在学校，通过课堂这个特定的环境来认识世界的。因此，课堂教学质量直接影响着学生的学习质量。我们知道，课堂教学是实现教育理解、教育观念的重要阵地，是实施素质教育的主要途径，也是落实课程标准和教学目标的重要阵地。因此，强化管理、规范行为、提高课堂教学效率、加强课堂教学评价就显得十分重要。本讲主要内容就是对生物课课堂教学质量怎样进行评价及改进提出一些看法和建议。

一、课堂教学质量评价的意义

不同时期的课堂教学评价标准是有区别的。随着新一轮课程改革的深入进行，人们已越来越深刻地体会到，“课改”就是为培养出符合时代发展需求、符合接班人标准的学生这一目的进行设计和实施的。新课程倡导促进学生发展、教师发展、学校发展的评价体系。就促进教师发展的评价来说，《基础教育课程改革纲要（试行）》中对教师提出了明确的要求：教师不仅是课程实施的组织者和促进者，也是课程的开发者和研究者。因此，教师的教学应是富有创造性的活动，其创造性发挥的基础是要全面了解学生、研究学生，并在此基础上设计教学目标、选择课程资源、组织教学活动。为了达到这一要求，教师需要不断提高自己的素养和专业水平。因此，新课程提出的评价体系应包括对教师教学的评价和对教师素质的评价。

二、课堂教学质量评价的原则

建立科学、客观、公正和有效的评估指标体系是评价工作的关键。实践证明，课堂教学评价指标体系必须遵循本质属性、导向性、客观性、可测性、简易性、定量与定性相结合的原则，要体现国家办学的目的和要求，体现培养合格人才的总方向；应该客观可信，符合实际，这样才能确切地反映出评价的真实水平；指标体系通过实际观察和测量可获得明确的结论；在人力、物力、财力、时间和信息的提供上为人们所接受。

三、课堂教学质量评价的过程

课堂教学质量评价的过程一般可以分为两个阶段：

（一）准备阶段

主要对为什么要评价、谁来评价和评价什么等问题作充分准备。这一阶段的主要工作包括组织准备、人员准备、方案准备以及评价者和被评价者的心理准备。

（二）实施阶段

这个阶段是教学评价活动的中心环节，其主要任务是：运用选择好的评价方法和技术收集各种评价信息，并在整理评价信息的基础上作出价值判断，同时对评价者和被评价者的心理进行调控，以保证评价工作的顺利进行。

1. 收集评价信息

根据制订的评价方案，利用相应的评价方法、手段、工具、仪器等收集所需要的评价信息。这里所说的评价工具是非常重要的，如评价表（如表4—1所示）、量表、问卷等，它的科学性直接影响到信息收集的有效性。

表4—1　海淀区生物学科教师课堂教学质量评价表（试行）

类别		内容	等级			
			A	B	C	D
教学方面	教案（10%）	教学目标：合理、准确、可信（三个维度）。 教学设计：重点突出，难点突破，过程巧妙。	10	8	6	4
	教学（70%）	教学方法：注意面向全体学生，注意运用启发式调动学生积极参与教学，培养学生的探究意识。	20	16	12	8
		教学过程：科学合理，符合学生思维特点和认知特点，能够注重对学生生物学素质的培养；对突发事件应对自如。	15	12	9	6
		学科知识：讲授准确，无科学性错误，学科间知识的渗透准确、适度。	10	8	6	4

续前表

类别		内　　容	等级			
			A	B	C	D
教学方面	教学（70%）	教学媒体：能恰到好处地将相应的设备和材料进行有机的整合，教学媒体选择合理，使用熟练，效果良好。	20	16	12	8
		学习评价：重视学生学习过程中激励性评价的运用。	5	4	3	2
基本素质	教学语言（10%）	语言清晰、准确（包括读音），富有感染力。语调、节奏适度。	10	8	6	4
	学科素养（5%）	演示实验操作准确，指导学生实验清楚、到位。能灵活利用板书、板图辅助教学。	5	4	3	2
	仪表（5%）	表情自然，教态和蔼。姿势、手势、衣着、服饰得体。	5	4	3	2
创新（+5）		有独创性的设计方案或教学手段，且效果良好。	5	4	3	2
简评						
评课人签名：						

从表4—1可以看出，对教师课堂教学的评价包含了教师教学和教师基本素质两个方面。评价表中主要涉及的是定量评价，它有助于课后对收集到的信息进行整理和分析。但是，教学活动具有极端的复杂性，有些内容无法量化，而这些内容对教学过程来说又有极大的影响，因此，仅靠定量评价的结果来判断教学效果是不全面的。所以，我们在设计此指标体系时，在最后又加上了“简评”一项，旨在给评价者提供一处对那些无法进行量化的内容进行主观定性评价之地。

2. 整理评价信息

收集到的评价信息，可能是一个人对多个人的评价，也可能是多个人对一个人的评价。无论是哪一种，都要进行审核和归类。要判断得到的信息是否真实，信度如何。

3. 分析处理评价信息

首先是要掌握评价标准及其具体要求；其次评价者应该使用事先规定的计量或其他方法来处理评价信息，在评价结果中要给出明确的相应分数、等级或定性描述等评价意见；再次是在条件许可的情况下，应该对评价者的测量或观察结果进行认定、复核。

4. 作出综合评价

综合评价是将分项评定的结果汇总成综合评价的结果。评价者要根据汇总的评价结果，对评价对象作出准确、客观的定量或定性的评价结论，形成评价意见。必要时，评价者可对评价对象作出优良程度的区分，或作出是否达到应有标准的结论。

5. 评价结果的利用

评价的目的不是要将教师分成三六九等，而是为了帮助教师准确地诊断课堂教学，更好地找准问题所在，以便尽快地改进教学，提高教学质量。只有充分利用评价结果，才能使评价具有意义。

2006—2007 学年度，我们教研室 3 位教研员下校听课 208 节，并如实填写了“教学质量评价表”，在学期结束前，教研员将评价表按分数整理成如表 4—2 所示的形式。

表 4—2　海淀区生物课的等级评价情况

分数	节数	等级	占总数百分比（%）
85 分以上	77 节	优课	37.0%
75 分～84 分	91 节	良课	43.8%
60 分～74 分	39 节	及格课	18.8%
60 分以下	1 节	不及格课	0.5%

按照数据又用柱状图表示（如图 4—1 所示）：

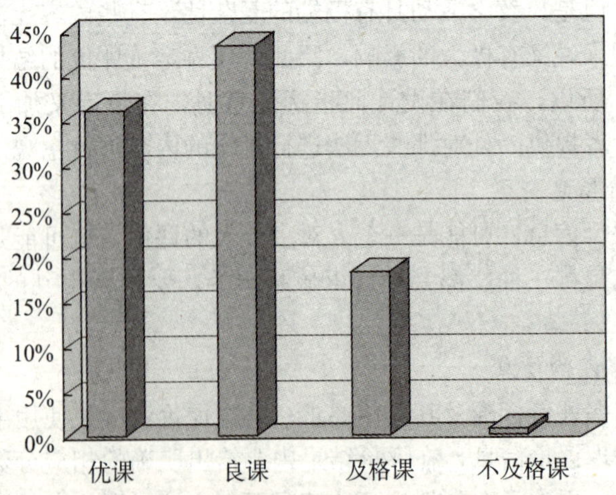

图 4—1　海淀区生物老师课堂教学评价情况的统计

与此同时，我们针对整理出的数据情况，分年级进行了认真的分析（图4—2展示了三个年级被评为不同等级的课的节数），找出呈现出这种状况的原因（直接和间接），提出进一步改进工作的方法和策略，并针对如何提高课堂教学质量，制订下学期工作计划和措施。当然，我们也要找适当的机会与被听课教师进行交流。

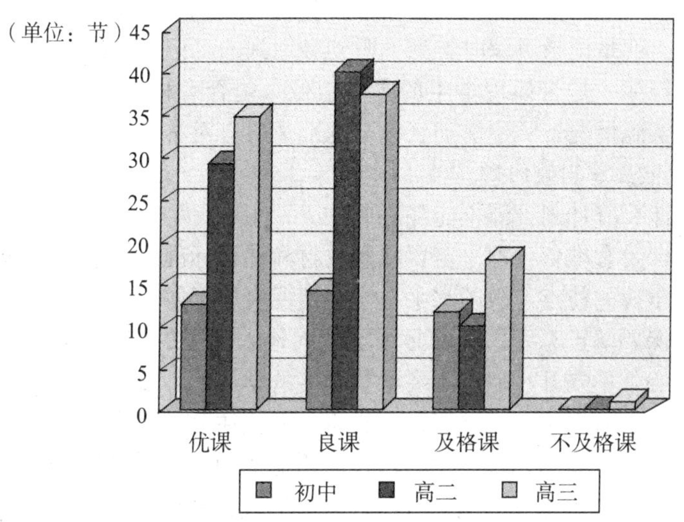

图4—2　不同年级不同等级课的比例关系

四、课堂教学质量评价的方法

课堂教学评价的方法很多，这里重点谈谈听课和评课。

作为一名教师，听课和评课是一项必不可少的经常性的工作和任务。通过听课，可以发现先进经验和典型案例，了解教学中的问题和工作中的不足，有助于提高教学质量。那么，我们应当如何将听课和评课落到实处，使之成为改进教学和提升质量的动力呢？

（一）关于听课

1. 听课的基本方法

在课堂上听课，无外乎就是听、看、想和记等基本环节。听课的关键在于这几个环节能否真正做到有效。

（1）听：就是听教师怎样导入、怎样讲课、怎样复习、怎样结尾、怎样布置作业，听学生怎样回答问题、怎样提出问题、怎样进行讨论等。

（2）看：就是看教师的教态，看课上师生、生生交流情况，看板书设计，看教具和多媒体的使用及整合情况，看教学时间安排，看学生在学习过程中的参与程度等。

（3）想：就是想此课的特色，“三维目标”实现的情况，教学结构是否科学，重、难点是否突出，教学手段和教学方法是否灵活多样，学生学习的积极性和主动性是否被调动起来，有哪些突出的优点和失误。

（4）记：就是记录听课时看到、听到和想到的。记教学的主要过程是否符合学生的认知规律，是否体现学生的主体地位，是否有科学性错误；“三维目标”在教学中的实施情况；学生活动（参与度）情况；对本节课的简要分析等。

2. 听课中应注意的问题

（1）听课要有计划：即不能随心所欲。

（2）听课要有准备：即一定要熟悉教材和课程标准，了解其内容、标准和要求。对不同学校的特点、教师水平、学生情况有所了解，做到心中有数。

（3）听课要端正态度：听课必须本着向他人学习的态度，必须注意力集中，不要漫不经心，不要开小差，不要干扰学生的学习，不要干扰教师的上课。

（4）听课要有记录：听课要以听为主，要把注意力集中到听和思考上，记录要有重点，要详略得当。教学过程可作简明扼要的记录；讲课中符合教学规律的好的做法或存在的不足和问题，可作较详细记载，并加批注。

（二）关于评课

1. 评课的目的

评课是教学评价的重要组成部分，是指评价者按照课堂教学目标，对教师和学生在课堂教学中的活动及由这些活动引起的变化进行价值判断。评课的目的包括以下几点：

（1）有利于全面推进素质教育。

课堂教学改革是全面实施素质教育的主攻方向，是一项根本性的改革。实施素质教育，就是要促进人的全面发展。联合国教科文组织四部经典著作之一《教育——财富蕴藏其中》，提出了教育的“四大支柱”：学会认识、学会做事，学会共同生活，学会生存与发展。面向未来的教育，课堂教学应以发展为中心，并符合“四个学会”的培养目标。那么，评课就应以促进人的全面发展为目标，在课堂上全面推进素质教育。

（2）有利于更新教育观念，提高教学质量。

用陈旧、僵化的教育思想去评课，不仅不能给授课教师以帮助，反而会产生误导。只有在新的教育理念下研究教材、研究教法、研究教育思想和观念，才能对课的优劣作出正确的判断，才能给予授课教师正确的指导。

（3）有利于提高教师的专业素质。

公平公正的教学评价，一方面，可以调动教师的积极性和主动性，可以帮助教师不断总结经验，提高教学水平，促使教师由经验型向专家型转变。另一方面，通过评课转变教师教育观念，促使教师生动活泼地、以学生为本地进行教学。

（4）有利于教师形成自己的教学风格。

在以往的评课活动中，专家也好，教研员也好，不大注意去发现和总结上课教师的教学个性，而惯于用自己的意志去规范教师们的教学设计，致使教师们放弃自身的特点和长处，按照他人的指导去做。所以，评课时要注意维护教师的个性表现，要对上课教师所表现出来的教学特点给予鼓励，帮助总结。让上课教师的教学个性由弱到强，由不成熟到成熟，逐步形成自己的教学风格。

2. 评课的标准和原则

（1）教学目标与教学效果相统一。

（2）教与学关系和谐。

（3）强化“双基”与开发“智能”相统一。

（4）全面发展与发展个性相统一。

3. 评课中应注意的问题

（1）评课要根据学科教学特点、班级学生特点，实事求是、公平公正，不要轻易给一节课下“成功课”或“失败课”的评语，切忌一次定论、一锤定音。

（2）评课要以肯定成绩为主，以帮助提高为主，以鼓励改革、实验为主。提出的问题和建议不仅要客观公正，还要考虑被评者的心理接受能力。决不能不顾场合，不顾后果，挖苦讽刺，到处指责，胡乱“放炮”。评课的目的，是要使上课教师有奔头、有想头、有劲头。

（3）评课者要以虚心的态度、商量的口吻与上课教师共同分析研究和交流，不能以检查者、老教师或专家的身份自居，更不能把自己的观点强加于别人头上。

（4）评课要突出重点，要集中主要问题进行评议和研究，不要面面俱到、泛泛而谈，要抓住具有代表性的典型事例进行具体分析。

（5）评课中，要尽量用数据分析和说明，这样才有说服力，才容易达到评课的目的。

案例一　“传染病及其预防”的教学设计与评价

1. 授课教师：农大附中刘忠霞

2. 授课时间：2008 年 4 月

3. 教案设计：

(1) 课题：第一节　传染病及其预防

(2) 教学目标：

1) 举例说出传染病的病因、传播途径和预防措施（知识）。

2) 列举常见的寄生虫病、细菌性传染病和病毒性传染病（知识）。

3) 说出艾滋病的病原体、传播途径及预防措施（情感）。

4) 分析如何确保大灾之后无大疫（能力）。

(3) 教学重点：密切联系实际，用身边的事例来引导学生分析、理解传染病流行的三个基本环节以及预防的措施。

(4) 教学难点：了解和关注某些传染病的传播途径及预防措施，如何确保大灾之后无大疫。

(5) 教学过程。

教学内容	教师活动	学生活动	设计意图
导入	播放短片《手足口病》，引出课题——传染病及其预防。	观看短片，了解安徽阜阳手足口病发病情况。	紧密联系学生的生活实际，从身边的事例谈起，调动学生学习的积极性。
区分传染病与非传染病	引导学生列举自己所知道的传染病。 提问：你怎么知道这些病是传染病，而另外一些却不是传染病？也就是说，传染病有哪些特征呢？	能够说出一些常见的传染病。	调查学生对传染病的了解情况。引出下一个问题，即传染病的特征。
传染病的特征	引导学生说出传染病的传染性。 提问：除了传染性之外，传染病还有什么明显的特征？ 提供资料：2003年的SARS流行。 引导学生能说出传染病的流行性。 播放短片《艾滋病的流行情况》	能说出传染病具有传染性（即学生能说出传染病能够在人与人、动物与动物及人与动物之间传播），并且能够举例说明。 通过观看短片和资料分析，能说出传染病具有流行性。在一定条件下，有的传染病可暴发、流行以至大流行。	让事实说话，充分发挥数据的力量，让学生意识到，传染病流行起来是非常可怕的，学习传染病及其预防等方面的知识是非常重要而且是必要的。

续前表

教学内容	教师活动	学生活动	设计意图
病原体	传染病流行起来，非常可怕，那么引发传染病的元凶又是谁呢？列举几种传染病。 给出病原体的概念。 总结传染病的概念。	学生能说出引发这些传染病的元凶。 学生根据传染病的特征及病原体的概念，能说出传染病的概念。	让学生了解，面对一种全新的传染病，病原体的寻找是非常重要的。
模拟活动	活动内容： 1. 请在笔记本上写上第一轮、第二轮。 2. 在第一轮里，每位同学必须和另外的两位同学握手，记录与你握手的人的姓名。 3. 在第二轮里，与另外两个不同的人握手，记录下与你握手的每个人的姓名。 作出假设：假如某一位同学得了一种通过手可以传播的疾病，那么，与他直接握手或间接握手的同学都有可能被感染。	每一位同学都要参与到活动中。	这个活动是模拟传染病是怎么传播的，通过这个活动，学生可以清楚地看到，某些传染病一旦流行，其传播速度是非常快的。同时，通过这个活动，学生很容易理解传染病流行的三个基本环节，即传染源、传播途径和易感人群。
传染病流行的三个基本环节	通过分析刚才的活动，引出传染源、传播途径和易感人群等。 引导学生分析 SARS、艾滋病和手足口病的传染源、传播途径和易感人群。	理解传染源、传播途径和易感人群等概念，并能举例分析。	让学生了解传染病流行的三个基本环节。
传染病的预防措施	引导学生分析传染病的预防措施：控制传染源、切断传播途径、保护易感人群。	学生能说出一些具体措施。	让学生了解传染病的预防措施。

续前表

教学内容	教师活动	学生活动	设计意图
如何确保大灾之后无大疫	播放小短片《抗震救灾》引导学生分析灾后灾区群众的生活受到哪些影响。引出灾后防疫工作是当时抗震救灾工作中的重中之重。 引导学生分析如何确保大灾之后无大疫。	能够说出地震之后对灾区人民的生活产生的影响。能够分析灾后有可能带来哪些传染病，从而认识到灾后防疫工作的重要性，并能说出一些具体的防疫措施。	了解灾区人民的生活，认识抗震救灾工作的艰巨性以及党和政府及抗震救灾人员所付出的努力，增强学生的社会责任感。
建立良好的卫生习惯和生活习惯	提出问题： 随地吐痰仅仅是个人行为吗？为什么？ 在咳嗽、打喷嚏或打嗝时，我们应该怎么做？	利用传染病知识，能分析随地吐痰对他人健康的危害，并能提出有效的防护措施。	希望学生能建立健康的卫生习惯和生活习惯，学会关爱他人。
传染病流行现状	流行现状：原已被控制的传染病又死灰复燃，卷土重来。20世纪80年代后，又相继出现了艾滋病（1981年）、疯牛病（1985年）、SARS（2003）等新型传染病。疫病的暴发越来越频繁，原来是几十年一次，后来是几年一次，现在某些传染病几乎每年都要暴发。这与我们人类的活动有很大关系。	了解传染病流行现状，增强保护环境的意识。	让学生了解传染病流行现状，增强保护环境的意识。

(6) 作业布置：阅读《首都市民预防传染病手册》，了解常见的传染病的传播途径及其预防措施。

(7) 板书内容。

一、传染病的特征

1. 传染性

2. 流行性

(1) 病原体。

（2）传染病流行的三个基本环节。

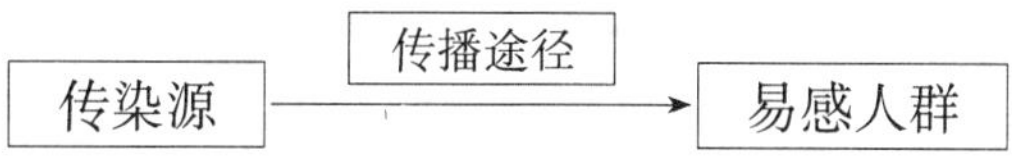

二、传染病预防措施

1. 如何确保大灾之后无大疫

2. 建立良好的卫生习惯和生活习惯

（8）课后反思。

“传染病及其预防”是《生物》（八年级下册）中的一节课，这部分内容含量大，可用的资料也相当多，如何在有限的课堂时间内，把这部分内容讲得比较完整，又要符合新《课标》的要求，充分调动学生的积极性，就需要教师对材料进行精心取舍，对活动进行精心设计。

在本节课的教学中，我做了如下处理：1）让事实说话，充分发挥数据的力量，让学生意识到学习传染病知识的重要性；2）精心设计活动，充分利用活动内容，加深学生对知识的理解；3）所选内容具有时代性，更能激发学生的学习积极性；4）针对传染病流行现状，加强对学生的环保教育。

本节课我所选取的材料，具有时代性和实用性，所设计的活动内容，可操作性非常强。通过本节课的学习，我认为学生的收获是非常明显的。他们不仅对传染病、病原体等概念有了了解，还知道了传染病的流行必须同时具备三个基本环节，传染病的预防也应从这三个方面入手，并且还针对目前灾后的防疫工作提出有用的建议。通过以上这些内容不仅有助于学生的自身健康，还增强了学生的社会责任感，这对提高中国人口素质也是非常重要的。

4. 评课

显而易见，“传染病及其预防”应当包括两方面内容：一是“认识传染病”；二是“如何预防传染病”。如果教师固守教材内容，按部就班地讲解，既不会引起学生多大的兴趣，又很容易落入俗套。但是，刘忠霞老师能够在明确教学目标的前提下，在面向全体学生、提高生物学素养的学科理念指导下，创造性地利用教材，精心设计学生活动，成功地上演一节非常受学生欢迎的生物课，这是值得我们学习和反思的。其中，最为突出的地方有以下几点：

（1）用熟悉的事例创设情境，让事实说话。

本节课不论是引言、讲课过程，还是最后的结尾，教师都力图以学生身边的事实为依据，充分发挥数据的作用，让学生真正感到传染病就在我们身边，学习传染病的有关知识是非常重要的。

例如：引言的设计

2008年5月12日发生在四川汶川的大地震，牵动了我们每一个中国人的心。在当前灾区的卫生工作中，防疫工作是重中之重，也是整个抗震救灾工作的重心之一。如何确保大灾之后无大疫，是我们目前非常关心的问题。

2008年3月，安徽阜阳，惊现怪病。短短两个月，手足口病患病人数不断上升。2003年，一场非典（SARS），让我们体会了太多的焦虑、紧张和无奈。艾滋病（AIDS），是当今威胁人类生存和社会发展的最严重问题之一，已经开始从高危人群向普通人群扩散，一场没有硝烟的战争在中国大地悄悄拉开了帷幕……

以上列举的都属于一种什么病呢？——传染病

什么是传染病？怎样预防呢？（引出课题）

可以看出，这段引言很具有时代性，其中提到的地震后的防疫、手足口病、非典、艾滋病都是学生身边发生的事实，用这些熟悉的事例创设学习情境，很容易调动学生学习的积极性，从而达到本节课的学习目标——传染病流行的三个基本环节以及预防的措施。

（2）精心设计学生活动，加深学生对知识的理解。

传染病最明显的特点之一是具有流行性，如何让学生理解流行性，刘老师设计了一个学生活动。活动前，用PPT说明活动步骤（见图1），其中，每一个握手人，相当于传染源；握手过程，相当于传播途径；被握手的人，相当于易感人群。活动后，统计最开始有几个同学握手，每人两次握手后，全班握过手的人数有多少。通过这样的活动，帮助学生理解传染病的传染速度是非常快的。

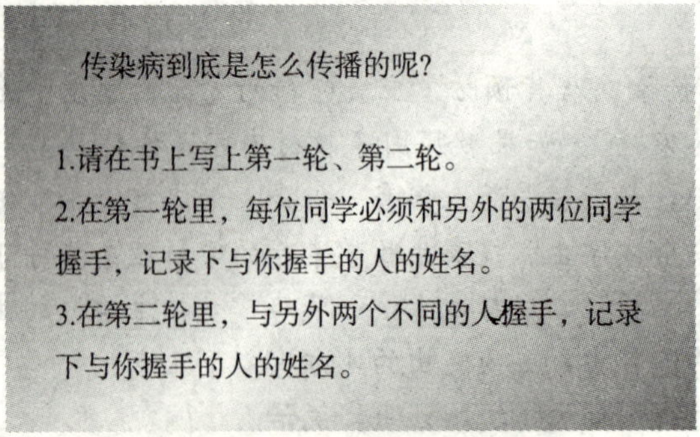

传染病到底是怎么传播的呢?

1.请在书上写上第一轮、第二轮。

2.在第一轮里，每位同学必须和另外的两位同学握手，记录下与你握手的人的姓名。

3.在第二轮里，与另外两个不同的人握手，记录下与你握手的人的姓名。

图1　PPT展示的学生活动要求

精心设计学生活动，激发学生参与课堂教学的过程，是课程标准中所提倡的，也是符合初中学生年龄特点的。学生在愉快的活动中学习科学知识，会起到事半功倍的效果。

(3) 适时适度运用多媒体资源，具有画龙点睛的效果。

本节课，刘老师精心选择了四段录像，每一段只有1分多钟，但很能说明问题。例如：“手足口病”有什么样的症状，是怎样传播的？前一阵在外地似乎有愈演愈烈的现象。如果只用语言来描述，就不如放一段视频的效果好。选择这段视频，还有一层意义，就是要对学生进行说明：“手足口病”并不可怕，只要讲究卫生，是完全可以预防的。

又如：刘老师还选择了几幅具有“卡通味道”的、展示“不良习惯”的图片（见图2），学生很轻松地理解了其中的含义，再配上寓意深远的语句：“吐出污垢，包住文明。健康自己，文明社会。”使学生在愉快、轻松的环境下，学习生物学知识，其效果是很好的。

图2　教师出示的很受学生喜欢的卡通式的图片

当然，本节课也存在一定的不足，例如：录像、图片、板书和讲解之间的配合还可以更加协调；学生可以解答的问题，就让学生自己说；板书的设计还可以修改得更好。

五、课堂教学质量评价的改进建议

2008年2月，一次偶然的机会，我在《当代教育科学》中看到一篇介绍华东师范大学崔允漷教授对听评课现存问题和范式转型观点的文章，既觉新颖，又万分感慨。说新颖，是因为它打破了传统的听评课的模式，重新界定了听评课的概念，特别是组建听评课专业合作体，这种合作体的工作特点令人耳目一新。说感慨，是因为他对听评课的认识，已跳出了传统模式，上升到了一个更高层的认识，并能在具体的课堂观察、记录课例中，很好地解决在听评课的过程中遇到的一些难题。

崔允漷教授把听评课界定为：教师专业共同体的合作研究活动。他特别强调，听评课是专业人士的合作，指出过去那种听评课更多地作为一种对教师的单项考核、一种要完成的任务，有时甚至成了教师的“难关”。听课专业合作体解决了长期以来我们在听评课中遇到的一些难操作或难做深的问题。它最突出的一点是组建听评课合作体。合作体的成员由上课教师、听课者、评课者、学生等相关人员构成，合作体的主要行为是对话、分享。这种模式解决了现行的听评课制度存在的简单处理、任务取向、不合而作等许多问题。它把听评课的过程分为课前会议、课堂观察和课后会议三个阶段。

第一阶段：课前会议。该阶段主要关注内容主题、教学目标、活动设计、区别指导、观察重点以及课后讨论的时间和地点问题。它与我们曾经做过的集体备课的显著不同是：将一节课的评价分割出几个部分，主要由听评课人根据自己的思考确定观察课题。例如：(1) 学生对知识和技能的理解和应用；(2) 课堂教学中教师对学生的错误的指导；(3) 教师对学生的学习指导；(4) 教师的讲解效度；(5) 学生的应答方式；(6) 教师的提问方式；(7) 课堂教学时间的分配等观察题目。然后，分别用各自的观察评价表进行课堂观察。

第二阶段：课堂观察。观课者根据课堂观察的工具（评价表），选择观察的位置（听课者的位子）、观察的角度进入实地观察，做好课堂记录，记下自己的思考。特别引起我关注的是，听课人观察的内容不同，听课时所坐的位置也是不同的。例如：观察“教师的提问方式”和“学生的应答方式”的教师，他们需要合作观察，所以是坐在一起的；而另外两位教师分别观察“学生对知识和技能的理解和应用”和“教师对学生的学习指导”，所以，他们分别坐在学优生、学困生的周围。

第三阶段：课后会议。教师们围绕课前会议确定的观察点，主要进行定量或定性评析，基于教学改进，提出建议和对策。

只有源于实践、植根于实际的理论，才能迸发出智慧的火花，经得起实践的考验。而朴实的实践活动只有与理论相结合，才能取得更加辉煌的成果。崔允漷教授推崇的这种听评课新范式具有以下几个特点：

（1）听评课合作体的成员由上课教师、听课者、评课者和学生等共同组成，成员之间是平等关系。他们可以随时交流、对话、研究和分享成果。这是一个创举。

（2）合作体成员研究的问题，是经过理论与实践反复磨合而确定的。设计的观察工具针对性强、具体、容易操作。它解决了听评课人和上课人相互“对立”或不合而作的问题；解决了评课冷场或效率低的问题；解决了由一个听评课人手忙脚乱，顾上了听课就顾不上记录的问题。总之，它解决了听评课的实质问题。

（3）课后会议是分析、说明、交换意见、教学提升的关键环节。它告诉我们，评课应当怎样评，由谁来评，评什么。它的核心是围绕着新的课程标准，按照相应的理论，从不同的维度，对一节课进行有理有据的分析和说明，将评课的本意定位于改变教师的教学行为。在相互交流的过程中，上课教师能够直接听到同行们的真实感受，得到更加直接、具体的帮助。这对听评课教师来讲既是一次自身理论与实践的提升，又是一次学习的良机。这种听评课人共同进步的局面，才是举办研究课的真正目的。

本讲主要就生物课课堂教学质量的评价问题进行了讲解。其中包括评价的目的、评价的原则、评价的过程、评价的方法及案例说明和评价的改进建议等部分。

本讲内容最核心的部分是“评价的过程”和“评价方法”。教师们可以通过这部分的学习，了解课堂教学评价的基本过程，知道目前学校常用的评价课堂教学质量的评价表只是课堂教学评价的一种形式。如何做到评价的公平、公正、科学、准确，制定合理的评价工具是非常重要的。

进行课堂教学评价，离不开听课和评课。如何将听课和评课落到实处？本讲内容就如何听课、评课，进行了说明。从说明中可以看到，真正按照标准去实施听课、评课，确有一定的难度，很有可能顾及了这一点，丢掉了另一点，使评价不够完善。而华东师范大学崔允漷教授提出的“听评课专业合作体”的形式，就能很好地解决这个问题。但有，有人提出这种形式有点像盲人摸象——各顾各的。我想可能他对“合作体”的真正含义了解不够透彻，对这种活动的始末不甚清楚，只是看到了表面形式，而没有理解其本质寓意。

希望教师们开展一次这种听评课形式的尝试，亲身经历和体验一下，就能得到答案了。

思考与活动

1. 学习本讲内容后，你和同伴们聊一聊，谈谈自己的想法和感受。

2. 根据本讲提供的“海淀区生物学科教师课堂教学质量评价表（试行）”，设计一个生物课听课评价表。

3. 根据华东师范大学崔允漷教授提出的“听评课合作体”理念，在教研组内，开展一次“合作体”模式的听课和评课活动。

参考文献

1. 张汉光，周淑美. 生物学教学论. 南宁：广西教育出版社，2001

2. 丁朝蓬. 新课程评价德理念与方法. 北京：人民教育出版社，2003

3. 蒋宗尧. 中小学教师教学使用基本功. 北京：中国农业出版社，1998

[作者简介]

周然，女，北京市海淀区教师进修学校生物教研室主任，中学高级教师。主要从事海淀区中学生物教师教学研究工作，近年发表的论文有：《新课程与生物学教学模式的重建》（2005 年获海淀区一等奖、《中学生物》期刊一等奖）；《生物教学模式的重建》（2006 年获《生物学通报》二等奖）；《信息技术与生物教学整合实践中的问题及对策》（2006 年获全国信息技术学会论文评比三等奖）；《高三生物复习课实效性研究》（2008 年获北京市教学论文评比二等奖）。参与编写了北京市地方教材《环境与可持续发展教育》、《常备初、高中数理化生公式定理词典》，担任《新课程下有效教学疑难问题操作性解读》副主编。

第二讲
初中生物学过程性评价与发展性评价

北京教育学院　许　琼

如何看待教育的有效结果，一项完备的课程方案应包括有分量的、易于操作的评价手段。这些评价手段应与课程目标及课程内容、教学方法、学习活动有机地结合，并能对课程实施进展作出实时监控。好的评价不仅要鉴别学生是否具备正确解题的能力，还应能判明学生在思维和问题解决过程中所体现出的品质。优秀的教师应能够运用正规测试或操行评语，并借助其他非正规手段，对学生参与教学、完成作业的情况进行评价；还应据此对调整未来的课程目标、教材或教学计划提出建议，并判断评价自身教学存在的缺陷。

一、初中生物学教学过程中的教育评价

（一）什么是教育评价

教育评价就是系统地、有步骤地从数量上测量或从性质上描述学生的学习过程和结果，据此判定是否达到了预期的教育目标的一种手段。这是一个科学意义上的概念，是一种基于标准的正式评价，它一般要经过明确评价目的、阐明评价内容和标准、开发或选择评价方法、收集和整理相关数据与资料、处理评价信息、达成评价结论、呈现与反馈评价结果等多个相互制约、相互影响的环节才能完成，是一种专业性较强的工作。

（二）不同评价方法的使用场合与条件

依据常模编制的标准化的测试在评价中占有一定的分量。这类测试能对课程预期目标的达成程度及学生对于具体知识点的掌握程度作出评判。然而标准化测试通常还必须有配套的教辅检测以及教师根据教学重点编制的测试题。

除考试之外，教师还应借助对学习活动及来自其他渠道信息的分析进行评估。学校的教学及日常活动使教师有大量机会了解全班整体情况及学生个体情

况，对学生的表现，如完成实验任务、观察记录以及学生研究报告、论文或其他要求高级思维和应用能力的学习任务等方面进行评价，以此增强评估的客观性。树立这样一个宽泛的评价观，有助于引导教师将其注意力转移到那些能够促进学生理解所学知识，围绕所学进行批判性、创造性思维，并应用于问题解决和决策的教学活动上来。

总之，评价是一项不间断地进行的教学活动，也是每个教学单元都不可缺少的组成部分。教师应对评价结果进行审慎的分析，以判明学生的需求及需要纠正的理解和要领方面的错误，还应据此对调整未来的课程目标、教材或教学计划提出建议，并判断评价自身教学存在的缺陷。

二、注重过程的表现性评价

表现性评价在课堂教学与评价中受到普遍重视和广泛应用，积累了一些经验，是当前中小学教育评价的重要发展趋势之一。

什么是表现性评价？就是让学生通过实际任务表现学习目标掌握的评价方式。一般教师创设一个真实或模拟的生活情境，让学生运用先前所获得的知识来解决其中的某个新问题或创造某种东西，在这个过程中考查学生知识与技能的掌握程度。从学生在这个过程中的表现，还可以了解学生的动手操作能力、在实践中解决问题的能力、交流合作能力和批判性思考能力等多种能力的发展状况。

表现性评价的特点是任务的真实性、复杂性，所需时间长，评分主观性等方面。

注重培养学生知识整合、分析问题和解决问题、沟通和合作等方面的素质，促进学生全面而有个性地发展。

表现性评价的维度和指标包括以下方面：

（1）知识的应用：从记忆中搜索与问题有关的知识；绘制一张图或表，来表示所学的知识或所观察到的事实；建构图表，并对之进行解释；根据事实的主要特征，对其进行分类；交流从书面报告或口头汇报中获取的成果；利用提供的规则进行讨论；从各种不同的资源中获取信息。

（2）分析技能：确定各个成分之间的相似性和差异性；将这个问题与先前遇到的问题进行比较；理解问题中的每一个成分与整个问题的关系；通过观察或对资料的分析，作出合理的结论；找出并清楚地说出自身或他人观点中的错误。

（3）解释一个结论的原因：根据掌握的信息，对未来进行预测；提出一种验证预测的方法；找出问题中最重要的一个因素；逻辑清晰地组织一个结论；为评价问题解决方案设定标准；收集信息和证据，解决问题；从不同渠道收集支持性证据；判断证据的可靠程度；在一种常见的情境中解释问题。

（4）综合和创造性：以一种非常规的目光审视问题；重新组织一个问题，使其更易于操作；在头脑风暴中提出事物的新应用途径；预期潜在的问题；准确总结别人的观点。

（5）评价和元认知：根据反馈，作出适当的调整；评价一种问题解决方案中存在的可能问题；监控结果，并适当调整策略；判断证据的可信程度；评价并修改书面内容；质问自己不确定的方面；寻找错误和互相矛盾的地方。

（6）个性品质：对他人的行为表现进行有意义的评价；分享与交流；在完成任务的过程中保持互助；在需要的时间对他人提供帮助；在任务答案或解决方案不是很快可以得到的情况下，也坚持探究下去。

（7）追求精确：灵活地改变自己的观点，以符合事实；抑制冲动行为；提出草案并进行尝试，以解决问题；在完成困难任务时，表现出坚持性；以一种建设性的态度与他人进行协商。

（8）对学习有热情：在小组工作中与他人合作；在完成一个项目时表现出独立性和自主性；积极倾听他人的观点；不容易受无关刺激的干扰；对自己达到重要目标的过程进行记录；客观评价自己的表现；设定在某个时间段要实现的目标。

（9）价值观：关注道德问题冲突；坚持行为规范；有解决道德难题和冲突的能力；在应对困难的情景中保持自我约束力；在行为中表现出对他人的关心与关注；在完成任务和与他人交往过程中对行为负责。

前面在第一章第一讲中提到“发现之旅”，列出了对其表现性评价的标准构成，包括：所要研究课题中问题的清晰度；问题的科学意义及价值；选题的适切性；所使用文献的质量；对主题的理解和把握；对科学内容的把握；论据的质量；投入的积极性与态度；自主性和创新性；使用交流工具的质量；总体态度等。

“发现之旅”的评估的行为动词包括：

1）会收集资料——指收集资料的有效程度，而不是仅指资料的数量；

2）投入学习的程度——自始至终参与学习过程；

3）投入小组研究——个体在小组中有所贡献；

4）合作完成一件作品——完成小组的作业成果；

5）建构个人头脑中的知识体系——不是知识的汇编；

6）会自我表达——1 分钟个人介绍，2 分钟交流。

第一章第一讲中提到的“项目研究模式学习”也对以下方面提出评价，评价包括：

1）生活技能：如组织会议、制订计划、使用预算等；

2）技术技能：如使用键盘、运用软件、测量和评价等；

3）认知过程技能：如做决定、批判性思维、问题解决等；

4）自我管理技能：如制定目标、组织任务、管理时间等；

5）自主学习技能：态度，如爱学习；品质，如自我调节、成就感；信念，如自我效能。

6）交际技能：与他人合作，共同研究。

三、教育教学中的非正式评价

教育教学评价的科学意义上的概念，是一种基于标准的正式评价，它在课程的实施过程中发挥着导向、监督、检查、诊断和改进等多种积极作用。但是教师在实际的一线教学过程中，很多时候并不总是按照严格的科学程序来实施评价活动，评价的程序和要求以隐性的方式调节教师的行为，这时非正式评价就出现了。在学校系统中，将探究作为一种学习的方式，可以追溯到19世纪中叶。那时科学已经在人类认识世界方面取得了巨大的成功。科学课程不仅进入了学校，而且也将人类成功认识自然世界的方式带入了教育系统。科学课程在很大程度上受到当时科学实践方式的影响，注重事实和经验数据，使它区别于当时的神学、意识形态以及文化传统等复杂的混合性学科门类。此后，科学探究方法成为科学课程中一个重要的组成部分。然而，随着人们对科学实践认识的不断深入，人们对探究方法的界定也发生了一定的变化。探究不仅作为人类认识世界的一种方式和途径，而且也成为人们进行学习和认识事物的一种基本技能。尤其是在近几十年中，在学习理论和行为理论的指导下，人们对探究的方法具有更深入的理解和认识。在这期间，探究方法、发现方法、问题解决学习、项目学习等一系列与探索自然和人类社会的事物有关的方法，都因其各自的特点受到重视，对它们的评价也随之发生变化。

非正式评价时时渗透在课堂教学的师生交往过程中。它对学生的学习（学习兴趣和学习态度）与发展（健康的学习心理）有着重要作用，需要教师在实践中给予足够的重视。

研究表明，优秀的学校通常都具有很强的教学领导，因而能坚持将追求优异的教学质量作为最重要的目标。与此相适应，这些学校也都强调教师应对学生及其学习成就的积极期待。关于教师工作成效的研究显示，取得骄人教学业绩的教师往往都能把爱、欣赏、激励传递给学生，为学生提供诊断性的意见和建议，他们能自觉承担起帮助学生获得成功的责任。这些教师认为，他们的学生有能力学好，而他们自己有能力、也有责任教好。如果学生的初次学习未能奏效，他们愿意不厌其烦地再教；倘若通常的办法难以实施，他们就会去努力探寻其他可行的手段。

教师对于学生的期待程度，对于他们帮助学生发展的努力以及学生对自身的期望都有重要的影响。因此，教师应确立并传递对学生积极的、经过努力可以实现的期望。这种期望应能体现教师对学生取得进步的信心，必须作为一项教学目标去付诸实现。有益的做法是，教师为全班和个体同学确定一个可行的最低水平要求作为目标，而不是以最高要求作为目标，确保学生的学习成就水平逐步得到提高，并由此确定在一定时限全班同学学业发展的步幅。教师可以通过密切监控学生的学习进展、注重现实表现的做法，调整自身对学生期待的适宜性。

在任何情况下，教师都应对自己的学生抱有期望，期望所有学生都能获得长足进步，以使他们胜任更高一个层次的学习。要做到这一点，教师必须充分地信任自己的学生，将所有学生都看成是有能力参与教学活动、完成好自己作业的学习者。除了上述教学原则之外，学生还应有机会得到教师的辅导和鼓励，以达到教师所期望的程度。

在实施个别化教学与反馈过程中，教师应从纵向看待学习困难学生的进步，而不应将他们与其他同学作比较也不应以标准考试的常模行为作为依据要求学习困难学生。教师应改变将评价作为判别成就水平的唯一手段，而应据此诊断学习困难，并提供相应的反馈和帮助。如果学生没有理解教师的讲授或示范，教师可以重讲，必要时，还可以更换一种方式，而不是简单地重复。目前比较推崇的评价一般都注重：公众性、开放性、未结构化、未机械化、和谐性、公平性、平等性。

教师对于学生的回答恰到好处的反应，已经成为好教师的必备技能。对学生回答问题的具体反应，包括以下几个环节：

（1）校准（refocusing）：避免学生的回答偏离主题；

（2）阐明（clarifying）：对学生的回答作适度的点评，切不可过多；

（3）总结（summarizing）：指出答案中不够突出的重要的观点；

（4）确定概念领域（mapping the conceptual field）：预防匆忙下结论；

（5）接受（accepting）：对学生的回答，不论对错都及时鼓励；

（6）证实（substantiating）：用科学的证据，做到言而有据。

四、教师的自我评价

在教育改革过程中，每一位教师都会面临现实挑战，教师受到来自各方自上而下或自下而上的压力。比如对教师上课时过程管理的要求提高，因为课堂上会有更多的小组活动，教师要全程维护；对学习者参与水平的要求提高，学习者遇到问题会识别和制定有效的解决方案；学习效果的价值评价体系亟待重构，价值不再是最终结果，而是过程；通过学生的反思，创建经常性反馈与评价的课堂文化。

柯林斯等人在1998年提出“认知学徒模式”，即在“以问题解决为导向”的学习活动中，教师自始至终给予学生“脚手架”式的帮助，“脚手架”被描述为一种指导学生达到能独立完成智力任务的程度的方法。“脚手架”的好处是让学生学会合作的技巧、质询探究的技巧、反思的技巧，让学生学会评价。

1. 教师自己需要关注的环节

对一节课来说好的导入、好的展开、好的结束都至关重要。已经有人专门研究探索对导入、展开、结束等授课环节质量的评价（见表4—3）。

表4—3　　　　授课环节质量评价表

好的导入具有以下特点： (1) 引入能够引起学生的学习积极性； (2) 引入得自然，不生硬，衔接恰当； (3) 与新知识联系紧密，目的明确； (4) 确实将学生引入学习情境； (5) 引入时间把握得当，紧凑不拖沓； (6) 引入能够面向全体学生； (7) 语言振奋，感情充沛。
展开过程中的好的讲解具有以下特点： (1) 讲解包含着重要的教学内容，有价值； (2) 讲解时提供了所讲内容的丰富而清晰的感性材料； (3) 有逻辑或使用科学的思维方式——分析、归纳、推理、演绎，使讲解条理清楚； (4) 讲解的语言符合学生认识阶段的同等水平； (5) 讲解用词确切，重点、关键词有所强调，并且得当； (6) 讲解中的举例联系学生的生活实际，使学生感兴趣； (7) 运用了提问、谈话，师生有呼应、互动； (8) 讲解有感染力，节奏恰当； (9) 在讲解中不断激励学生，面向全体学生； (10) 注意学生的反映，利用反馈的信息，帮助学生对所学内容更深入理解，巩固所学知识。

续前表

好的结束具有以下特点：
（1）结束阶段有明确目的；
（2）结束环节安排了学生活动（练习、提问、小结、小实验等）；
（3）在概括内容时表达清晰，所概括的内容与本节课联系紧密、恰当；
（4）布置作业明确，每位学生都可以记下；
（5）结束环节有利于巩固所学知识，并进一步激发学生学习兴趣；
（6）时间紧凑。

2. 学生是如何评价一节好课的

专家认为好课的本质表现为：学生自治；有开放性问题；引导学生使用高级思维；鼓励师生对话；课堂上形成新观点；学生可以养成将多种现象进行联系的习惯。

那么我们每天面对的学生，他们又是如何看待教师上课以及一节好课的？他们认为：

（1）从教师的道德观念、自身修养与工作态度的角度。

教师应该知识渊博，知识拓展精而多；教师要有自己的教学特色；教师应该形象美、语言美、行为美；教师应该全身心投入；教师要及时听取学生的反馈意见，及时调整自己的教学方法；充分利用自己的肢体语言与学生交流；教师要风趣幽默；教师要语言精练，声情并茂；板书设计新颖；能够给同行提供借鉴。

（2）从职业技能与教学设计的角度。

教学思想与教学目标一致；教学目标清晰，较好地落实三维目标；使不同的学生都有所收获；教学中有教学思想与学习方法的渗透；知识的难度适中，注重知识的横向与纵向联系；注重学生学习习惯的培养；有效利用课堂时间，不拖沓；课堂练习层次清晰；联系实际，解决实际问题；教学方法合理得当；学生能够得到知识的迁移和整合；有助于帮助学生建立批判性思维，学生能勇于提出自己的见解；上课之后能够形成新的思考；培养学生分析问题、解决问题的能力；合理使用课堂教学资源。

（3）从课堂氛围的角度。

师生配合默契；教师引导学生学习，而不是牵着学生学习；让学生学会公正地评价自己和他人；遵循学生的认知规律，让学生学得轻松，用得灵活；给学生提供很多参与的机会；课堂节奏把握得好；课堂人性化管理，气氛轻松；课堂前后衔接连贯，突出重点和难点；灵活驾驭课堂，合理处理预设与生成；学生通过学习，不断修正自己的学习目标，建构自己的价值体系；渗透德育，应变能力强，处理突发事件得当。教师对学生的评价及时，关注每一个学生，学生知道自己已经学会了什么，使学生获得成就感；让学生用多种感官进行学习。

总之，要成为职业化教师而非教书匠，教师必须做到以下几点：通过长期学习获得自治和责任感；在需要的时候能表现出较强的问题处理能力；是深思熟虑的实践家，教学活动的设计者，教学策略的创造者；能够对自己的工作进行分析总结，并解决相关问题。

建立激励性的课堂气氛，和谐的、充满关爱的人际氛围有利于学生进行最有效的学习。

在良好的学习环境中，处处都充满关爱。这种存在于师生之间、同学之间的关爱，可以超越人与人之间在性别、文化、社会经济地位及其他方面存在的差异。教师应鼓励学生肩负起学习的责任，积极地参与学习活动，推动全体学生在人格、社会性、学业等方面的发展。

为了创设一个和谐一致、支持性的学习氛围，教师必须以自身的优秀品质率先垂范，成为学生的榜样。这些品质包括：热情开朗、待人友善、情绪稳定、真诚可靠、尊重学生的人格、关心学生的学习。教师应依据学生的需求和情绪给予他们相应的关心，并在与学生的交往中，以自身的言行对学生进行潜移默化的熏陶。

在教学过程中，教师应将自身教学建立在学生已有知识和经验（包括学生对于自身文化的认识与体验）的基础之上。教师还应将教育活动由学校延伸到家庭，与广大家长建立起合作关系，调动他们支持子女学习的积极性。为了调动学生的学习积极性，教师应引导学生认识教学活动对其自身成长所具有的益处，正确认识出现错误是学习过程中的自然现象，鼓励学生之间开展互帮互学。除此之外，还应鼓励学生大胆提问，让学生积极参与课堂讨论，让学生有机会在学习活动中进行各种形式的合作。教师需要用自己的激情点燃学生的学习热情。

本讲小结

好的教师应善于采用各种正规或非正规的评价方法，对学生实现其学习目标的进展情况实施监控。善于运用评价手段了解学生学习进展，并据此对改进教学作出规划，而不是把评价仅仅用于划分等级。良好的评价除书面考试成绩之外，还应有其他多方面的信息。这里所说的评价，应对所有教学目标（不仅是知识性目标，还有高级思维技能及与教学内容相关联的价值观念和心理因素等）作出回应。

思考与活动

1. 梳理不同评价的作用，并结合自己的教学实践，分析这些评价的使用场合。

2. 根据自己在课堂教学中的实践体会，说明积极的评价在教学活动中的重要作用。

3. 与同伴分享你在某次对学生进行评价时，由于评价使用得当，带来了学生转变的案例。

参考文献

1. 教育部基础教育司，教育部师范教育司组编. 新课程与学生评价. 北京：高等教育出版社，2004

2. ［美］威金斯. 教育性评价. 北京：中国轻工业出版社，2005

第三讲
基于学业考核的学生综合素质评价

北京市西城区教育研修学院　张　怡

以往谈到评价，常会想到编制试卷考查学生，分数成了评价教学成果的主要形式之一。很多时候评价教师的教学情况，考试分数也往往作为其中一项主要的指标。在生物课程改革中，课程评价的内容和功能有了很大的改变：一是要改变以往课程评价过分强调甄别与选拔的功能，发挥其在促进学生发展、教师提高和改进教学实践方面的功能；二是要在课程改革中建立起促进学生全面发展的评价体系。

可以看出生物课程实施中，评价不仅要关注学生生物学科的学业成绩，而且要发现和发展学生在未来从事生命科学领域研究中多方面的潜能，了解学生发展的需求，帮助学生认识自我，建立自信。同时发挥评价的教育功能，促进学生在原有水平上的提升。

当然，在生物课程的评价中，编制试题进行学业评价也是不可或缺的。在命题考试中，所选取的内容应减少死记硬背的内容，加强考试内容与社会实际和学生生活经验的联系，重视考查学生分析问题、解决问题的能力，减轻学生考试的负担。

鉴于以上的思考，生物学科学业考查既应包括形成性的评价内容，也应包括终结性的考试，以此落实课程标准中对学生生物学素养评价的要求。

一、生物科学素养的内涵及评价

（一）什么是生物科学素养

在学习《生物课程标准》时，老师们关注到“提高生物科学素养”是课程倡导的理念之一。生物科学素养是指参加社会活动、经济活动、生产实践和个人决策所需的生物科学概念和科学探究能力，包括理解科学、技术与社会的相互关系，理解科学的本质以及形成科学的态度和价值观。

中学生物科学教育是生物科学素养的养成教育。教育界普遍认同，科学素养不仅是科学知识和技能的掌握、科学方法与能力的培养、科学行为与习惯的养成，更重要的是形成科学精神、科学态度和价值观。

（二）生物科学素养的综合评价

要完成评价，首先要有标准。对学生生物科学素养综合评价的标准，就是《课标》中表述的生物课程要达成的知识、能力及情感态度与价值观方面的目标。再有就是要设计初中生物学科的整体评价方案，以落实对生物科学素养的综合评价。当然在初中生物整体评价方案实施中，还要依据目标制定具体的评价标准。

二、生物科学素养综合评价方案举例

作为学业考核中的综合评价，最为重要的是做好评价方案的整体设计，使形成性评价和终结性评价能够有效落实。由于初中生物课程安排在七年级和八年级学段，所以评价方案也分为两个学段。评价方案包括指导思想、评价方式和评价内容。

案例一　2005—2006学年七年级生物学科学业综合评价方案

一、评价的指导思想

评价方案力求体现课程理念，关注学生的全面发展，不仅关注学生的知识和技能的获得情况，更关注学生学习的过程、方法，以及相应的情感态度和价值观等方面的发展。评价方案应有利于改变教师的教学方式和学生的学习方式。评价方式体现多元化，评价注重激励、反馈、调控和发展潜能。

二、评价方式

1. 形成性评价：各校自行安排，2006年6月底之前完成。

（1）显微镜的使用和观察装片的考查（10分）。

（2）实践活动：要求每位学生每学年独立完成三项内容。题目可以从教科书中的调查、探究活动和查阅资料中选择，也可以自定题目，每项成果30分，共90分。

成果形式：调查报告、小论文、探究实验报告 、演示文稿等。

（3）记入学年成绩：形成性评价成绩占学年成绩的20%。

2. 笔试成绩、范围及试题类型：

（1）学年成绩包括：第一学期期末成绩40分，第二学期期末成绩40分，形成性评价成绩20分，共100分。

1）第一学期期末笔试：各校教师命题，时间60分钟，卷面成绩100分。

考查范围：七年级上册

2）第二学期期末笔试：区教研室命题，统一时间考试，各校自行阅卷，时间60分钟，卷面成绩100分。

考查范围：七年级下册

(2) 试题类型。

1）判断题：基本概念。

2）连线题：基本概念。

3）选择题：基本概念及理解。

4）填空题：基本概念及理解。

5）画图题、识图题：基础知识、基本技能及知识应用。

6）完成实验题、分析说明题：基本技能、实验探究能力及知识应用。

三、评价内容

1. 课程标准人教版初中生物学“探究”内容。

七年级上册

第一单元　生物和生物圈

● 光对鼠妇生活的影响。
● 温度对鼠妇生活的影响。
● 土壤潮湿度对鼠妇生活的影响。
● 植物对空气湿度的影响。

第三单元　生物圈中的绿色植物

● 种子萌发的环境条件。
● 测定种子的发芽率。
● 根的什么部位生长最快。
● 空气流动会影响蒸腾作用吗?
● 叶片正面和背面的气孔一样多吗?
● 叶绿素的形成是否与光有关。
● 二氧化碳是光合作用必需的原料吗?

七年级下册

第四单元　生物圈中的人

● 晚育跟控制人口数量有关系吗?
● 测定某种食物中的能量。
● 测定几种蔬菜或水果中的维生素C的含量。

● 馒头在口腔中的变化。

● 采集和测算空气中的尘埃粒子。

● 人的瞳孔大小能改变吗?

● 测定人的反应速度。

● 酸雨对生物的影响。

● 废电池对生物的影响。

(2) 课程标准人教版初中生物学"调查"、"查阅资料"内容。

七年级上册

第一单元　生物和生物圈

● 调查——校园、社区的生物种类。

● 调查——生活区域或学校附近的环境状况。

第二单元　生物和细胞

● 查阅资料——影响人类、动物和植物生活的病毒有哪些?

第三单元　生物圈中的绿色植物

● 调查——植物生长需要哪些无机盐?

● 调查——水资源状况怎样?

● 调查——当地的植被状况。

● 查阅资料——我国发生的特大洪涝灾害或沙尘暴与植被的关系。

七年级下册

第四单元　生物圈中的人

● 查阅资料——研究人类的起源和发展有什么方法?科学家形成了哪些新的观点?

● 查阅资料——酒精、烟草和某些药品对胎儿发育产生的不利影响。

● 查阅资料——常见绿色食品及其生产过程。

● 查阅资料——说明为什么长期以精米、精面为主食而副食单调的人,唇和口角容易发炎。

● 查阅资料——当地空气或居室空气被污染的原因有哪些。

● 调查——血液和血液制品与人类生活的关系。

● 调查——本班同学的近视率并分析患近视的原因。

● 查阅资料——为了提高家畜、家禽的产量,有人将动物激素添加到家畜、家禽的饲料中,人吃了这样的肉、蛋、奶,身体会受到哪些影响呢?

● 查阅资料——人类破坏环境的实例。

● 查阅资料——环境污染对生物的影响有哪些方面。

● 调查——当地的生态环境的现状。

案例二 2006—2007学年八年级生物学科学业综合素质评价方案

一、评价的指导思想

评价方案力求体现课程理念，关注学生的全面发展，不仅关注学生的知识和技能的获得情况，更关注学生学习的过程与方法，以及相应的情感态度和价值观等方面的发展。评价方案有利于改变教师的教学方式和学生的学习方式。评价方式体现多元化，注重激励、反馈、调控和发展潜能。

二、评价方式

1. 形成性评价：各校自行安排，2007年6月底之前完成。

评价分为三个等级：优秀（85～100分）、良好（70～84分）、合格（60～69分）。

（1）种植植物或饲养小动物，有实物或不同时期的照片展示（10分）。

（2）实践活动：要求每位学生每学年独立完成三项内容。题目可以从教科书中的调查、探究活动和查阅资料中选择，也可以自定题目，每项成果30分，共90分。

成果形式：调查报告、小论文、探究实验报告 、演示文稿等。

2. 笔试成绩、范围及试题类型：

（1）学年成绩包括：第一学期期末成绩50分，第二学期期末成绩50分，共100分。

1）第一学期期末笔试：各校教师命题，时间60分钟，卷面成绩100分。

考查范围：八年级上册。

考试方式：建议参照评价内容中考试示例。

2）第二学期期末笔试：区教研室命题，统一时间考试，各校自行阅卷，时间60分钟，卷面成绩100分。

考查范围：八年级下册。

（2）试题类型：

1）判断题：基本概念。

2）连线题：基本概念。

3）选择题：基本概念及理解。

4）填空题：基本概念及理解。

5）识图做答题：基础知识、基本技能及知识应用。

6）分析说明题：实验探究能力、知识应用及表达。

7）设计实验题：实验探究能力及知识应用。

三、评价内容

1. 课程标准人教版初中生物学八年级学生活动内容。

	探究活动	调查	查阅资料	课外实践
第五单元 生物圈中的其他生物	1. 鱼鳍在游泳中的作用。 2. 鸟适于飞行的特点。 3. 蚂蚁的通信。 4. 检测不同环境中的细菌和真菌。	1. 动物在人类生活中的作用。 2. 调查超市中食品使用防腐剂的情况。	1. 中华鲟的生存状况及保护措施。	1. 饲养小鱼。 2. 饲养家兔。 3. 参观食用菌养殖场或自己养殖食用菌。 4. 制作甜酒、酸奶或泡菜。
第六单元 生物的多样性及其保护			2. 中国生物多样性状况及保护措施。	5. 设计并安放人工鸟巢或饲养台。
第七单元 生物圈中生命的延续和发展	5. 扦插材料的处理。 6. 花生种子大小的变异。 7. 模拟保护色的形成过程。		3. 两栖动物的生殖发育过程。 4. 关于生命起源研究的新进展。	6. 嫁接。 7. 饲养家蚕，观察家蚕的生殖和发育。
第八单元 健康地生活	8. 酒精或烟草浸出液对水蚤心率的影响。	3. 调查当地常见的几种传染病。 4. 调查居住地附近的医院，绘制医疗机构位置图及如何到达的最佳路线图。	5. 有关艾滋病的资料。 6. 生物科学技术的新进展。	8. 设计一个旅行小药箱清单。

2. 动物园科普馆考试内容示例。

(1) 地下展厅：展示丰富多彩的昆虫世界，以热带、亚热带植物和人造生态景观为背景。

1) 蛾蝶类主要吸食蜜露和汁液，其所特有的口器是________。

蝗虫主要嚼吃固体动物、植物性食物，危害很大，因为其口器是________。

2) 蝶、蛾的区别：

	蛾类	蝶类
体色		
触角		
活动时间		
休止时间		
蛹		

3）昆虫的防御手段是________、________、________。

4）下列不属于昆虫的是：________。

A. 蝈蝈　　B. 马陆　　C. 竹节虫　　D. 天牛

5）________俗称屎壳郎，它们分解动物的粪便，为改良土壤立下大功，在生态系统中，它们属于____________。

6）________是昆虫家族里的著名数学家；“千里之堤，溃于蚁穴”中的“蚁”是指________（白蚁、蚂蚁），它们都过着大家族式的群体生活，这种生活方式属于________行为。

7）在昆虫的近亲展板中，请将下列动物与相应的类别连线：

蜘蛛、蝎子	唇足纲
虾、蟹	重足纲
蜈蚣、钱串子	蜘蛛纲
马陆	昆虫纲
蝴蝶	甲壳纲

8）“螳螂捕蝉，黄雀在后”反映了生物间的什么关系？写出这条食物链。这句话在生活中比喻什么？

（2）一层展厅：展现北京动物园的百年发展史，介绍了鱼类、两栖类、爬行类、鸟类、哺乳类动物的外观及运动，并有多处互动参与的展台。

1）用直线将下列几种野生动物与应该接种的疫苗连接起来。

鹿	鸡新城疫
猫	犬瘟疫
鸡	魏氏梭菌病
兔	猪瘟疫
猪	猫瘟疫
犬	兔瘟疫

2）________是现今世界上200多种灵长类动物中唯一由中国人命名的珍稀动物。

3）鱼类和鸟类的外形都是________，作用是____________________。

4）硬骨鱼与软骨鱼的区别是________________________________。

5）鱼类利用________在水中前进；利用________和________来保持平衡；利用________改变方向。

6）蛇靠______________________________使身体前进。

7）青蛙的皮肤具有________和________的功能，它的后肢趾间________，适于游泳，后肢肌肉发达，适于________。

8）草食性动物与肉食性动物的区别是____________________________。

9）早成鸟与晚成鸟的区别是什么？

10）请写出鸟类适合飞翔生活的结构特点。

（3）二层展厅：作为动物趣味知识展区，分为东、西二厅。东厅介绍：动物的捕食、防御及繁殖。西厅介绍：动物的节律、迁徙、洄游及动物趣味游戏。

1）地球上现存的动物有170万种以上，它们活跃在地表的各个领域，具有多种多样的行为方式。我们把动物行为大致划分为：捕食行为、________、________、________、________、________、________等。

2）迁徙行为是指动物个体或种群有规律地迁移到另一地的行为。其中，________动物是水平迁徙，________动物是垂直迁徙。

3）洄游专指________，分成________、________、________。大马哈鱼是________的著名代表。

4）通过生殖把________传递给下一代，从而保证物种的延续叫作繁殖行为。________孔雀在繁殖季节用________（背、尾）羽开屏，就是典型的繁殖行为。

5）白鹤的巢最多可以达到________个。

6）捕食行为是某种动物捕食别种动物的攻击行为。捕食的成功依赖于捕食者的__________________，分为不同的类型和技法，如：________、________、________、________等多种。________是猫科动物中唯一协同作战的群居动物。生活在水下2 000米以下的深海鱼靠____________________来引诱猎物。

7）防御行为又称躲避行为，是动物对外来侵略的一种反应，是对自己乃至种群的保护性行为。有多种防御方式，如________、________、________、________、保护色、________、________、________等。

8）许多动物会发出示警信号。有蹄类臀部醒目的________就属于视觉警报。北美的________发出特殊的叫声是________，用这种方式可通知同类采取有效防御措施。

9）避役俗称________，靠________来保护自己；被称为海底变色龙的是________，它的变色本领甚至比陆地上的变色龙还要高。

10）请列举几种能冬眠的动物。

（4）三层展厅：是生物多样性展厅，由生物多样性概念、生物多样性面临的威胁、美好明天三个篇章组成，同时集合了多种可参与的互动游戏。

1）世界上物种最丰富的国家是________，中国居世界第________位。

2）生物多样性包括________多样性、________多样性、________多样性。

3）地球生物圈是全部________及其________的总称，它包括大气生物圈、________和________。

4）DNA的中文是________。它的结构是________，存在于________中。生物遗传信息就储存在它里面。

5）遗传多样性是指同一生物群体中的正常个体间存在的________。一个物种的遗传差异越________，他对生存环境的适应能力越________，进化潜力越________。

6）目前人类对地球的破坏表现在：________、________、________、________等方面。

7）羊绒衫中的羊绒出自________（山羊、绵羊），山羊和绵羊都吃草，它们吃草的不同之处是________。

8）中国的原始森林覆盖率为________，日本的原始森林覆盖率为________。

从以上两个案例中我们可以看出，在综合评价方案设计中，一定要体现评价的多样性，内容要具有选择性，使评价方案能满足不同学习状况学生的需要，落实评价促进学生发展的功能。

三、形成性评价的实施

形成性评价应该属于课堂教学的一部分，运用得好，能够促进教师教和学生学。

（一）实验操作技能的形成性评价

在《课标》的具体内容标准中，对“显微镜的使用和制作临时装片”有这样的表述：“说明显微镜的基本构造和作用，使用显微镜和模仿制作临时装片。”对“动、植物细胞”学习的要求是：“区别动、植物细胞结构的主要不同点。”在活动建议中还提出：“提供多种动、植物材料，通过模仿制作临时装片进行观察、比较和归纳。”

显然，要达成《课标》中对显微镜的使用、制作临时装片和动、植物细胞结构认知的教学目标，需要在课堂上进行多次的显微镜的使用、制作临时装片的训练，在此过程中，观察多种动、植物材料，获得“区别动、植物细胞结构的主要不同点”的知识。因此，加强对显微镜的使用和制作临时装片的考查，有利于学生对基本技能的掌握，从而促进学生对基础知识的理解。

光学显微镜操作技能测试要求在五分钟内完成，评价标准包括以下几个方面

（见表 4—4）：

表 4—4　　光学显微镜操作技能测试评价标准

操作步骤	规范的操作方法	分值	得分
安放显微镜	取镜时，一手握镜臂，一手托镜座，将显微镜放在实验台的正确位置上。	1 分	
安装镜头	你观察物体的总放大倍数是________。	1 分	
对光	(1) 调节粗准焦螺旋，至适当高度。 (2) 转动转换器，使低倍镜对准通光孔。 (3) 调节光圈和反光镜，使视野呈雪白色。	2 分	
安放玻片	将玻片标本放在载物台上，让标本位于通光孔正中。	1 分	
调焦观察	调节粗准焦螺旋，下降镜筒至适当高度。	1 分	
移动玻片	将清晰物像移至视野中央。	2 分	
显微镜复原	(1) 提升镜筒。 (2) 取下玻片。 (3) 转动转换器，移开物镜。 (4) 下降镜筒至适当高度。	2 分	

由于在七年级上，学生使用显微镜机会多，所以教师可以将评价“化整为零”分散在每次使用显微镜的课堂教学中，动手能力强的学生先通过评价，动手能力弱一些的学生可以通过多次训练再参加测试，而先通过评价的学生还可以作为教师的“小助手”帮助评价的实施，加强了学生间相互交流的机会。

临时装片的制作及观察技能测试也要求在五分钟内完成。评价标准包括以下几个方面（见表 4—5）：

表 4—5　　临时装片的制作及观察技能测试评价标准

操作步骤	分值	得分
显微镜对好光待用	1 分	
擦拭载玻片、盖玻片	1 分	
向载玻片中央滴水	1 分	
取材	2 分	
将标本置于载玻片水滴中	1 分	
加盖盖玻片	2 分	
染色	1 分	
观察	1 分	

同理，临时装片的制作及观察技能测试也是在课堂教学中逐步完成的，既符合不同层次学生发展的需要，又减轻了教师开展形成性评价的负担。实践经验证明，上述形成性评价确实可以提高学生的实验操作技能，促进学生对生物学知识的理解。

（二）实验探究能力的形成性评价

《课标》中单独设立了“科学探究”主题，说明初中生物课程中培养学生科学探究能力的重要性。由于《课标》具体内容标准中有多项探究要求，所以设计和实施实验探究能力的形成性评价，在促进学生形成和发展实验探究能力方面就显得尤为重要。

实验探究能力评价表突出了对“科学探究一般过程”的考查（见表4—6）：

表4—6　　实验探究能力评价表

评价内容	评价标准			小组评价
	A	B	C	
提出问题	能提出恰当的问题	基本能提出问题	提不出问题	
作出假设	作出正确的假设	假设不够合理	假设不正确	
制订计划	1. 实验设计思路好，有可行性	实验设计思路比较好，或可行性差	实验设计思路不清楚	
	2. 设计对照实验正确	设计对照实验不正确	没有设计对照实验	
	3. 材料及用具选择恰当	材料及用具选择比较合理	材料及用具选择缺乏可行性	
	4. 控制变量确定准确	不能确定单一变量	没有确定控制变量	
实施计划	1. 正确实施计划	实施计划有欠缺	没按计划实施	
	2. 正确收集数据、记录实验现象	收集数据、记录实验现象有误	不会收集数据、记录实验现象	
得出结论	1. 能准确描述现象或准确记录	描述现象不够准确或记录欠缺	不能够描述现象，记录不属实	
	2. 能对数据作出正确的评价	对数据的处理不够准确	数据处理错误，不会评价数据	
	3. 结论表述正确	结论表述不够完整	结论错误	
表达交流	1. 探究报告撰写条理性强、清晰、完整	探究报告完整	探究报告有欠缺	
	2. 对实验过程和结论作出合理的解释	对实验过程和结论的解释有欠缺	不会对实验过程和结论进行解释	
总评价等级				

目的是引导学生掌握探究的一般方法。运用文字表述不同层次的评价标准，意图是使学生在不断使用评价标准时，反思自己的探究过程，加深对正确探究方法的理解和掌握，最终实现探究能力的提高。关于评价的记录，增加的自主性、选择性和互动性，既有学生自主的评价，也有小组成员间的评价，还有教师最终的评价意见，可以是等级，也可以赋分。评价的目的非常明确，就是希望通过形成性的评价促进学生实验探究能力的发展。

四、终结性评价的实践

在生物学科学业综合评价方案中，每学年都有终结性的评价。通常是采取编制试卷、以笔试的形式完成。

我们以生物学科八年级终结性评价中试题命制过程为例。试题命制过程包括：设计“知识、能力双向细目表”→编制试题→修改完善→形成试卷。双向细目表具体内容如下（见表4—7）：

表4—7　　知识、能力双向细目表

单元	章节	知识点	题目类型	能力要求
第七单元（73分+5分）	生物的生殖和发育（18分+5分）	无性生殖（应用、组织培养的原理、克隆），有性生殖（其过程见教材第2页），昆虫、青蛙、鸟类的生殖与发育	选择（8分） 判断（4分） 填空（4分） 连线（2分） 附加题（5分）	识记、判断与表达
	生物的遗传和变异（32分）	性状，相对性状，基因与性状的关系，基因、DNA与染色体的关系，孟德尔的实验（会画遗传图解），性别决定和性染色体组成，婚姻法禁止近亲结婚的道理，育种与科学家	选择（14分） 判断（2分） 识图做答（10分） 分析说明题（6分）	识记、判断、表达、获取信息、应用知识
	生物的进化（23分）	生命起源（米勒实验），生物的进化历程（见教材第55页），化石的作用，研究方法，适应的形成	选择（6分） 判断（2分） 填空（4分） 连线（1分） 识图做答（10分）	识记、判断、表达、获取信息

续前表

单元	章节	知识点	题目类型	能力要求
第八单元（27分）	传染病与免疫（16分）	传染病实例与预防（手足口病、艾滋病），免疫类型及功能（特异性免疫和非特异性免疫），抗原和抗体的识别，过敏反应，青霉素的作用	选择（10分） 填空（2分） 连线（4分）	判断
	用药和急救（5分）	用药及急救常识	选择（2分） 连线（3分）	识记、判断、表达
	了解自己增进健康（6分）	选择健康的生活方式（水蚤实验）	判断（2分） 分析说明题（4分）	解读图表，获取信息，处理数据，准确表达

有了命制试题的双向细目表，可以说试卷完成了一半。在此基础上结合生物教学状况、联系学生生活及生命科学研究新成果，完成具体试题的编制。

在生物课程改革中，改变课程评价的内容和功能，发挥评价在促进学生发展、促进教师提高和改进教学实践方面的功能，逐步建立起促进学生全面发展的评价体系，是全体生物教师面临的重大课题。

生物课程改革减少了评价的甄别作用，评价不仅要关注学生生物学科的学业成绩，而且要发现和发展学生在未来从事生命科学领域研究中多方面的潜能，需要教师更深入地了解学生发展中的需求，帮助学生认识自我，建立自信；同时发挥评价的教育功能，促进学生在原有水平上的发展。

因此，设计生物科学素养综合评价方案，分步骤地落实形成性评价，编制好终结性评价试题，都是有效实现课程标准中对学生生物学素养评价要求的途径。当然，随着生物课程的深入推进，建立促进不同层次学生全面发展的评价体系是我们亟待解决的问题。

参考文献

1. 中华人民共和国教育部. 生物课程标准. 北京：北京师范大学出版社，2001

2. 汪忠，刘恩山. 生物课程标准解读. 北京：北京师范大学出版社，2002

第五编

生物教师专业发展

新课程的实施有力地促进了教师的专业发展。新课程把“教师即研究者”这一理念提上了议事日程，并促进了这一理念向现实的转化。本编针对生物教师怎样去做研究、研究的途径有哪些、怎样做校本教研等问题进行阐述。

第一讲
生物教学论文的写作

北京教育学院 赵景春

在运用了各种研究方法进行研究以后，撰写出研究论文或研究报告则是一项非常重要的工作，这是对课题研究的全面总结。研究的成果需要社会的认同和交流，论文是其最好的承载和展示形式。

一、什么是教育科研论文

论文（或称学术论文）是对科学领域中的问题进行探讨、研究和描述学科研究成果的文章。也就是说，论文既是科研人员探讨问题、进行科学研究的一种手段；又是描述科学研究成果、进行学术交流的一种工具。

我们对教学理论和实践的研究也是一种教育科学研究。教育科研，是指以教育科学理论为指导，以教育领域中发生的现象和出现的问题为对象，以揭示教育的本质和规律、构建新的教育理论体系和指导教育实践为目的的一种创造性的认识和实践活动。从事教育科研，能有效地培养教师的问题与研究意识，提高教师的语言表达、逻辑思维、教学监控和教育教学反思的能力等。人们普遍认为，从事教育科研是培养学者型、科研型和教育专家型教师，促进教师专业化发展和提高学校教育教学质量的一条有效途径。撰写研究论文是教育科研必备的条件之一。

（一）教育科研论文的种类和作用

教育科研论文是教育工作者对某些教育现象、教育问题进行比较系统、专门的研究和探讨，提出新观点，得出新结论，或站在新的角度作出新的解释和论证的一种理论性文章。

1. 教育科研论文的分类

按研究的特点和形式，可将论文分为四类：

（1）经验性论文，这是一种教师工作经验的理论总结。例如，生物实验中合作学习的实践与思考。在写此类论文时，我们要考虑，是个体经验总结还是群体经验总结。因为在总结时的主体有别，单体是个性实验，群体是重复实验，两者结论的准确性是有差别的。经验的时间性也要考虑，是历史经验总结还是现时经验总结，前者的立意在于借鉴，后者则重提示和推广。另外，是点总结，还是面总结，还是由点及面的总结，必须清楚，否则结论有瑕。论文反映的是研究缩影和思考结晶，方法要点的把握也尽显其中，一定要克服“工作的文字总结”和“为总结而总结”的倾向。在总结的内容方面，如果内容是总结一般性经验，那么总结的问题较小，也比较简单。最常见的总结的内容是专题性经验的总结。专题性经验总结在对某一问题进行深入分析的同时要考虑到该问题的实用价值，如“谈实验课中的探究性学习”、“在生物课中培养学生的自主学习能力”、“新课标下合作学习中的问题研究”等选题可属此类。总结的深入性和提炼功力是此类研究或论文质量的保证。总结综合性经验，是要对一类问题作较深入、系统的总结。其特点是，先在实践中有很长时间的探索，然后又有理论上的思考，理论思考又进一步指导实践。我建议在今后的培训中采取以课题引领、导师全程指导的方式，以进行成文规范化训练。注意，千万别泛泛而写，那也只能收平平之文。

(2) 研讨型论文，是针对教育实践和理论中的问题进行专题总结、分析、研究的成果报告。在某一学科领域中，研究者经过自己悉心研究、观察和实践，有所发现和创造，陈述新见解。例如，在实际教学中，分析学生在掌握生物学概念过程中产生思维障碍的原因，探讨排除思维负迁移的方法，提出改进生物教学的建议等。

(3) 评述性论文，是对问题进行专项综述和评析。收集、整理一些分散的材料，使之系统化，用新观点、新方法加以论证，得出新结论。例如，关于比较教育研究的文章，在收集各国当前小学数学教学的有关资料的基础上，进行横向比较研究，得出共同的特点和发展趋势。再如，对探究式教学的适用范围的思考与讨论。这些论文都属于评述性论文。

(4) 学术型论文，是对教育问题和教育理论进行专门、系统的研究，总结规律，揭示本质，进行论证等。如：论中学生物教育萎缩现象。

2. 撰写教育科研论文的作用和意义

撰写论文是中学教育科研活动的一个重要环节，论文撰写的成功与否，直接反映科研效果如何。科研论文就是在调查研究或实验的基础上，经过分析论证的深化认识过程，把研究成果文字化所形成的文稿。它是教育科研活动的一个重要环节，其作用在于：深化认识，提炼成果，交流信息，发展素质，加快进步。在一定意义上可以讲，教育科研活动均属创造性活动。为了保证教育科研活动卓有成效，给进一步开展教育科研活动提供可靠依据，在每一次科研活动结尾都撰写报告或论文是十分必要的。其作用主要有以下几个方面：

(1) 论文是社会共享的精神财富。论文一旦公开发表，便立即产生它的社会价值。任何读者都可以看，都可以从中汲取自己所需要的东西，它具有任何物质财富都无法比拟的价值作用。高质量的教育论文不仅能为社会创造精神财富，而且能对教育事业和人类进步作出贡献。优秀的论文往往影响人们的思想，是社会进步发展的文化基础。

(2) 论文是以文字为媒介表述研究成果的形式。作者经过调查研究、收集资料、分析综合、理论论证等，得出一个结论或形成一个完整的理论体系，以便解决一个实际或理论问题。而这些结论和理论体系必须要以文字为媒介把研究成果固定、表述出来，让读者评判、借鉴或运用。

(3) 论文是测量作者研究能力的手段。论文的水平能反映作者的知识理论水平、思想方法、研究能力、文字能力等。

(4) 论文是培养研究人才的重要途径。论文的写作过程是教师学习、研究的过程，也是能力锻炼和提高的途径。21 世纪的教师应具备教科研能力。面对未来的教育，我们广大教师应该向科研型、学者型、特长型的方向发展，撰写教育论文能加速这一发展的进程。写教育论文离不开教育教学的实践，离不开学习和研究。所以说，撰写论文的过程，就是教学水平和理论研究水平不断提高的过程，就是由感性向理性的升华过程，就是从经验型“教书匠”向研究型专家转化的过程。所以，教育论文有利于教师素质的提高。

(5) 学生是教育论文的最终受益者。教育论文大多是教育教学工作的经验总结，或者是对教材教法研究的成果。从实践中来，又运用到实践中去，直接得益的首先是学生。如果论文发表在以学生为读者的报刊上，无异于对几万、几十万学生做了一次辅导。

总之，撰写教育论文的意义在于使社会受益、学校受益、教师受益、学生受益。

3. 对写教育科研论文的认识

论文就是文章，是讨论某个问题的文章。讨论或研究就是论，论者，分析说明也。说白了，就是要你写一下你对某个问题的认识，并说明为什么有这样的认识，这就是论文。你是教师，你研究的问题当然是教育教学范畴内的问题。

许多教师之所以不敢写论文，无非是把它看得太神秘了，这是认识上的一个误区。说实话，其实现在教育界对论文的要求并不是太高，论文的内涵被缩小了，外延被扩大了，常见的教材分析、教法研究、学法研究、解题研究、课例评点、教学心得等，均被看成是教育教学论文。再者，我们教师都会遇到教育中的许多问题，要解决这些问题，就要开展以校为本的教研，以具体问题为对象，以教师为研究的主体，以教育问题为对象，开展实践性研究。既然注重了实际问题的解决，为什么不再注重一下经验的总结和理论的提升呢？撰写论文也是教师的专业发展的行之有效的策略之一。

（二）论文的基本格式

教育论文一般由题目、作者、内容提要和关键词、正文、参考文献、英文题名和英文摘要等部分组成。这也是论文发表的基本要求。我们必须明确格式。

1. 论文题目

题目即窗口，要高度概括，体现纲领，显示内涵，也见水平。题目拟定的要求是：准确、简括、规范。一般不得超过20个字。必要时可加副标题。标题要首页通栏居中横写，上下各空一行。要注意：论文题目中间可加标点，题目末尾不加标点，题目较长转行时，不要把一个完整的词分割开，力求整体、和谐、对称。

2. 论文作者

作者的姓名、单位写在论文题目的下方，单位后面写邮政编码。

3. 内容提要和关键词

内容提要是论文内容的高度概括，力求简明、准确、完整。

关键词是选出具有代表性的、能起检索作用的、反映论文主要内容的名词性术语，以3～5个为宜。

4. 论文正文

由引论、本论、结论三部分组成。

(1) 引论即前言。是交代背景、提出论点的引子，要求是简洁明了、独具风格、引人入胜，不宜过长，一般不超过两百字。

(2) 本论是主干。写好这部分的关键在于论证，科学性是主导，逻辑性是关键，可靠性是保证，求异性是特色，求实性是基本。

(3) 结论是价值。要精炼，要点睛，要有水平。

5. 参考文献

格式如下：

作者．书名或论文名．出版社或期刊名，出版时间或期刊年卷，期，页。

6. 英文题名和英文摘要

应与中文原文相对应。

（三）论文的基本要求

1. 科学性、真实性、准确性和公正性

论文的真正价值在于它的科学性，它从立论、数据、处理、分析到结论，都必须符合客观实际，因此必须做到数据可靠、论点正确、分析合理、结论正确。

2. 创造性和学术性

论文的意义在于创新，在科学性的基础上要有所创造，要出新观点、新成就、新经验，重复无价值，人云亦云、亦步亦趋实不可取。高质量的论文一定要有自己独特的见解。这就要求我们勤于思考、善于思考、敢于思考。

3. 逻辑性和可读性

论文是以概念、判断、推理的逻辑过程来进行写作的，对事实及数据进行科学的解释来说明教育科学的规律，所以要经得起推敲。但论文不是图表、数据的堆砌，也不是枯燥的解说，论文应该文字通俗、表达精确、行文流畅、文采生动，切不可盛气、霸气和油滑。

4. 规范性

除了以上的规范化格式外，还应力求标点、体例、用字、用词等规范化。

二、教育科研论文的结构与写作

科研论文的写作与科研立项类别有关，在科研立项时，就应该考虑到成果的形式和写作。

（一）撰写教育论文的一般程序

撰写教育科研论文一般要经过以下几个步骤：

1. 明确目标，选好课题

撰写哪种类型的论文，选择什么样的题目，这是撰写者必须首先明确的。一般说来，撰写者应根据自己已有的知识基础、写作能力、积累的资料和实际工作经验，选择有价值而又力所能及的课题。尤其是初学者，应当从一些有价值的小课题入手。这一点应该从立项时就考虑清楚。

2. 确定中心主题，拟好论文标题

撰写论文，先要十分明确你的立意，就是确定中心主题。主题是作者对立项意义的一种判断，也是作者通过材料要表达的认识和对论文中所提出的要解决的问题的总评价。它是论文的纲领和灵魂，是要贯穿全篇的东西。论文是否有学术价值或社会价值，很大程度上就取决于文章的立意是否具有新意和创造性。教育论文的标题是主题的直接反映，是文章的眼睛和窗口。因此，论文的标题必须准确、简明、醒目，要能准确地表达论文的内容，恰如其分地反映研究的范围和深度。

3. 广泛准备材料，详细查阅资料

有针对性地查阅文献资料，做好记录和索引，以备使用。汇集整理所用材料，这对初写论文者来说是很关键的一步。选题确定之后，论文有了中心思想，在写作上迈出了关键的一步。但是，要写好一篇论文，还必须占有丰富、准确、全面、典型、生动、具体的材料，从中体现出自己的观点，并用具有说服力的题材和论据来证明自己的观点。这些材料必须是有根有据的，而不是主观臆断的。它们或是通过自己亲身实践研究得出的，或是他人以前研究总结的可靠成果。因此，资料的收集对论文的写作有着举足轻重的作用。可以阅读有关的理论书籍，查阅有关的文献，收集相关的论据。

作者不仅要学习教育、教学理论，也要对与教育、教学相关的社会科学知识有所涉猎。因此，要注意多阅读教育书刊、报纸，收集有关研究信息，吸收他人的研究成果，开阔自己的思路，完善自己的设想。

4. 进行精心构思，编写论文提纲

论文的中心思想确定后，作者明确了自己所要研究的对象和内容，就要着手拟订提纲。撰写论文首先要进行总体规划，谋思通篇。通过构思，突出论文的重点，安排好章节结构，使论文条理清晰，层次分明，逻辑缜密，浑然一体。在进行通篇构思时，安排好论文层次的顺序是关键环节。写作提纲是构思的文章具体化的排布。编写提纲是进行写作前的逻辑思维过程。拟定一个较为详细的提纲是写好论文的先决条件。

常用的提纲类型有两种：

(1) 列项式提纲：粗线条地搭起全文的框架。用简洁、概括的词组、句子、材料序号，把中心论点、分论点、材料一一排开，制成一个草图。例如论文《浅析学生掌握生物学概念过程中的思维障碍及其对策》的列项式提纲如图 5—1 所示。

(2) 陈述式提纲：用不加修饰的陈述句，把分论点和材料、分段、分层地表示出来。谁在前，谁在后，怎样衔接，都考虑得十分严密。

写出提纲以后，要以审视的目光去复检，力求结构和谐。重要的部分要放在显要的位置，占的篇幅大些；次要的材料要就位得当，占的篇幅小些。

5. 认真撰写论文初稿

在准备充分的材料、巧妙的构思和拟定完整的提纲的基础上，便可以按照论文的格式和写作要求，去撰写论文初稿。

6. 修改定稿

一篇好的教育论文往往不是“写”出来的，而是改出来的。修改论文主要应从思想内容和表现形式两个方面考虑。修改的顺序应由大到小、由整体到局部逐

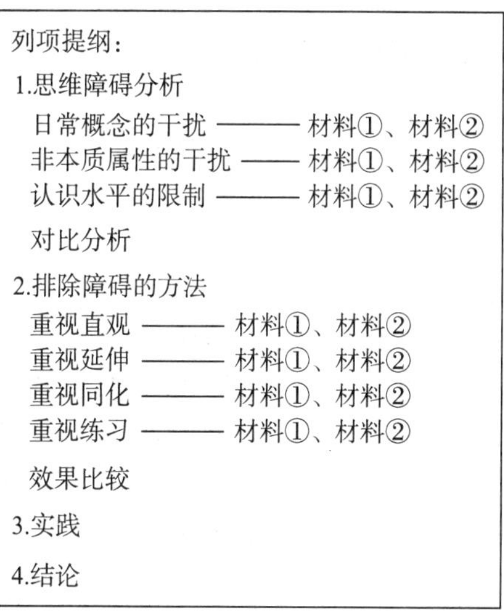

列项提纲：

1.思维障碍分析

日常概念的干扰 ——— 材料①、材料②
非本质属性的干扰 —— 材料①、材料②
认识水平的限制 ——— 材料①、材料②

对比分析

2.排除障碍的方法

重视直观 ——— 材料①、材料②
重视延伸 ——— 材料①、材料②
重视同化 ——— 材料①、材料②
重视练习 ——— 材料①、材料②

效果比较

3.实践

4.结论

图 5—1　列项式提纲

层地进行，而且每次修改都应有所侧重。我建议五改其文，以求尽量完善。

论文的初稿完成后，要反复检查、修改，不要急于打印成文。主要检查有无科学性错误、题目是否贴切、材料与主题是否统一、结构是否严谨、论点是否明确、论据是否充分、词语是否准确、行文是否规范，等等。“自古学者必有师”，多倾听他人的意见，对提高写作水平很有帮助。

（二）论文的一般结构和写作要领

1. 题目

题目是论文的窗口，它应是论文内容的高度概括，论文通过它传神韵、显精神、见水平。更重要的是，论文题目能大体反映出作者研究的方向、成果、内容、意义，显示出全篇的格调、色彩等。因此，论文题目一般要求既能表达论文的基本精神，又要简洁、精练，便于分类和体现内容。

论文的题目是论文的眼睛，也是论文总体内容的体现。一个好的题目能吸引读者阅读文中的内容，起到很好的宣传作用。好的题目应该是用精辟的语言来阐明作者打算探索和解决的问题，要明确、精练、易懂，要能正确地表达论文的中心内容，恰当地反映此研究的范围所达到的深度。要使内行人看得明白，外行人也能有所理解。例如，“浅谈生物教学中学习的激发”和“问题意识与生物教学”，前一个题目明确地反映了论文的中心内容和研究范围，即在生物学教学中如何激发学生的学习兴趣；后一个题目明确而精练，读者一看就知道研究的中心内容，即在生物学教学中如何培养学生的问题意识。

2. 摘要

摘要又称概要、内容提要。论文需要有摘要，以便读者能迅速了解全文的概貌，以确定其阅读价值。

(1) 摘要的要求。

摘要是以提供文献内容梗概为目的，不加评论和补充解释，简明、确切地记述重要内容的短文。一般包括研究目的、方法、结果和结论。具体地讲，就是研究工作的主要对象和范围、采用的手段和方法、得出的结果和重要的结论，有时也包括具有情报价值的其他重要信息。摘要应具有独立性和自明性，并且拥有与文献同等量的主要信息，即不阅读全文，就能获得必要的信息。完整的论文都要求写论文摘要，而且摘要写得好坏直接影响到读者对全文的看法。

(2) 摘要的功能。

其一，补充题名的不足，让读者尽快了解论文的主要内容。现代科技文献信息浩如烟海，读者在检索到论文题名后主要就是通过阅读摘要来判断该篇论文是否具有阅读的价值，所以，摘要担负着吸引读者和将文章的主要内容介绍给读者的任务。其二，为科技情报文献检索数据库的建设和维护提供方便。论文发表后，文摘杂志或各种数据库对摘要可以不作修改或稍作修改就直接利用，从而避免他人编写摘要可能产生的误解、欠缺甚至错误。随着电子计算机技术和互联网的迅猛发展，网上查询、检索和下载专业数据已成为当前科技信息情报检索的重要手段，网上各类全文数据库、文摘数据库越来越显示出现代社会信息交流的水平和发展趋势。同时，论文摘要的索引是读者检索文献的重要工具。所以论文摘要的质量高低直接影响着论文的被检索率和被引频次。

(3) 摘要的类型。

按摘要的不同功能来划分，大致有如下三种类型。

1) 报道性摘要。

报道性摘要是指明一次文献的主题范围及内容梗概的简明摘要，相当于简介。报道性摘要一般用来反映科技论文的目的、方法及主要结果与结论，在有限的字数内向读者提供尽可能多的定性或定量的信息，充分反映该研究的创新之处。科技论文如果没有创新内容，如果没有经得起检验的与众不同的方法或结论，是不会引起读者的阅读兴趣的。所以学术性期刊多选用报道性摘要，用比其他类摘要字数稍多的篇幅，向读者介绍论文的主要内容，以“摘录要点”的形式报道出作者的主要研究成果和比较完整的定量及定性的信息。篇幅以 300 字左右为宜。

2）指示性摘要。

指示性摘要是指明一次文献的论题及取得的成果的性质和水平的摘要，其目的是使读者对该研究的主要内容有一个轮廓性的了解。创新内容较少的论文，其摘要可写成指示性摘要，指示性摘要一般适用于学术性期刊的简报、问题讨论等栏目以及技术性期刊等只概括地介绍论文论题的期刊。它使读者对论文的主要内容有大致的了解。篇幅以 100 字左右为宜。

3）综合性摘要。

综合性摘要是以报道性摘要的形式表述论文中价值最高的那部分内容，其余部分则以指示性摘要的形式表达。篇幅以 100～200 字为宜。

以上三种摘要分类形式都可供作者选用。一般地说，向学术性期刊投稿，应选用报道性摘要形式；创新内容较少的论文，其摘要可写成报道性或指示性摘要。论文发表的最终目的是要被人利用。如果摘要写得不好，会使论文丧失其应有的价值。

(4) 摘要写作的注意事项。

摘要中应排除本学科领域已成为常识的内容，切忌把应在引言中出现的内容写入摘要，一般也不要对论文内容作诠释和评论，尤其是自我评价。不得简单重复题名中已有的信息。要力求结构严谨，表达简明，语义确切。摘要先写什么，后写什么，要按逻辑顺序来安排。句子之间要上下连贯，互相呼应。摘要慎用长句，句型应力求简单。每句话要表意明白，无空泛、笼统、含混之词。摘要不要分段。要用第三人称。建议采用"对……进行了研究"、"报告了……现状"、"进行了……调查"等记述方法标明一次文献的性质和文献主题，不必使用"本文"、"作者"等作为主语。要使用规范化的名词术语，不用非公知公用的符号和术语。新术语或尚无合适的中文术语的，可用原文或译出后加括号注明原文。除了实在无法变通以外，一般不用数学公式和化学结构式，不出现插图、表格。不用引文，除非该文献证实或否定了他人已出版的著作。对于缩略语、略称、代号，除了相邻专业的读者也能清楚理解的以外，在首次出现时必须加以说明。科技论文写作时应注意的其他事项，如采用法定计量单位、正确使用语言文字和标点符号等，也同样适用于摘要的编写。

3. 引论

引论即绪论，这一部分一般要概述三方面：第一，提出课题，说明研究这一课题的理由、意义；第二，交代研究背景，提出需要论证的问题；第三，说明作者论证的方法和手段。其中，第二方面，即提出需要论证的问题，是绪论的核心部分，体现着全文的基本价值。

绪论要求写得精练、明确，字数不宜多。常见的绪论写法有：直接申明自己的主张和见解的写法，开门见山地提出中心论点；提示内容要点的写法；因事发问，启人思考的写法；引经据典，说古道今的纵论写法。

4. 本论

本论即正文，是展开论题、表达作者个人研究成果的部分，这部分占论文的绝大部分篇幅，处于极其重要的地位。

要写好这部分，关键在于论证，即证明作者所提出的论题。这里包括论题的提出、对解决问题的设想、论据的选用、理论上的逻辑推理及得出的结论等。要特别详细地阐明作者提出的新的独创的东西，这是论文的学术水平高低、有无学术价值的具体表现。要注意主次，抓住关键，并考虑好段与段之间的过渡衔接。如果论文较短，这部分可以一气呵成。如果论文较长，为了概括内容和阅读方便，这部分可分章、节，或冠以大小标题，或使用不同的序号加以显示。

在本论进行论证中，要从不同角度、不同层次对论点作分析说明。以事实、数据和有关理论作为论据，按思辨的规则进行推理，展开论证。这一部分是论文展开论题、分析问题的部分，论证即阐明论点和论据之间的必然联系，证明自己的主张是正确的，以帮助读者了解结论的产生及其正确性。因此，这部分内容应当丰富、充实，观点要与材料一致，有理有据。论述的先后次序、推理的层次都要根据事理的内在联系来安排，做到有条不紊。所以这部分要求结构的层次性、论证的逻辑性和论据的丰富性。

一般结构复杂的论文，在中心论点提出后，还要将其分解，在不同的方面设置若干分论点或小论点。在内容结构的安排上一般有两种形式。一种是并列式，将中心论点分成几个彼此并列的分论点，然后分别论证，求得综合。例如，论文《浅谈中学生物的教学难点》的并列式结构是这样安排的："难点的含义"、"难点的成因"、"难点的特点"、"难点的解决方法"。另一种是递进式，将总论点分成几个不同层次的小论点逐步深入地分析论证，最后得出结论。例如，论文《在中学生物学教学中，如何促进两种思维的和谐发展》的递进式结构是这样安排的："充分感知，积累表象，发展形象思维"、"语言参与，表现概括，引发抽象思维"、"形象和抽象结合，促进两种思维相辅相成"。

5. 结论

这部分要对正文中分析论证的问题加以综合，概括出基本点。结论是实验结果和理论分析的逻辑发展，是课题解决的答案，是全篇论文的归宿。概括性的结论是在论证的基础上提出结论性的意见，作为文章的总概括，得出或重申自己的见解。写结论的目的是加强读者对全篇文章的印象，所以要简明扼要，精确有力。结论的位置一般在文章的最后部分，但也有文章因每层各段的意见已交代清楚，不需另作结论。

6. 结尾

要求总结全文，深化主题，揭示规律。提倡措辞严谨，逻辑严密，文字简明具体。切忌简单重复，谈体会，喊口号。

7. 注释和参考文献

在论文的末尾，列出在研究这一课题和撰写论文过程中参考和引用了哪些文献资料。写上这一部分，反映了作者的科学态度和求实精神，也表示作者对别人研究成果的尊重，防止抄袭之嫌。同时，也可以反映研究水平，给别人一些启发。

注释是对文章中的词语、内容或引文的出处所做的说明。参考文献是作者在撰写论文时，曾经借鉴、引用过的重要文章和著作。论文写好之后，要将这些文章或著作编目，附在论文后面。任何人的科学研究都有一定的继承性，都是在前人研究的基础上的发展和提高。所以，论文中常常引用他人著作或论文中的观点、材料、方法作为自己论述的根据，对于这些被引用的内容，在论文中一定要给予明确的标记。这样可以反映出自己论证的根据，同时也为读者继续研究提供查阅文献的方便。

三、教育科研论文的优化

优化教育科研论文，提高论文质量，应该从主题、材料、结构、语言等几个方面下工夫。

（一）关于主题

主题是文章的灵魂，是作者对所反映的客观事物反复实践、深入探讨、不断认识的产物。

每篇文章，作者都有自己的意图。要说明什么，或者要解决什么，是赞成什么，还是反对什么，总之，要有个中心。主题就是作者在文章中所提出的中心和想要解决的主要问题，它包括作者的主观评价和文章本身的客观意义，是文章全部思想的核心。

1. 主题要正确

这是首要。题不正，谬千里。这是科学性的根。

2. 主题要集中

正确，并不一定就集中。如果观点正确，主题也没有什么错误，但不突出、不明确，提出和解决的问题一般化，这仍然不是一篇好文章。这主要还是在提炼主题上欠功夫。为此，我们不仅要求主题正确，还要做到集中。这是我们对主题的进一步要求。

好文章，首先是主题好，就是它提出和解决的主要问题揭示了事物的本质及其规律性。主题好，首先要观点正确，这是对主题的基本要求。主题还要集中，就是要明确文章写作的目的性。一般来说，一篇文章只能说透一个意思，如果中心分散，什么都想说，势必头绪繁杂，什么也说不清。多中心就是无中心。因此，所有材料都要紧紧围绕一个中心，表达一个意思。什么问题提到首位，哪些地方应该强调，各部分之间是什么关系，都要周密地考虑好，要从整体出发，统一在一个中心之中，既不能把部分当整体，也不能把次要当主要。

3. 主题要鲜明

对所反映的客观事物认识明确，分析透彻，善于找出它的内部联系和本质，这是突出重点，抓主要矛盾，是主题提炼集中的根本条件。主题还要鲜明，就是说，写文章就是要影响读者，因此，必须立场坚定，旗帜鲜明，一定要清楚、明白，决不能模棱两可。文章主题不鲜明，主要是问题提得不鲜明，分析得不深刻。没有观点，没有倾向的论文反映了论文撰写者认识水平不高。观点材料脱节，议论空泛，只罗列现象，淹没了观点，也是造成主题不鲜明的重要原因。

4. 论述要深刻

主题深刻，就是对所反映问题的认识要深刻，要能击中要害，提出和解决带有方向性和根本性的问题。主题要挖掘得深刻，就要加强分析，就要在揭示事物的本质上下工夫。写文章必须占有材料，但又不能局限于材料。要站得高，善于驾驭材料，对材料作本质的分析。

上面说主题的集中、鲜明、深刻是不可分割的。主题集中，才能鲜明，只有集中、鲜明，才有利于深刻。这三方面是统一在一篇论文之中的，是对好的主题的共同要求。

（二）关于材料

材料是表现主题的基础，教育教学实践是获得材料的唯一源泉。

写作是为了表达一定的思想内容，内容是由主题和材料构成的。材料就是观点和用来说明观点的具体事实，诸如事件、情况、数字、引语等。文章里的材料是表现主题，为主题服务的。没有材料，文章就会空洞，主题也难以实现。

材料在文章中和主题是统一的。一定的主题要寓于一定的材料之中，一定的材料又必须由一定的主题来统领。没有材料，主题将无法单独存在；没有主题，材料本身也无多大意义。因此，撰写者在写作时，一方面，要做到材料和主题的统一，要用主题驾驭材料、统领材料，使材料更好地为其服务；另一方面，又要把材料加工、提炼、组织好，使主题表现得更为深刻、鲜明、有力。

从实践中搜集来的材料只是原始素材。这些材料用在文章里，还需要用正确的教育思想或教育理论对其进行“去粗取精，去伪存真，由此及彼，由表及里”的分析制作，选择其中最生动、最本质、最有典型意义的材料。只有这样，才能构成文章的内容，表现文章的主题思想。

（三）关于结构

文章的结构，简单地说，就是文章的内部构造。作者根据主题的需要、体裁的要求，按照事物的发展规律，对题材进行处理和安排。如果说主题是文章的灵魂，那么结构就是文章的“骨架”。结构是由主题决定、为主题服务的。文章通过这种组织和安排，把大量零散的材料组成一个有机的整体，更好地发挥文章的作用。

文章的结构一般包括：材料详略的处理；开头、中间和结尾的安排；段落的划分和过渡；前后的交代和照应；等等。

文章的结构，实质是一个如何认识和反映客观事物的问题，是客观事物的内部联系，通过作者的构思，在文章中有层次的反映。它体现了作者由认识事物、掌握规律一直到构思、写成文章的全部过程。一般地说，结构严谨、清晰的论文反映了作者思想的严密性，对客观事物本质认识的深刻性；结构松散、混乱的论文说明作者还没有抓住事物的本质及其内部联系。

详略的问题、开头和结尾问题、段落和过渡问题、交代和照应问题等，也都是属于文章结构的问题，都必须予以注意。

（四）关于语言

一篇高质量的论文，不仅要有见地，也要讲究辞章，达到科学与文学、科学与美学的最佳结合。因而语言文字表达如何也是关系论文社会效益大小的一个重要问题。论文的语言应该严谨、准确、简练、通畅，做到准确而不空泛，简练而不冗长，明白而不晦涩。要把朴实严肃的叙述和语言的扼要与清晰放在第一位，但同时又不损害其完整性。还应避免语言的单调和无生气，要注重文辞的修饰，尽量使语言表达得形象而生动。

撰写论文，在语言上可以充分运用比喻、对偶、排比、设问、借代、引用、反问、重复、双关、层递、比拟等修辞手法，以提高论述效果。

（五）关于修改要领

要提高论文的质量，应从以下几个方面进行着重修改：

1. 再审论点

看论点是否表述得正确、清楚。看文章中的论点表述得怎么样，写出来的和设想的是否相同。文章中的每一个分论点是否从不同的角度论证了中心论点。

2. 核实论据

看论据是否正确、充分。对所使用的每一个论据加以核实，看观点与材料是否相符，论据有没有代表性，用得是否恰当、准确、有力。文章的质量不在于材料的数量，关键在于材料本身的性质、特点和对论点的直接论证效果。

3. 斟酌布局

要修改一下论文的结构。文章成稿之后，要进一步根据中心论点对文章结构作合理的调整。对于诸如顺序颠倒、详略不均、前后重复、层次不清、缺乏条理性等问题，需要进行最后的处理。

4. 推敲语言

通读一遍，看语言是否通顺、规范、精练。全部的内容归根到底都要落实到文字上。读者借助语言来评判、审视和接受作者的观点。为了质量，修改时要一字一词地推敲，寻找最合适的字词来表述内容，使文字通顺、流畅、准确。

四、关于投稿论文中的一些常见问题

随着教育教学改革研究的深入开展，广大的教师积极参与教改实践，踊跃地为杂志投稿，为教育事业的发展创造了宝贵的财富。但是，并不是每一篇稿件都能被采用。究其原因，往往是由于投稿论文中存在着一些问题。除了选题不当以外，还有以下几个问题是投稿论文中经常存在的：

（一）论点与论据不符

只有论点，缺少论据，内容空泛，结论不真；罗列材料，空谈现象，缺乏观点，没有分析，不能概括。

（二）层次不清，没有严密的论证过程

有论点，也有论据，但是没有层次分明的论证过程，使读者无法对文章所要阐述的问题有清晰、明确的认识。

（三）语言不规范

术语不准，自纂词汇，词不达意，不易理解；使本来简单的问题复杂化；不能把观点表达清楚；用词比较强硬或绝对，使读者产生不舒服的感觉而影响阅读和论文质量。

最后，谈几点关于写论文的实感体会。

首先，要端正心态，树立自信。写作是一种智力活动，需要积极的思维，更需要积极的心态。浮躁生厌，何来文思？青年教师要挖掘自己的潜力，还要看到许多有利条件。现在报纸杂志种类较多，稿件需求量很大，各种论文评比活动也很频繁，因此，发表论文的机会也就多了。当然，重在实践，贵在参与，论文的发表并非写论文的唯一目的。

其次，经常练习，必见成效。初写论文者，很难一下子就写出高质量的论文来，也很难一投即中，这就需要耐心。要在写作实践中不断提高自己的文字表达能力和理论水平，善于总结经验，积累经验，探索写稿和投稿的规律，不懈努力，才会有所收获。

最后，希望学员们加强学习，重视积累，辛勤笔耕，妙文佳作必出。

我以建议的形式来总结本讲。我的建议是：勤思，多写，善观，求异。经常思考以清文思，多阅勤写以练文笔，善观事物以透本质，独立思考以成卓文。当一篇论文完稿并发表后，你将享受到的是创造之乐、成功之乐，且乐在其中，何乐而不为呢？

拟一份教育科研论文的提纲。

参考文献

1. 陈军. 撰写教育论文的实践与认识. 现代中小学教育，2002（1）

2. 周家骥. 教育科研方法. 上海：上海教育出版社，2001

第二讲
生物教学案例与反思

北京教育学院　胡玉华

请阅读下面的案例，思考：什么是教学案例，你能归纳出该案例的结构吗？

案例一　课原来可以这样上的

“空中飞行的动物”是八年级生物课程中的一节课。

备课时，我总也想不出这节课该怎样导入。无奈之中，只得再次翻阅教材，一个大胆的想法出现在脑海，既然教材上有纸飞机的提示，何不用它一用呢？

上课了，我不慌不忙地走进教室，手里没拿书，只拿了一只已经叠好的纸飞机和一张纸。同学们很疑惑地看着我，一向大胆的盛淑蓉问：“老师，这节课不上了？”我乘机煽动：“不上了，我们玩纸飞机好吗？”

教室里一阵骚动。在我的鼓励下，同学们很快拿出两张纸，而且动作敏捷地叠出了一只只纸飞机。

教室里顿时乱作一团，纸飞机飞起来了，随后一张张白纸也飞起来了。

这些纸飞机飞了一次又一次，我在旁边静静地观望。

我暗自庆幸今天没有其他老师听课，也没有人发现课堂上乱糟糟的一片狼藉相，要不然老师们会怎么说我呢？

玩着玩着，同学们突然像想起了什么似的，拾起了地上的纸和飞机，一起看着我。我不失时机地问：“玩得好吗？”

同学们很高兴地回答：“好。”

我表现出很感兴趣的样子说：“那就说说你们的纸飞机吧！”

“我的飞机飞得又高又快。”

“我的飞机飞得时间长。”

同学们意见不一。

还有一位同学郑重地说：“我把纸和飞机同时扔出去，发现纸很快会飘飘悠悠地落到地上，而飞机却像小鸟一样，飞一段距离后才落到地面上。我想这与小鸟飞行的距离差不多。”

我抓住火候问：“想知道小鸟为什么会飞吗？人比小鸟高等，小鸟能飞，可人为什么就不能飞呢？”

我的问题刚出口，就有一位同学说：“那是因为小鸟有能扇动的翅膀，而人没有。”

另一位同学接着说：“我认为人的身体重，而鸟的身体轻，鸟的身体上还长有羽毛，这就是它能飞的原因。”

还有一位女同学说：“我认为小鸟能飞是因为小鸟的体形比较特殊，他的身体呈纺锤形，而且在飞行时它那尖尖的嘴总是向前伸，这样就会减小空气对它的阻力，要不然老师为什么好端端地让我们玩纸飞机呢？”

我让同学们玩纸飞机的“诡计”被识破了，也就不再掩饰了，实际上我已经达到目的了。

接下来我又装作很为难的样子问：“你们说鸟有能扇动的翅膀，那它的翅膀为什么会扇动呢？还有同学说，鸟能飞是因为它的身体轻，能说出道理吗？”

这时，对学习不太感兴趣的曹元南站起来说：“我观察我家的鸽子很长时间了，发现它们一天到晚找食吃，总也吃不饱，排便次数相当多。我想可能是它吃得多，消化得也快，还有可能它的直肠很短，不能储存粪便，这样就可以减轻它的体重。”

另一位同学接着说：“鸟的身体轻是因为它的骨头小，我吃过鸽子肉，发现它的有些骨头中间是空的。”

在肯定了两位同学的分析后，我又提出：“它的翅膀为什么会扇动呢？”

这个问题可难住了大家，在一阵面面相觑后，同学们展开了讨论。

讨论完毕，有一个小组派代表说出了他们的讨论结果：“我们认为，这可能是由于翅膀的基部有什么专门带动翅膀扇动的机关。”

“哈哈……”一阵哄堂大笑。

又一个小组的代表说：“我认为，这是因为翅膀上紧密地排列着大型羽毛的缘故。”

还有一组说：“鸟的胸部有发达的肌肉，是它的收缩和舒张牵引着翅膀的扇动。”

我立即对后面的两种说法加以肯定，并接着问：“关于鸟的飞行问题，还有没有其他想法？”

话音刚落，一位女同学胆怯地说：“书上有资料，其中的图片专门画了鸟的气囊，我想这可能与它的飞行有关。”

我很高兴地鼓励道：“说得好！气囊与鸟的飞行确实有着密切的关系，可你们知道其中的缘故吗?”

这时同学们面露难色，一个个摇头表示不知道。看着他们困惑的样子，我让他们阅读课本上的资料，观察图片。

本指望他们能看出点门道，却没想到等来了许多问题。

一位同学站起来问：“老师，我看不出这些气囊在呼吸过程中到底起什么作用。”

针对他的问题，我给出了回答，说明气体出入肺和气囊的过程。我还没说完，就有同学迫不及待地举手，我顺势问：“怎么了?”

他从座位上弹起来说：“这么说，小鸟每呼吸一次，气体就在肺内交换两次喽?”

我点头称赞，并解释说：“这种呼吸方式叫双重呼吸，只在小鸟飞行时进行，因为小鸟在飞行时需要消耗很多能量，此时它的呼吸方式就跟其他动物不一样了。”

话音刚落，下课铃响了，我还没来得及总结，就把剩下的尾巴留给了全体同学，让他们把这节课学到的知识写在作业本上。

今天的课没有明显的标题，没有小结，似乎不太完整，但我认为这已经足够了。

评析：

这是一个比较成功的案例，它体现了“变学生的被动学习为主动学习”的目的。新课程标准十分重视学生的主动参与和探究式学习的过程，同时注意“因课制宜，灵活多变”。本案例中，教师由开始的“不知如何入题”到灵机一动，根据教材中关于纸飞机的提示，大胆设想，把同学们平时玩耍的纸飞机引入课堂，并且大胆承诺“这节课就玩纸飞机”，同学们的参与积极性顿时高涨。抽象的“鸟为什么会飞”的课题就在热烈的“玩游戏”过程中被引入。

本案例的另一个成功之处在于它贯彻课改精神的坚决性和彻底性。教师在成功入题后，并没有照本宣科，逐一介绍鸟之所以会飞的结构特点，因为这样又会陷入抽象的知识传授中去。相反，他更注意的是引导学生去探究。这样原本由教师传授的知识就都由学生自己说出来了。可以说，本节课在树立“开放课堂，师生互动”的全新教学理念上，作出了榜样。

资料来源：丁启秀：《案例20　鸟为什么会飞》，见汪忠主编：《走进课堂——初中生物新课程案例与评析》，北京，高等教育出版社，2004。

一、什么是教学案例

案例，是指对实际情境的描述，在这个情境中包含一个或多个引人入胜的问题，同时也含有解决这些问题的方法。

在案例教学中所用的教学案例，描述的是教育教学实践活动，它以丰富的叙述形式，向人们展示了一些包含教师、学生的典型行为、思想、情感在内的故事。

案例教学起源于美国哈佛大学法学院，盛名于哈佛大学商学院，在管理、法律等专业人员的职业发展中发挥着重要的作用。在促进专业人员的专业化进程中，案例教学的主要意义在于它有助于专业人员把抽象的理论与实践结合起来；有助于落实学习者的学习主体地位；有助于提高专业人员分析问题和解决问题的能力。

教师与律师、工商管理人员一样，也是专业人员。21 世纪基础教育课程改革为教师专业发展提供了广阔的前景，同时也使教师面临着严峻的挑战。当前教师专业发展的新内涵是更新教育观念，调整知识与能力的结构，提高分析与解决课程改革中出现的新问题的能力。

教师专业发展与基础教育改革相辅相成。一方面，新的课程理念被广大教师接受、理解、消化、运用、发展的程度，决定着新课程目标实现的程度。另一方面，教师在新课程实践乃至今后的教育工作中，所能够体现的价值与其对新观念的接受、理解、消化、运用、发展的程度密切相关。

传统的课程变革所需要的教育观念常常是外在的，要求教师去了解、学习、熟悉大纲的精神，但这些教育观念并未同教师自身的教育实践发生联系，所以教育的新观念难以转化为教师的观念，进而难以对教育实践产生指导作用。教师可以模仿某些先进的教学方法，但不能内化这些教学方法背后的理念。案例教学正是帮助教师把先进的教育理论学透、学活的有效方法。

二、教学案例的结构要素

教学案例一般包含以下几个基本的结构要素：

（一）背景

案例需要向读者交代故事发生的有关情况：时间、地点、人物、事件的起因等。如介绍一堂课，就有必要说明这堂课是在什么背景下上的，是哪一年级，是有经验的优秀教师还是年轻的新教师，是“公开课”还是平时的“家常课”，等等。背景介绍并不需要面面俱到，重要的是说明故事的发生是否有什么特别的原因或条件。

（二）主题

每个案例要有一个明确的主题。写案例首先要考虑这个案例想反映什么问题，该案例是想说明怎样改变学生的学习方式，还是想强调怎样启发学生的思维，或者是想介绍如何组织合作学习。动笔前要有一个比较明确的想法。比如学校开展研究性学习活动，不同的研究课题、研究小组、研究阶段，都会面临不同的问题、情境、经历，都有自己的独特性。写作时应该从最有收获、最有启发的角度切入，选择并确立主题。一般一个案例有一个明确的主题。

（三）情节描述

有了主题，写作时就不会有闻必录，而是对原始材料进行筛选，有针对性地向读者交代特定的内容。比如介绍教师如何指导学生掌握学习方法，就要把学生怎么从“不会学”到“会学”的转折过程，特别是关键性的情节写清楚。不能把“方法”介绍了一番，说到“掌握”就一笔带过了。

（四）结果

一般来说，教案和教学设计只有设想的措施，而没有实施的结果，教学实录通常也只记录教学的过程，而不介绍教学的效果；而案例则不仅要说明教学的思路，描述教学的过程，还要交代教学的结果，即这种教学措施的即时效果，包括学生的反映和教师的感受等。知道结果将有助于读者加深对整个过程的内涵的反思。

（五）评析

对于案例所反映的主题和内容，包括教学的指导思想、过程、结果，对其利弊得失，作者要有一定的诠释和分析。评析是在记叙基础上的诠释，可以进一步揭示事件的意义和价值。比如，改变学生学习方式的事例，我们可以从教育学、心理学、社会学等不同的理论角度切入，揭示成功的原因和科学的规律。评析不一定是理论阐述，也可以是就事论事、有感而发，引起人的共鸣，给人以启发。

三、为什么写教学案例

（一）撰写教学案例是突破难点的最有效的方法之一

在写教学案例的过程中，教师要对教学过程进行真切的回顾，就像“照镜子”、“过电影”，把自己的教学过程一览无余地再现，用新的视角进行严格的审视、客观的评价、反复的分析。教学过程中的是非曲直、正确错误，都能由模糊变得清晰，能使教师把某些教学问题认识得比较深刻，解决得比较恰当。这样有利于教师总结成功的经验和失败的教训，看清自己的长处和不足。撰写教学案例的过程，就是重新认识教学事实的过程，就是反思的过程、研究的过程、总结的过程、提升的过程。

（二）案例是理论联系实际的桥梁

教师通过撰写活生生的教学案例，在直接体验基础上理解学到的教学理论，这样有利于教师内化教学理论知识，提高教学理论水平，用科学的教学理论指导教学实践。

（三）激发教师对自身教学实践的反思

教学案例是对教学实践的反思，从实践中选择适当的实例进行描述和分析，可以更清楚地认识为什么有些做法取得了成功，而有些做法效果不够理想。通过反思，提炼并明确有效的教学行为及其理论依据，从而更有效地指导今后的实践。

（四）构建教学讨论和经验交流的平台

案例是教学情境的故事，不同的人对故事会有不同的理解，因此案例十分适合用来进行交流和研讨，可以成为教研活动和教师培训的有效载体。教学案例集中反映了教师在教学活动中遇到的问题、矛盾、困惑，以及由此产生的想法、思路、对策等，就这些问题和想法开展交流讨论，多角度解读案例，对教师提高分析能力和业务水平是非常有益的。

（五）提升教师的研究能力

关于某个专题的教学案例，不仅本身是教学研究成果，而且还是撰写教学论文与课题研究材料的很好的素材。这类素材经过加工，具有典型性，采用这样的素材写成的教学论文与课题研究材料，紧密联系实际，内容丰富，有血有肉，生动形象，真实可信，具有说服力和感染力。

（六）案例是教师梳理记录自己教学生涯的一种很好的形式

在学校和课堂里，有许多值得思考、研究或回味的人和事。有些事情或思考并不适合写成论文，也不想记成流水账，那么撰写案例不失为一种选择。案例不仅叙述了教学行为，也记录了伴随行为而产生的思想、情感及灵感。它是个人的教学档案和教学史，有独特的保存和研究价值。

四、教学案例的形成

教学案例体现“情境—探索”的教育理念，它创设了研究性学习的环境，引导学习者在真实的教学情境中探索教育原理。

案例的形成包括以下五个基本步骤：

（一）前期准备

研究者洞察中小学教学中存在的普遍问题，进行有关调查，搜集详尽的材料。

（二）确定主题

每个案例都要突出一个鲜明的主题，它常与教学改革的核心理念、常见的疑难问题、困惑的事件相关。确定主题要注意时代感，体现改革精神。

（三）情境描述

案例源于教学实践，但不是简单的课堂实录，它应以引人入胜的方式展开，有时为了突出主题，提示讨论的焦点，可以对“原型”适当地调整与修改，但不能杜撰。情境描述可以是音像材料，也可以是文字描述。

（四）问题讨论

使用案例之前，可以拟一份参考材料，包括案例说明、相关的教育理论与学科知识背景、建议讨论的问题等。

（五）诠释与研究

多角度解读案例，分析研究，对问题产生的原因和解决问题的过程进行反思。可以采取适当的教育科研方法，如课堂教学行为技术分析等。研究结果不是在特殊的、虚拟的环境中，而是回归到真实的教学环境中运用。研究中要围绕主题，不要陷入枝节问题。

五、怎样写好教学案例

（一）关注发生在课堂上的真实教学情境

教学案例要从大量教学实践的原型中，选择最具有典型性的代表，使每个案例具有鲜明的特点。有些可以突出科学探究活动中的“任务驱动”，循序渐进，一环扣一环；有些可以突出课堂教学情境和学生学习过程的体验；有些可以突出把合作学习应用于教学过程。

（二）关注教学中的问题研究

一个好的案例需要针对面临的疑难问题提出解决方案，也就是说案例不能只是提出问题，它必须提出解决问题的主要思路、具体措施，并包含着解决问题的详细过程，这应该是案例写作的重点。如果一个问题可以提出多种解决办法，那么最为适宜的方案应该是与特定的背景材料最密切相关的那一个。

（三）表达对课堂教学行为的价值判断

一个好的案例需要有对已经作出的解决问题的决策的评价。评价是为了给新的决策提供参考点。可在案例的开头或结尾写下案例作者对自己解决问题策略的诠释，以点明案例的基本论点及其价值。

（四）选择具体、特殊的情境

一个好的案例必须包含一个或几个引人入胜的问题或问题情境。没有问题或问题情境，不能算案例；问题或问题情境缺乏典型性，也不能算案例。

（五）揭示人物的心理

一个好的案例要能反映教师工作的复杂性并能揭示其内心世界。案例要揭示出案例当事人的内心世界，如态度、动机、需要等。换句话说，要围绕一定的问题情境，展示教师在实践中发现问题、分析问题、解决问题、反思自身发展的心路历程。

一些案例的主题提示

- 学生为什么“打岔”和“接下句”？
- 面对课堂上的意外；
- 学生没带学习材料；
- 原来学生可以是这样聪明的；
- 错误：一笔重要的教育资源；
- 课原来可以这样上的！
- 情境教学学生为什么没有回应？
- 对学生的了解至关重要；

- 学生能教给你很多；
- 生物图像的教育价值；
- 一堂好课不是计划出来的，而是上出来的。

…………

本讲小结

教学案例描述的是教学实践活动，它以丰富的叙述形式，向人们展示了一些包含教师、学生的典型行为、思想、情感在内的故事。案例能够直接、形象地反映教学的具体过程，因而有很强的可读性和可操作性，也非常适合于有丰富实践经验的第一线教师来写作。要写好案例，首先要有实践的基础和经验的积累，其次要有一定的写作技能，更重要的是要加强理论学习，不断地进行实践探索。一篇好的案例，可以胜过许多泛泛而谈。

思考与活动

1. 请你谈谈对生物教学案例的认识。
2. 请你结合自己的教学写一篇教学案例。

参考文献

1. 生物课程标准研制组. 新课程案例与评析——初中生物. 北京：高等教育出版社，2004

2. 吕洪波. 教师反思的方法. 北京：教育科学出版社，2006

3. 教育部师范教育司. 更新培训观念　变革培训模式. 长春：东北师范大学出版社，2001

第三讲
校本教研与教师的成长

北京市西城区教育研修学院　赵京秋

在初中生物教学中，老师们会遇到许多问题，包括知识、技能和教学方式等方面。例如：初中“神经调节”的教学，有哪些概念？如何建立这些概念？神经系统的结构与功能的关系是什么？这些是知识的问题。在教学过程中用什么方式呈现最好？用什么策略能落实概念的教学？这些是教学方法的问题。在学校，对这些问题的研究过程就是校本教研、教学研究的过程，也是教师成长的过程。在研究中，教师的教学能力会逐步提高。

一、对校本教研的解释

校本教研是针对学科教学而言的，是教师的研究，是提高教师教学的能力和解决问题的能力。其目标是解决教学中的具体问题和困难，熟练应用已有的知识，服务于教学，又在教学中提高自己，不断地更新自己，逐渐地构造自己的教学风格，提高教育教学质量。

（一）什么是校本教研

校本教研说不上是新概念，但在新课程背景下却有新的含义：校本教研是以新课程为导向，并伴随着新课程的推进而产生的一种教学研究制度，它具有非常明显的新课程改革的时代特征。

校本教研是一种将教学研究的重心下移到学校，以新课程目标为导向，以促进每个学生的发展为宗旨，以课程实施过程中学校、教师所面对的各种具体问题为研究对象，以教师为研究的主体，通过一定研究程序得出研究成果并把研究成果直接应用于解决教学实际问题的研究活动。

“校本”大意为“以学校为本”、“以学校为基础”。通俗地说，就是在校本部，在学校里。校本教研是学校内部或校与校之间的研究与交流，而不是其他科研机构开展的研究。校本教研包括三方面的含义：“为了学校”、“在学校中”、

“基于学校”。

1. 为了学校

“为了学校”指要以改进学校实践、解决学校所面临的问题为指向。“改进”是其主要特征，它既指要解决学校存在的种种问题，也指要进一步提升学校的办学水平及教育教学质量。这是校本教研的目的和特征。

2. 在学校中

“在学校中”指解决问题的人是学校的教师。即要树立这样一种观念，学校自身的问题，要由学校中的人来解决，要经由学校校长、教师的共同探讨、分析来解决，所形成的解决问题的诸种方案要在学校中加以有效实施。真正对学校问题有发言权的，是校长和教师。

3. 基于学校

“基于学校”是指要从学校的实际出发，开展各类研究，充分挖掘学校所存在的种种潜力，让学校资源更充分地利用起来，让学校的生命活力释放得更彻底，这是校本教研开展的基础。校外的专业研究人员或其他人员的参与，是要与学校发展结合起来的，是服务于解决学校实际问题需要的。在直接参与从计划到评价的实际工作过程中，校外专业研究人员与学校教师一道去解决学校教学已经存在的问题，为解决学校存在的问题找到解决的路径。

（二）校本教研的基本特征

校本教研就是为了改进学校的教育教学，提高学校的教育教学质量，从学校的实际出发，依托学校自身的资源优势、特色进行的教育教学研究。其基本特征包括“为了学校和教师的发展”、“基于学校和教师的发展”、“通过学校和教师的发展”。

1. 为了学校和教师的发展

这是校本教研的根本目的。校本教研以促进学校、教师的发展为目的，这里的“发展”指的是实实在在、一点点、一步步、看得见的发展，表现在“改进学校的课程与教学，提升教育教学质量，促进教师专业化发展和提高”。

2. 基于学校和教师的发展

这是校本教研的基本问题。“校本教研”的问题是在教学实际中发现、思考、迫切想要解决的问题，而不是由专家批示的问题。有些问题可能看起来很小，别人以为很肤浅，但这些问题必须得到解决。对这些问题进行研究的过程，既是促进学生发展的过程，也是促进教师发展的过程。

3. 通过学校和教师的发展

这是校本研修的主要对策。校本教研是在学校，由教师进行有组织、有针对性的教学研究工作，目的、内容、形式、活动、管理等方面有机融合在一起，实现“研与教”一体化，进而促进教师专业化发展。即以学校所面临的突出问题和学校发展的实际需要为出发点，依托自身的资源优势和特色，进行教师的教学研究活动，实现学校和教师本身的发展。

（三）校本教研的核心

校本教研的范围是学校的教学研究，即研究教学中的各种问题，包括教学内容、教学方法、教学过程、教学手段、教学组织管理等。研究的层次是如何将已有的教育教学规律具体地应用于自己的教学实践中，以提高教学质量。

校本教研的核心要素有：教师个体、教师集体、专业研究人员三个方面。这三大要素构成了校本教研三位一体的关系。教师个体的自我反思、教师集体的同伴互助、专业研究人员的专业引领是校本教研的三种基本力量，缺一不可。

1. 教师个体——自我实践与反思

“反思”一词源于哲学，本指思维，即反思性思维。威廉·杜拉姆在《思维的革命》一书中指出：假如一个人掌握了反思的力量，那么他就会加速成功的频率。这句话预示着我们已经进入了一个反思的时代。

自我反思是教师以自己的教学行为为思考对象，是教师用批判和审视的眼光对自己的教学理念、教学行为、教学过程、教学结果等进行自我回顾和分析的过程，即教师对自我教学行为及结果审视和分析的过程。自我反思是建立在教学经验基础上的，是校本研修活动的起点，是承担“校本研修的个人责任”的具体落实，教师只有在回顾基础上提出问题，才能在实践中解决问题。自我反思不是一般意义上的“回顾”，反思具有目的性，带有研究性质，是通过反省、思考、探索来解决教学过程中存在的问题。

2. 教师集体——同伴互助，共同发展

同伴互助是校本教研的基本形式，它建立在教师之间合作的基础之上，力求通过合作互动，同伴之间相互影响，以团队的形式进行研究。其实质是教师之间的交往、互动和合作。集体的同伴互助指的是在强调教师自我反思的同时，开放自己，加强教师之间在课程实施过程中的专业切磋、协调和合作，形成“研究共同体”，共同分享经验，互相学习，彼此支持，共同成长。“研究共同体”对真实、复杂的实践问题进行分析、探讨，通过对话、协商、合作解决问题，主动建构起隐含于问题背后的有关知识，形成解决问题的技能和创新思考能力。

3. 专业研究人员——专业引领与提升

校本教研的实质是理念和实践的结合，校本教研虽然基于学校，对学校问题进行研究，但“提升”需要专家的专业指导和学术支持。专业引领的实质是理论对实践的指导，是理论与实践之间的对话，是理论与实践关系的重建。教师可从专业研究人员那里获得直接的指导，习得相关的研究方法和技巧。

校本教研是一种在理论指导下的实践性研究。没有理论指导的实践是盲目的实践。专业研究人员的参与，能使校本教研在一定的理论高度上进行。理论指导、专业引领是校本教研得以向纵深发展的重要支撑。

（四）校本教研的宗旨

校本教研的宗旨是促进教师的专业化发展，即：

促进教师主体发展——培育“主体”，使教师“有主体性”；

促进教师专业发展——成为“内行”，使教师“成为教育家”；

促进教师自由发展——提升“生命”，使教师“成就人生”。

二、校本教研的主要环节

一般而言，校本教研包括这样几个环节：确定主题、提出问题、设计方案、行动研究、反思评价、成果表述。在这些基本环节上，必须呈现并贯穿自我反思、同伴互助、专业引领三个核心要素。这几个基本的环节构成了校本教研一个相对完整的螺旋圈。就时间来讲，一个螺旋圈可以是一个学段、一个学年，也可以是一节课、一个单元。校本教研是一个循环往复、螺旋式加深发展的过程。

（一）确定主题

1. 校本教研主题的分类

根据研究的形式，校本教研的主题可以分为两类：一类是综合性研究主题。其表现形式为，以课堂教学为载体，集体备课、上课、听课、评课、再备课。它的价值取向是多元的，涉及教学理论、教学方法和手段，也涉及信息技术与课程整合等。另一类是以课改为背景，以本校学生、教师的实际情况为基础，确定校本研究主题。它一般是从问题到主题再到课题，从而建立起与课堂教学紧密联系的研究课题。这种研究课题比较明确、单一。

这两种研究主题应该并存，而第二种类型的研究主题对提高校本教研的有效性更为有益。如：实现教师从传统教学到课改教学的良好过渡，改变传统教学“满堂灌”的做法，让课堂真正活跃起来；开展“互动式”教学模式的研究课题，让学生在课堂上既获得知识又充满活力。

2. 选择主题要求

对于主题的选择，要做到“求真，务实，宜小”。

"求真"是指我们做的研究要对我们的教学真正有用，能帮助提高自己。"务实"是要可行，要自己能做，不要搞了个老大的课题，结果做不了；"务实"还指要有实实在在的研究过程，不能开头申报了一个课题，拟定了一个计划，一年写一篇论文就算结题了，中间什么也没有。其实，只有从研究实践中提升出来的东西，才是更有生命力的。"宜小"是指课题开口要小，口子小，才能挖得深，才能研究得比较透。

（二）提出问题

校本教研的问题是教师自己的问题，是教室里发生的真实问题，是教师经过反思、研讨后自下而上产生的问题。为了确定校本教研到底要研究什么问题，教师就要经常在教学过程中问自己以下问题：在教学过程中自己遇上了什么问题？这个问题是在什么背景下和什么情境中产生的？这个问题属于哪类问题？这个问题的关键是什么？这个问题重要与否？这个问题是否非解决不可？自己如何解决这个问题？可能会取得什么效果？在确定教学专题时遇到过哪些困难？反思自己的教学历程，以前的教学专题是否都受学生欢迎？为什么有些专题受学生欢迎，而有些不受学生欢迎？在选择专题时，怎样去贴近学生？这是发现问题的过程，也是提出问题的过程。我们把以上的疑问提炼出一个个问题，就是我们教研要研究的内容。

1. 问题应具备的品质

（1）具体。

问题应当是在课程实施过程中学校、教师所面临的各种具体问题。例如：在概念教学过程中，如何选择和利用多媒体教学资源？如何使学生的合作学习得到有效落实？如何组织学生开展有实效的探究活动？如何通过不同的实验指导方法提高学生的操作技能？如何在教学中处理好知识、能力与情感态度三维目标的关系？如何在教学活动中针对学生的个性差异进行因材施教的指导？如何落实生物学概念教学？这些操作层面的问题解决起来并不比教育观念的转变轻松多少。因此，教师应增强问题意识，找到符合自己教学和特色的具体的研究问题。

（2）有价值。

选出有研究价值的问题。教师提出的问题并不都是有研究价值的问题。确定一个问题有没有研究价值，要结合自己学校的实际和自己教学的特色。确定问题的过程实际上是一种价值判断的过程。

（3）遵循原则。

提出问题的过程实际上是一个发散过程，筛选出有价值的问题的过程是一个归纳的过程。筛选有价值的问题时，应坚持以下原则：

1）科学性原则。

所选择的问题要符合科学的原理和事物发展的规律，如果陷入伪科学的歧途，研究将会一无所获。

2）创新性原则。

所选择的问题最好是前人未曾解决或尚未完全解决的问题，研究的角度最好是新颖的，研究的过程要有一定程度的独创性和新颖性。

3）可行性原则。

所选择的问题要考虑客观需要及社会价值，考虑研究的必要性。

4）需要性原则。

所选择的“问题”必须满足教育教学的需要。

2. 把问题转化为课题

课题是指通过探究能加以解决的问题。把学校发生的真实问题概括、提炼、升华为课题，这才是真正意义上的校本教研。

选择出有研究价值的问题，只是勾画出了研究的大致轮廓，只是一种研究的意向，还应对问题的陈述方式进行完善，对研究活动作出科学、简明、严格的界定，并进行深入的分析、预测和评价，把问题转化成课题。常见课题名称由三部分组成：研究的对象、研究的问题、研究的方法。如将问题“如何落实生物学概念教学”转化为课题，可以是“初中生物概念教学模式的研究”。

（三）设计方案

设计方案即制定校本教研方案，它类似于计划，但又不完全相同。校本教研方案是解决问题的一种设想和计划，是为完成研究任务而绘制的“施工蓝图”。关于校本教研的方案的制定，请参见下文“校本教研方案的制定及格式”。

（四）行动研究

校本教研可以采用“行动研究”的方式进行。行动研究是指将已经设计好的方案付诸实践。行动意味着改革、改进和进步，采取行动的核心是现场教学和课堂观察。这个环节包含三个方面的内容和要求。

1. 行动研究意味着执行设计方案和逼近解决问题的目标

校本教研采取的行动是在正常教学秩序下，有目的、负责任地按计划采取的实际步骤。否则，研究的科学性也就无从保证。

2. 行动研究具有灵活性

实际的教学过程受到诸多因素的影响，要根据实际情况，创造性地执行事先设计好的方案，对设计方案进行再创造，而不是机械地执行设计方案。实际上在采取行动的过程中，教师应该总是边执行、边观察、边反思、边修改，一直处在不断调整的、灵活的、能动的过程中。

3. 对行动做记录，搜集证据，确认目标实现的程度

在校本教研的过程中，教师应运用各种观察技术和数据、资料的采集分析技术，系统、全面、客观地观察研究的全过程。例如，进行课堂实录与事件取样、教学后记与教学故事描述、直接观察与间接性的调查访问，运用测验、录音和录像等现代教学手段和技术。运用适当的观察技术可以增强观察的科学性，提高校本教研的质量。

（五）反思评价

这个环节包含三个方面的内容和要求。

1. 整理与描述

整理与描述是指研究者对研究过程中搜集到的各种数据、资料进行科学处理；对已经观察到、感受到的与设计、行动有关的各种现象进行回顾、归纳和整理，描述本研究的过程和结果，勾画出多侧面的、生动的行动过程，使其成为教师自己的教学案例或对规律、经验等的归纳。

2. 评价与解释

评价与解释是指研究者对研究过程和结果作出价值判断评价，对研究中出现的有关现象和原因进行分析和解释，找出计划结果的不一致性，提高认识，提炼经验，揭示规律。

3. 重新设计下一个周期的方案

针对原设计方案在实施中存在的问题，根据实践体验所获得的深层认识，修正设想，重新设计下一个周期的方案，并付诸实施。

（六）成果表述

校本教研作为一种研究类型，最终也需要发表研究成果，在更大范围内接受人们的审视。只是校本教研的成果有自己的特色，成果表述方式不同。成果表述的方式主要有研究报告、论文、教育故事等。

1. 研究报告

研究报告是指把研究成果按照一定的规格整理成文字材料，是校本教研成果的集中体现。

2. 论文

校本教研论文是指对教育教学中的某个问题，通过某种方法进行科学的探索和思考后写成的以论述为主的文章。

3. 教育故事

教育故事是教师对整个研究的过程进行科学的记录，给大家提供一个个真实的故事，让不同的声音在一起说话，让多元的体验相互交流，从中发现真理，不盲目追求理论的升华。

教育故事的内容主要包括：所研究的问题是怎样提出来的；这个问题提出来后，“我”是如何想方设法去解释的；设计好解决问题的方案后，“我”在具体解决问题的过程中又遇到了什么困难，“我”是如何克服这些困难的；问题真的被解决了吗，如果问题没有被解决或没有被很好解决，“我”后来又采取了什么新的策略，或者“我”又遇到了什么新的问题。

三、校本教研方案的制定及格式

（一）校本教研方案的制定

所谓的校本教研方案，就是依据一定的教育理论，对要解决的校本问题的方法、途径、步骤进行仔细设计，并明确所要达到的目标。由于人们对问题的认识是逐步加深的，因此设计的方案要有充分的灵活性和开放性。设计的方案要能包容始料不及的、未曾认识的、在研究中才发现的各种情况，使设计的方案可以依据逐步深入的认识和实际情况不断修改，且可以随研究的进展，随时修正和调整研究课题的内容。

（二）校本教研方案的格式

一般地说，一份研究方案主要涉及课题研究的缘由和意义、名词和术语的界定、研究的目标和内容、研究对象、研究方法、实施程序、研究的组织形式、预期结果和研究限制、参考书目及有关附录等方面。

1. 课题研究的缘由和意义

在这项内容中包括：问题的提出，即为什么研究；当前研究状况如何；此项研究有何意义。

2. 名词和术语的界定

研究主题一旦确定，就必须着手通过上网查询、查资料文献等方式对课题研究的关键词、相关理论依据和现实依据等进行认真界定，特别是对课题中的关键词进行界定，解决“研究的是什么”的问题。

3. 研究的目标和内容

在界定相关名词和术语的基础上，确定课题的研究目标。同时，举行课题研究的论证会，论证最好在不同学校的教师之间进行，至少也要在本学校的学科组内广泛研讨。通过研讨，畅谈方案，再次反思研究价值；听取意见，保证研究方向对头，内容全面；明确目标，统一课题研究思路；理清思路，确定具体操作步骤。

研究目标的确定至关重要，它引导着研究的进行，规范着研究中的一系列行为，因此，在研究目标制定中，要充分考虑其可操作性、可检验性。目标制约着内容，内容的表述要详尽、明确，既要能充分体现研究目标的任务要求，也要与研究课题的范围相适应。

4. 研究对象

在选择研究对象时要考虑两个方面的因素。一方面是选取的对象，是学校、教师还是学生？是什么样的学校？是什么样学校里的教师和学生？规模有多大？人数有多少？另一方面是选择研究对象产生方式，是随机抽取的还是事先指定的？是全员数据还是抽样数据？这些都是在选择研究对象时应考虑的问题，也是方案制定中应表述的内容。

5. 研究方法

研究都需借助一定的方法和手段进行，校本研究也不例外。在制定方案时，要写明是用什么样的方法从事研究。校本研究最常用的方法是行动研究法，或将行动研究法与实验研究法、个案研究法相结合。

6. 实施程序（研究进度表或研究过程）

研究的实施程序是整个计划的表征，它能使整个计划依次完成。实施程序主要是说明研究过程的具体实行步骤和时间安排，可分为若干阶段，在每阶段中列出主要的研究进度。

7. 研究的组织形式

研究的过程中，重要的是建立校本教研共同体。校本教研共同体主要有以下四种形式：中学教师与大学教师合作的研究共同体，中学教师与教研员合作的研究共同体，中小学教师与大学教师、教研员合作的研究共同体，本校部分教师组成的研究共同体。

8. 预期结果和研究限制

预期结果，是对研究能够达到的水平、未来的价值及贡献等的估计说明；而研究限制，则旨在说明研究的可能缺点、主客观条件的限制，以及研究结果大致可推广的范围。这项工作要求研究者坦诚、严谨，不可夸大其词或轻描淡写。

9. 参考书目及有关附录

参考书目主要用于阐明自己在研究中引用的或可供他人参考的相关文献、资料，其目的是帮助读者验证本研究，或为进一步探讨提供指南和线索。有关附录是指在文末附上本研究的资料，如研究的工具、研究的原始数据等。

四、校本教研应注意的问题

（一）研究要植根于“教学”

校本教研是以校为本的研究，它是一线教师的一种非专业化的，扎根于教育实践、落实到教师平时的教学行为当中的，“为了教学”、“在教学中”和“通过教学”的研究。校本教研的目的在于改进、解决教学中的实际问题，提升教学效率，实现教学的价值。同样，一线教师的课题研究要和教学融为一体，要在“教学设计——教学行动——教学反思”的过程中展开，使教学推动研究，研究提高教学。只有来源于实践的东西，才是具有生命力的。

（二）“问题驱动”是研究的出发点

确定校本教研活动的目标和课题一般有两种思路：一种是学科本位目标，一种是问题本位目标。前者往往从教师专业学科的学理出发确立主题，以接受或理解学理为目标；而后者则是从现实问题出发，以解决教师教育行为中的困惑为目标。因此，从问题出发制定研究方案才是校本教研的出发点，同时要将着眼点放在“做中学”上。

（三）注意研究资料的积累

人都是有惰性的，加之教师平时工作繁忙，如果稍有懈怠，研究就被忽视甚至忘却了。因此，设计一个简便易行的《课题研究实验工作手册》，提醒约束自己每天进行记录、反思，化整为零，可以保证课题研究落实到位，顺利进行。同时要建立“课题材料档案袋”，收集、积累课题研究过程的资料（文字、影像、课件等），以之作为课题结题时课题研究所取得的成果的重要凭证。

除建立研修手册外，还要开展系列研讨活动，定期进行教师间的互动论坛或沙龙活动，组织交流研究成果，通过思维碰撞彰显智慧，通过交流分享暴露问题，以这种形式的交流活动保障课题研究的深入开展。特别是课题实践课研讨，将有助于研究的顺利进行和不断修正。

课题实践课，就是围绕教科研立项课题的研究主题和操作要素而设计的，并应用于教育教学实践活动的课例。课前，教师进行集体备课，力求教学设计突出课题研究的目的、内容和操作要求；课堂教学的各个环节要体现课题研究的精髓；听课后，教师进行集中评价反馈，形成“二次备课”教案，执教教师再进行第二次施教；第二次听课后，再进行新一轮的评价研讨。上好课题实践课是开展课题研究必须经历的一个重要环节，也是教科研课题实施过程的集中表现。如此，通过“反复研讨”，实践课才能真正发挥引导作用，提高实验教师应用课题理念和操作方法的水平。

（四）避免“假、大、空”的研究

校本教研是研究者以教师的身份进行研究，要讲究“教和研”的实效，这就决定了研究的方式是行动研究，研究的目的是解决日常教育教学中的问题。教师要做自己的研究，研究的问题不是他人的，而是自己工作中真实具体的问题；校本教研不是完成规定性任务，而是教师自己发自内心实实在在的需要。校本教研所做的研究不是假研究，不是在研究报告评审之后就成了封存的历史，更不是在科研结束之后又回到“习俗化”的教育教学水平上。对教师而言，不断的思考、琢磨就是研究，教师应利用研究结果不断调整自己的教学，逐步提高教育教学水平和质量，进而形成自己的教育特色。校本教研是从学校的实际需要和整体发展出发，依托学校自身的资源优势而进行的教育研究，有一定的长期性和周期性，不是速成的“快餐”，因此应避免校本教研走入“假、大、空”的误区。

五、校本教研课题举例

- 提高初中生物实验教学实效性的研究。
- 初中生物实验教学模式的研究。
- 初中生物概念教学模式的研究。
- 信息技术环境下初中进行探究学习的研究。
- 选择和利用优质信息资源进行生物学概念教学的案例研究。
- 初中生生物学习态度、学习方法、学习动机的调查。
- 农民工子女学习态度、学习动机、学习兴趣的调查。
- 有效评价初中学生综合能力的研究。

校本教研是从学校的实际出发，以课程实施过程中学校、教师所面对的各种问题为研究对象，以教师为研究主体进行的研究活动。校本教研的主要环节包括确定主题、提出问题、设计方案、行动研究、反思评价、成果表述。

思考与活动

1. 请结合自己的校本教研，谈谈校本教研的核心是什么。
2. 如何确定校本教研的主题？

参考文献

1. 刘恩山. 生物学教育研究方法与案例. 北京：高等教育出版社，2004
2. 裴娣娜. 教育研究方法导论. 合肥：安徽教育出版社，1995

[作者简介]

赵京秋，女，北京市西城区教育研修学院生物教研室教研员，中学高级教师，西城区学科带头人，北京市骨干教师。参加国家“八五”、“九五”、“十五”、“十一五”教育科研重点科研课题研究。先后发表教科研论文10余篇，曾获全国生物教学论文一等奖，其课堂教学实录、教学案例及论文多次获市区奖项。现为北京市高考试题及学生能力评价课题组成员，自2002年至今，一直参与北京教育考试院组织的高考试题及学生能力水平评价工作。

图书在版编目（CIP）数据

生物新课程教学与教师成长/胡玉华主编.
北京：中国人民大学出版社，2009
（当代中小学教师研修教材）
ISBN 978-7-300-10595-6

Ⅰ. 生…
Ⅱ. 胡…
Ⅲ. 生物课-教学研究-中学-师资培训-教材
Ⅳ. G633.912

中国版本图书馆 CIP 数据核字（2009）第 061760 号

当代中小学教师研修教材
生物新课程教学与教师成长
胡玉华　主编

出版发行	中国人民大学出版社		
社　　址	北京中关村大街 31 号	**邮政编码**	100080
电　　话	010－62511242（总编室）		010－62511398（质管部）
	010－82501766（邮购部）		010－62514148（门市部）
	010－62515195（发行公司）		010－62515275（盗版举报）
网　　址	http://www.crup.com.cn		
	http://www.ttrnet.com(人大教研网)		
经　　销	新华书店		
印　　刷	北京市鑫霸印务有限公司		
规　　格	170 mm×228 mm　16 开本	**版　　次**	2009 年 5 月第 1 版
印　　张	14.5 插页 1	**印　　次**	2009 年 5 月第 1 次印刷
字　　数	274 000	**定　　价**	26.00 元